高等职业教育精品教材

电子商务实务

主　编　陈　红　高进锋
副主编　刘海宏　倪国章　林雪媛
参　编　杨玉婵　黄　姣　祁兆辉
　　　　汤秋婷　唐　斌　董海云
　　　　李周才　张　梦

北京理工大学出版社
BEIJING INSTITUTE OF TECHNOLOGY PRESS

版权专有 侵权必究

图书在版编目（CIP）数据

电子商务实务 / 陈红, 高进锋主编. -- 北京：北京理工大学出版社, 2021.8（2021.9 重印）
ISBN 978-7-5763-0284-4

Ⅰ. ①电… Ⅱ. ①陈… ②高… Ⅲ. ①电子商务 – 高等学校 – 教材 Ⅳ. ① F713.36

中国版本图书馆 CIP 数据核字 (2021) 第 177594 号

出版发行 /	北京理工大学出版社有限责任公司
社　　址 /	北京市海淀区中关村南大街 5 号
邮　　编 /	100081
电　　话 /	（010）68914775（总编室）
	（010）82562903（教材售后服务热线）
	（010）68944723（其他图书服务热线）
网　　址 /	http：//www.bitpress.com.cn
经　　销 /	全国各地新华书店
印　　刷 /	三河市天利华印刷装订有限公司
开　　本 /	787 毫米 ×1092 毫米　1/16
印　　张 /	15.5
字　　数 /	365 千字
版　　次 /	2021 年 8 月第 1 版　2021 年 9 月第 2 次印刷
定　　价 /	49.80 元

责任编辑 / 孟祥雪
文案编辑 / 孟祥雪
责任校对 / 周瑞红
责任印制 / 施胜娟

图书出现印装质量问题，请拨打售后服务热线，本社负责调换

前　言

近几年来,电子商务这一学科的理论与实践有了突飞猛进的发展,电子商务历经1.0时代到现在的4.0时代,而移动电商、跨境电商、旅游电商、农村电商、医药电商、康养电商等已经成为电子商务的发展新方向。为了跟踪本学科的发展,适应专业建设需要、课程体系的延续性,以及社会、经济、科技发展与教学的需要,我们在广泛收集用书教师意见和建议的基础上,加入了物联网、云计算、大数据、移动支付、5G技术、语音识别等知识,同时在读阅大量电商新模式的基础上,增加了粉丝经济、共享经济、知识付费、互联网+等知识概述,对本书进行了全面、细致的撰写。

本书借鉴了电子商务实务原有的优势和特点,保留了课程原有的知识体系,对课程结构内容进行重组,每部分知识应用了项目化教学,同时实现任务方式的推进,利用最新数据,增加了最新的电子商务知识,补充了大量的电商案例,使知识更容易理解,课堂更加生动化。本书主要内容分为以下11个项目,共32个任务。

（1）项目一电子商务基础知识,内容包括电子商务定义及发展阶段和电子商务的分类和特点两部分。

（2）项目二电子商务技术基础,内容包括电子商务系统。

（3）项目三电子商务模式,内容包括C2C电子商务模式、B2C电子商务模式、B2B电子商务模式、O2O电子商务模式和电子商务其他模式五部分。

（4）项目四电子商务开店模块,内容包括网上开店的基本流程、开店模式的选择、开店平台的选择和京东开店四部分。

（5）项目五电子商务页面编辑模块,内容包括HBuilder X软件安装及常用操作、HTML语法及网店装修常用标签、PC端首页装修和App端首页装修四部分。

（6）项目六电子商务安全,内容包括电子商务交易安全需求及技术和电子商务交易安全解决方案、策略及日常防范两部分。

（7）项目七电子支付,内容包括认识电子支付和第三方支付平台与移动支付两部分。

（8）项目八网店客服,内容包括初识网店客服和售前、售中、售后客服两部分。

（9）项目九营销手段及推广,内容包括电子商务营销推广概述、电子商务平台内营销推广和新媒体平台营销推广三部分。

（10）项目十电子商务物流及配送,内容包括电子商务下的物流概述、电子商务配送和电子商务环境下的供应链管理三部分。

（11）项目十一电子商务前沿与展望,内容包括领域前沿、技术前沿、模式前沿和电商时代四部分。

本书由陈红、高进锋担任主编,刘海宏、倪国章、林雪媛担任副主编,由广州华南商贸职业学院、广州南洋理工职业学院和京东校企合作共同编写,由具有丰富教学经验和实战经验的老师分别承担各项目和任务内容的撰写工作，具体分工如下：陈红负责全书校对和终审，黄姣参与项目一、项目二和项目三编写，杨玉婵参与项目二和项目三编写，汤秋婷参与项目三和项目四编写，祁兆辉参与项目四和项目五编写，刘海宏参与项目五编写，倪国章参与项目六、项目七和项目十一编写，董海云参与项目八编写，林雪媛参与项目八和项目九编写，唐斌参与项目十和项目十一编写，高进锋参与项目十和项目十一编写，李周才和张梦参与企业案例和配套资料的整理工作。

  本书课题组成员全部参与电子教案、课程标准、电子课件、习题集参考答案、实验实训资料、文字教学案例、视频教学案例、知识点微视频和模拟试卷等教学资料的整理工作，本书完成后将继续更新，完善这些配套资料。

  本书修订参考了众多专家以及授课教师的意见和建议，编者在此向这些专家和授课教师表示诚挚的谢意！衷心希望各位专家、教师和同学继续对本书批评指正，我们将利用重印或者再版的机会不断对本书进行更新和完善。

编　者

目　录

项目一　电子商务基础知识 ……………………………………………………………（1）
 任务 1　电子商务的定义及发展阶段 ………………………………………………（1）
  一、电子商务的定义 ………………………………………………………………（2）
  二、电子商务的产生和发展历程 …………………………………………………（3）
 任务 2　电子商务的分类和特点 ……………………………………………………（5）
  一、电子商务的分类 ………………………………………………………………（5）
  二、电子商务的特点与功能 ………………………………………………………（8）

项目二　电子商务技术基础 ……………………………………………………………（11）
 任务　电子商务系统 …………………………………………………………………（11）
  一、电子商务系统组成 ……………………………………………………………（12）
  二、电子商务的一般框架 …………………………………………………………（13）

项目三　电子商务模式 …………………………………………………………………（16）
 任务 1　C2C 电子商务模式 …………………………………………………………（16）
  一、C2C 电子商务模式概述 ………………………………………………………（17）
  二、C2C 电子商务基本业务流程 …………………………………………………（18）
  三、C2C 拍卖平台 …………………………………………………………………（19）
  四、C2C 电子商务盈利模式 ………………………………………………………（20）
 任务 2　B2C 电子商务模式 …………………………………………………………（22）
  一、B2C 电子商务模式概述 ………………………………………………………（23）
  二、B2C 电子商务模式分类 ………………………………………………………（23）
  三、B2C 电子商务交易流程 ………………………………………………………（24）
 任务 3　B2B 电子商务模式 …………………………………………………………（27）
  一、B2B 电子商务模式概述 ………………………………………………………（28）
  二、B2B 电子商务模式分类 ………………………………………………………（28）

三、B2B 电子商务交易流程 …………………………………………………（29）
　任务 4　O2O 电子商务模式 ……………………………………………………（33）
　　一、O2O 电子商务模式概述 ……………………………………………………（34）
　　二、O2O 电子商务模式的优势 …………………………………………………（34）
　　三、O2O 电子商务的盈利模式 …………………………………………………（35）
　任务 5　电子商务其他模式 ………………………………………………………（38）
　　一、C2B 电子商务模式概述 ……………………………………………………（39）
　　二、B2T 电子商务模式概述 ……………………………………………………（39）
　　三、B2M 电子商务模式概述 ……………………………………………………（40）
　　四、G+F 电子商务模式概述 ……………………………………………………（41）
　　五、A2B 电子商务模式概述 ……………………………………………………（41）
　　六、B2B2C 电子商务模式概述 …………………………………………………（41）
　　七、B2B2B 电子商务模式概述 …………………………………………………（42）

项目四　电子商务开店模块 ………………………………………………（44）

　任务 1　网上开店的基本流程 ……………………………………………………（44）
　　一、开店前期准备 ………………………………………………………………（45）
　　二、了解并选择开店平台 ………………………………………………………（45）
　　三、申请开设店铺并完成装修 …………………………………………………（46）
　　四、确定进货形式 ………………………………………………………………（46）
　　五、商品拍照 ……………………………………………………………………（46）
　　六、商品上传 ……………………………………………………………………（46）
　　七、店铺推广 ……………………………………………………………………（46）
　　八、商品售前、售中服务 ………………………………………………………（47）
　　九、交易、发货 …………………………………………………………………（47）
　　十、买家评价或投诉的处理 ……………………………………………………（47）
　　十一、售后服务 …………………………………………………………………（47）
　任务 2　开店模式的选择 …………………………………………………………（47）
　　一、自助式开店与创建独立网站 ………………………………………………（48）
　　二、自己进货与网络代销 ………………………………………………………（49）
　任务 3　开店平台的选择 …………………………………………………………（50）
　　一、淘宝网 ………………………………………………………………………（50）
　　二、天猫商城 ……………………………………………………………………（51）
　　三、京东商城 ……………………………………………………………………（53）
　任务 4　京东开店 …………………………………………………………………（57）
　　一、京东开放平台开店的优势 …………………………………………………（58）
　　二、京东开放平台开店的规则 …………………………………………………（58）
　　三、京东开放平台类目资质要求 ………………………………………………（58）
　　四、京东开放平台类目资费要求 ………………………………………………（62）

五、申请入驻京东 ……………………………………………………………（63）

项目五　电子商务页面编辑模块 ……………………………………………（66）

任务1　HBuilder X 软件安装及常用操作 ………………………………（66）
一、HBuilder X 介绍 …………………………………………………（66）
二、HBuilder X 下载及安装 …………………………………………（66）
三、HBuilder X 软件常用操作 ………………………………………（67）
四、创建基本的 HTML 项目 …………………………………………（69）

任务2　HTML 语法及网店装修常用标签 ………………………………（70）
一、HTML 简介 ………………………………………………………（70）
二、HTML 语法规范 …………………………………………………（70）
三、网店装修中常用标签及属性 ……………………………………（71）

任务3　PC 端首页装修 ……………………………………………………（78）
一、色彩搭配 …………………………………………………………（78）
二、店铺 PC 端首页布局 ……………………………………………（85）
三、京东店铺 PC 端首页装修 ………………………………………（85）
四、淘宝店铺 PC 端装修 ……………………………………………（97）

任务4　App 端首页装修 …………………………………………………（108）
一、淘宝平台 App 后台介绍 ………………………………………（109）
二、主要容器功能介绍 ………………………………………………（110）
三、店铺 App 端首页布局 …………………………………………（113）
四、装修 App 端首页 ………………………………………………（114）

项目六　电子商务安全 ………………………………………………………（118）

任务1　电子商务交易安全需求及技术 ……………………………………（118）
一、电子商务安全概述 ………………………………………………（119）
二、电子商务安全技术 ………………………………………………（120）

任务2　电子商务交易安全解决方案、策略及日常防范 …………………（125）
一、PKI 体系 …………………………………………………………（126）
二、基于 PKI 体系的文件安全传送 …………………………………（127）
三、基于电商平台的电子商务交易安全策略 ………………………（128）
四、日常安全防范 ……………………………………………………（128）

项目七　电子支付 ……………………………………………………………（131）

任务1　认识电子支付 ………………………………………………………（131）
一、电子支付概述 ……………………………………………………（132）
二、网上银行 …………………………………………………………（134）

任务2　第三方支付平台与移动支付 ………………………………………（135）
一、第三方支付平台及移动支付 ……………………………………（136）

项目八　网店客服······(140)

任务1　初识网店客服······(140)
一、网店客服概述······(141)
二、网店客服应具备的知识······(143)

任务2　售前、售中、售后客服······(150)
一、客服分类及工作内容······(150)
二、客服准备工作······(151)
三、在线沟通工具——千牛······(152)
四、售前客服······(157)
五、售中客服······(159)
六、售后客服······(160)

项目九　营销手段及推广······(164)

任务1　电子商务营销推广概述······(164)
一、电子商务营销的特点······(165)
二、电子商务营销的发展趋势······(165)

任务2　电子商务平台内营销推广······(167)
一、电子商务平台付费推广工具······(167)
二、电子商务平台内活动营销······(177)
三、移动端营销······(180)

任务3　新媒体平台营销推广······(180)
一、微信推广······(181)
二、微博推广······(185)
三、抖音推广······(188)
四、H5推广······(191)

项目十　电子商务物流及配送······(197)

任务1　电子商务下的物流概述······(198)
一、电子商务下物流业的发展趋势······(198)
二、电子商务环境下物流的实现模式······(200)

任务2　电子商务配送······(202)
一、电子商务配送的概述······(202)
二、电子商务的物流配送流程······(203)
三、电子商务物流配送中心······(204)
四、将配送中心按照不同的标准分类······(204)
五、电子商务物流配送的特点······(205)

任务3　电子商务环境下的供应链管理······(206)
一、供应链管理概念······(206)
二、电子商务下供应链管理的主要功能······(206)

三、电子商务环境下供应链管理的主要内容 ……………………………………（207）

项目十一　电子商务前沿与展望 ………………………………………………（211）

任务1　领域前沿 ………………………………………………………………（211）
　　一、移动商务 …………………………………………………………………（212）
　　二、跨境电商 …………………………………………………………………（213）
　　三、旅游电商 …………………………………………………………………（214）
　　四、农村电商 …………………………………………………………………（215）
　　五、医药电商 …………………………………………………………………（216）

任务2　技术前沿 ………………………………………………………………（217）
　　一、物联网 ……………………………………………………………………（218）
　　二、云计算 ……………………………………………………………………（220）
　　三、大数据 ……………………………………………………………………（222）
　　四、人工智能 …………………………………………………………………（223）

任务3　模式前沿 ………………………………………………………………（225）
　　一、粉丝经济 …………………………………………………………………（226）
　　二、共享经济 …………………………………………………………………（227）
　　三、场景电商 …………………………………………………………………（228）
　　四、直播带货 …………………………………………………………………（229）
　　五、互联网+ …………………………………………………………………（229）

任务4　电商时代 ………………………………………………………………（230）
　　一、电商1.0 …………………………………………………………………（231）
　　二、电商2.0 …………………………………………………………………（231）
　　三、电商3.0 …………………………………………………………………（232）
　　四、电商4.0 …………………………………………………………………（232）

参考文献 ……………………………………………………………………………（236）

项目一

电子商务基础知识

任务 1 电子商务的定义及发展阶段

学习目标

【知识目标】
1. 掌握电子商务的概念。
2. 了解电子商务的产生和发展。
3. 了解中国电子商务产业的发展阶段。

【技能目标】
1. 能够清晰地描述电子商务的定义。
2. 能够举例说明电子商务的发展阶段。

背景知识

1999年——梦开始的地方很好

任务导入

电子商务在降低企业交易费用和经营成本的同时，正深刻改变着企业的经营模式。电子商务使买卖双方在网络上形成简单易行的良好界面，使供需双方远在千里之外，通过网络像面对面一样迅速完成交易，使各种网上交易以电子票据进行支付、清算与决算。企业的原材料采购、生产的组织协调和产品的广告宣传、销售，都会发生一系列变化。

那么，究竟什么是电子商务？电子商务的发展历程是怎么样的？电子商务又给我们的行业带来哪些新的应用？

思考：全球电子商务发展的趋势如何？

任务分解与实施

一、电子商务的定义

电子商务发展至今已经经历翻天覆地的变化，对于电子商务的定义从发展初期的解释到今天也出现了不同的版本。由于电子商务一直在随着科技和营销手段的进步而不断更改其内涵，因此关于它的定义，不同的学者、组织和企业，从不同的角度有着不同的理解。具体如下所述：

加拿大电子商务协会给电子商务的定义：电子商务是通过数字通信进行商品和服务的买卖以及资金的转账，它还包括公司间和公司内利用 E-mail、EDI、文件传输、传真、电视会议、远程计算机联网所能实现的全部功能（如市场营销、金融结算、销售及商务谈判）。

IBM 公司的电子商务（E-Business）概念包括三个部分——企业内部网（Internet）、企业外部网（Extranet）、电子商务（E-commerce），它所强调的是在网络计算机环境下的商业化应用，不仅仅是硬件和软件的结合，也不仅仅是通常意义下强调交易意识的狭义的电子商务（E-commerce），而是把买方、卖方、厂商及其合作伙伴在因特网（Internet）、企业内部网（Intranet）和企业外部网（Extranet）结合起来的应用，它同时强调这三部分是有层次的，只有先建立良好的 Intranet，建立好比较完善的标准和各种信息基础设施才能顺利扩展到 Extranet，最后扩展到 E-commerce。

1997 年布鲁塞尔全球信息社会标准大会提出一个关于电子商务的较严密完整的定义："电子商务是各参与方之间以电子方式而不是通过物理交换或直接接触完成业务交易。"这里的电子方式包括电子数据交换（EDI）、电子支付手段、电子订货系统、电子邮件、传真、网络、电子公告系统、条码、图像处理、智能卡等。

在中国电子商务协会发布的《中国电子商务发展分析报告》中对电子商务的定义：电子商务是以电子形式进行的商务活动。它在供应商、消费者、政府机构和其他业务伙伴之间通过电子方式，如电子函件、报文、互联网技术、智能卡、电子资金转账、电子数据交换和数据自动采集技术等，实现非结构化或结构化的商务信息共享，以管理和执行商业、行政和消费活动中的交易。

总结起来，我们可以这样说：从宏观讲，电子商务是计算机网络的第二次革命，是在通过电子手段建立一个新的经济秩序。不仅涉及电子技术和商业交易本身，而且涉及诸如金融、税务、教育等社会其他层面。从微观角度说，电子商务是指各种具有商业活动能力的实体（生产企业、商贸企业、金融机构、政府机构、个人消费者等）利用网络和先进的数字化传媒技术进行的各项商业贸易活动。这里主要强调两点：一是活动要有商业背景；二是网络化和数字化。

二、电子商务的产生和发展历程

(一) 电子商务的产生和发展

电子商务萌芽于 20 世纪 70 年代。当时一些大公司通过建立自己的计算机网络实现各个机构之间、商业伙伴之间的信息共享，这个过程被称为 EDI（电子数据交换），它是第一个关于电子商务的标准，是电子商务技术的一大突破。EDI 通过传递标准的数据流可以避免人为的失误、降低成本、提高效率，现在世界上 1 000 个最大的企业中，99% 以上在使用这一技术。截至目前，它仍然是电子商务的技术基础。但是，起初它并不是针对普通用户和小型公司而制定的，而只有少数大公司才能支付得起 EDI 昂贵的费用。20 世纪 90 年代互联网的快速发展、计算机和网络应用在全球范围的普及，使 EDI 技术已经摆脱昂贵的公司独立网络，融于 Internet；更多的企业和企业之间的商务活动干脆直接采用 Web 技术来进行。这样电子商务才得以平民化，普通消费用户和中小型企业才可以通过互联网进行商品的销售和消费。

纵观电子商务发展的这几十年，其发展主要包括 5 个阶段：

1. 第一阶段——电子邮件阶段

这个阶段可以认为是从 20 世纪 70 年代开始的，平均的通信量以每年几倍的速度增长。

2. 第二阶段——信息发布阶段

从 1995 年起，以 Web 技术为代表的信息发布系统爆炸式地成长起来，成为 Internet 的主要应用。

3. 第三阶段——EC（Electronic Commerce）即电子商务阶段

EC 最早在美国开始，之所以把 EC 列为一个划时代的阶段，是因为 Internet 的最终主要商业用途就是电子商务。同时反过来也可以说，若干年后的商业信息主要通过 Internet 传递。经过这 30 多年的发展，也印证了 Internet 已然成为全球电子商务发展的必要充分条件，成为我们这个商业信息社会的神经系统。

4. 第四阶段——全程电子商务阶段

随着 SaaS（Software as a Service）软件服务模式的出现，软件纷纷登录互联网，延长了电子商务链条，形成了当下最新的"全程电子商务"概念模式。

5. 第五阶段——智慧阶段

2011 年，互联网信息碎片化以及云计算技术愈发成熟，主动互联网营销模式出现，i-Commerce（individual Commerce）顺势而出，电子商务摆脱传统销售模式生搬上互联网的现状，以主动、互动、用户关怀等多角度与用户进行深层次沟通。

(二) 中国电子商务产业的发展阶段

中国电子商务产业经过 20 年的发展，已广泛渗透到社会经济领域的方方面面，其市场发展态势正逐步从高速增长向稳健发展过渡。伴随着电子商务产业的日益成熟，为广大电商卖家提供服务的相关产业也应运而生并不断发展壮大，形成了具有中国特色的电子商务产业。中国电子商务产业分为电子商务交易服务业、电子商务支撑服务业和电子商务衍生服务业。其中，电子商务衍生服务指为满足电商卖家衍生配套需求而提供的配套硬件、电商运营服务、CRM产品等各类专业服务。

中国电子商务产业的发展阶段：

1. 探索期（2009—2011年）

2009年伴随着3G正式商用、天猫平台上线等因素的催化，中国网购用户破亿，市场竞争的加剧促使卖家对自身的经营有了新的需求。2009年，阿里巴巴商家服务市场创立后，引入了首批电商服务提供商。随着淘宝卖家的不断增多，吸引了大批电商服务提供商进入商家服务市场。在市场发展的初级阶段，由于电商服务提供商较多且所提供服务类型相对雷同，部分规模较小、竞争力较弱的服务提供商在价格战后逐步退出市场。

2. 市场启动期（2012—2013年）

随着移动互联网的发展和智能手机的普及，以及快递物流行业的爆发式发展，网络零售步入移动化时代。与此同时，广大卖家的需求也从简单的店铺装修、商品上架升级到运营管理、流量推广、品牌管理等内容，服务提供商根据市场变化逐步开发了新的产品和服务，也为之后的市场高速发展打下了基础。

3. 高速发展期（2014—2017年）

2014年阿里的上市标志着国内电商产业发展到新阶段。2015年国内网络零售领域内，移动端交易规模首次超过PC端。在这一时期，电商服务的形式更多样化，整个产业链分工明确，市场交易规模快速增长。随着京东、苏宁等三方平台规模的不断扩大，其商家服务市场的规模也逐步壮大和规范。同时在社交电商的带动下，围绕小程序运营的服务厂商也带动整体市场蓬勃发展。

4. 应用成熟期（2018年至今）

经过高速增长期后，电商平台的流量格局已定，线上红利逐渐减少，同时阿里提出新零售概念后，也带领电商向线下产业进军。而相对应的中国电子商务产业，其自身运营模式已相对成形，市场格局也基本确定。在进入成熟期后，其市场规模增速减缓，进入稳定增长阶段。

任务小结

2021年全球电子商务九大趋势

能力训练

登录阿里研究院 http://www.aliresearch.com/cn/presentation，阅读《2020中国淘宝村研究报告：1%的改变，一万亿GMV报告》文章，谈一谈你对于淘宝村的认识和看法。

技能拓展

李东看到很多同学把自己生活、学习、玩乐的日常拍摄成短视频发布到抖音、快手还有腾讯微视等平台,他也想试试,请帮助李东选择其中一个平台注册并开通账号。

任务 2　电子商务的分类和特点

学习目标

【知识目标】
1. 理解电子商务的分类。
2. 掌握电子商务的特点。
3. 了解电子商务的功能。

【技能目标】
1. 能够正确认识电子商务,有学习电子商务知识的热情。
2. 能够举例说明电子商务的分类。

背景知识

电子商务发展呈现出哪些特征

任务导入

李东通过学习已经了解到电子商务的发展历程,也认识到电子商务在很多新的行业中有了新的发展和应用。那么什么是电子商务?它的定义究竟是什么?为什么它的发展和应用会如此迅速呢?带着这些疑问,李东开始了新的学习历程。

思考: 目前有哪些新型的电子商务模式?

任务分解与实施

一、电子商务的分类

电子商务的应用范围很广,从不同的角度可以将其分为不同的类型。

（一）按照交易主体进行分类

电子商务通常在三类交易主体之间进行，即企业（Business）、政府部门（Government）和个人消费者（Consumer）。按信息在这三类交易主体之间的流向，电子商务可以分为以下几种类型。

1. 消费者与消费者之间的电子商务

消费者与消费者之间的电子商务（Consumer to Consumer，C2C），通过互联网消费者之间也可以互相买卖商品。换言之，C2C 实际就是在网上为消费者提供一个"个人对个人"的交易平台，给交易双方提供一个交易场所。这类似于农村的集市贸易。淘宝的前身就带有 C2C 的属性。目前具有代表性的有咸鱼、58 同城平台，它们的部分业务就属于 C2C。

2. 企业与个人消费者之间的电子商务活动

企业与个人消费者之间的电子商务活动（Business to Consumer，B2C），即企业通过网络向个人消费者直接销售产品或提供服务。B2C，其中文简称为"商对客"。"商对客"是电子商务的一种模式，也就是通常说的直接面向消费者销售产品和服务的商业零售模式。目前典型的 B2C 网站有亚马逊、当当网、京东商城、唯品会和天猫商城、苏宁易购等。

3. 企业和企业之间的电子商务

企业和企业之间的电子商务（Business To Business，B2B），是指企业和企业之间通过互联网进行产品、服务和信息的交换。B2B 是目前应用最广泛的一种电子商务类型。企业可以是生产企业（如海尔、戴尔等），其与上游原材料和零配件供应商、下游经销商、物流运输商、产品服务商等之间利用各种网络商务平台开展电子商务活动；企业也可以是商家，如某商家通过阿里巴巴平台采购宝洁公司的商品等。B2B 网站的典型代表有阿里巴巴、中国制造网、慧聪网和敦煌网等。

4. 个人消费者与企业之间的电子商务

个人消费者与企业之间的电子商务（Consumer to Business，C2B）是一种先由消费者提出需求，后由生产或商贸企业按需求组织生产或货源的电子商务模式。

（1）消费者群体主导的 C2B，即通过聚合客户的需求，组织商家批量生产或组织货源，让利于消费者。团购属于一种由消费者群体主导的 C2B 模式。团购就是将零散的消费者及其购买需求聚合起来，形成较大批量的购买订单，从而可以得到商家的优惠价格，商家也可以从大批量的订单中享受到"薄利多销"的好处，这对消费者与商家而言是双赢的。团购也叫 C2T（Consumer to Team）模式。

（2）消费者个体参与定制的 C2B（也叫深度定制）。在这种方式下，消费者能参与定制的全流程，企业可以完全满足消费者的个性化需求。如果企业为工厂，也可以称作 C2F（Consumer to Factory）。目前，应用这种方式最成熟的行业当数服装类、鞋类、家具类等行业。

5. O2O 电子商务模式

O2O（Online to Offline）模式是指将线下商务与互联网结合在一起，让互联网成为线下的前台。这样商家可以线上揽客，线下提供商品或服务；消费者可以在线上搜索商品或服务，后到线下完成交易。

6. 企业与政府之间的电子商务

企业与政府之间的电子商务（Business to Government，B2G），政府与企业之间的各项事务都可以涵盖在其中，包括政府采购、税收、商检、管理条例发布，以及法规和政策颁布等。例如，中央政府采购网和各地税务局的网上报税服务厅等就属于该模式。

7. 个人消费者与政府之间的电子商务

个人消费者与政府之间的电子商务（Consumer to Government，C2G），涵盖个人与政府之间的若干事务，如个人住房公积金的缴纳、养老金的领取和个人向政府纳税等。C2G 网站是政府工作的重要透明化窗口，也是公民了解政府发布的各项信息和政策的重要渠道。例如，全国大学生就业公共服务立体化平台和广州市住房公积金管理中心网站等就属于 C2G 模式，还有广州公安、平安白云等公众号也属于 C2G 模式。

8. 政府与政府之间的电子商务

政府与政府之间的电子商务（Government to Government，G2G），即政府间利用网络开展电子商务活动。如"中央监管结算仓"的 G2G 合作模式，以央企为主体，以国家检验检疫标准为导向，以国家行业组织为纽带，能有效解决海外供应商身份认定、跨境商品监管等问题。在此基础上，依托"中央监管结算仓"，中国轻工业品进出口总公司联合金融机构建立了"资金池"，最后实现了上下游企业的闭环结算。

（二）按照商业活动的运作方式分类

按这种方式，电子商务可分为完全电子商务和非完全电子商务。

（1）完全电子商务指完全可以通过电子商务方式实现和完成完整交易的交易行为和过程。换句话说，完全电子商务是指商品或者服务的完整过程都是在信息网络上实现的，它使双方超越地理空间的障碍来做电子交易，可以充分挖掘全球市场的潜力。

（2）非完全电子商务是指不能完全依靠电子商务方式实现和完成完整交易行为和过程。它要依靠一些外部因素，如运输系统的效率等。

（三）按照商务活动的内容分类

按这一分法，电子商务可分为间接电子商务和直接电子商务。

（1）间接电子商务，是指有形货物的电子订货与付款等活动，它依旧用传统渠道（如邮政服务和商业快递车送货等）送货。

（2）直接电子商务，是指无形货物或者服务的订货、付款等活动，如某些计算机软件、娱乐内容的联机订购、付款和交付，或者是全球规模的信息服务等。直接电子商务能使双方越过地理界线直接进行交易，充分挖掘全球的潜力。

（四）按照开展电子交易的范围分类

从这个角度，电子商务可分为三类：本地电子商务、远程国内电子商务、全球电子商务。

（1）本地电子商务通常是指利用本城市或者本地区的信息网络实现的电子商务活动，电子交易的范围较小。系统是利用 Internet、Intranet 或者专用网络将下列系统联系在一起的网络。本地电子商务系统是基础系统，没有它就无法开展国内地址事务和全球电子商务。因此，建立和完善它是实现全球电子商务的关键。

（2）远程国内电子商务是指在本国范围内进行的网上电子交易活动。其交易的地域范围较大，对软硬件的技术要求较高，要求在全国范围内实现商业电子化、自动化，实现金融电子化，交易各方应具备一定的电子商务知识、经济能力和技术能力，并具有一定的管理水平。

（3）全球电子商务是指在全世界范围内进行的电子交易活动，交易各方通过网络做生意。它涉及交易各方的相关系统，如买卖方国家进出口公司、海关、银行金融、税务、保险等系统。这种业务内容繁杂，数据来往频繁，要求电子商务系统严格、准确、安全、可靠。电子商务要想得到顺利发展，就得制定出世界统一的电子商务标准和电子商务协议。

二、电子商务的特点与功能

（一）电子商务的特点

基于信息及技术支撑的电子商务是在传统商务的基础上发展起来的，与传统商务运作相比，电子商务具有以下特点。

（1）成本低廉。

（2）电子商务跨越了传统营销方式下的中间商环节，优化了价值链，降低了交易成本，顾客可以较低的价格获得优质的产品和服务。此外，基于互联网络的电子商务运作网络环境是开放性的，资费较专用网络更为低廉，深受众多用户欢迎。

（3）覆盖面广。

（4）电子商务是基于互联网平台而运作的。互联网几乎遍及全球的各个角落，覆盖面相当广，用户通过简单的联网就可以方便地与贸易伙伴传递信息、洽谈商务、购置货物，数以千万计的用户群对商家来说无疑是一个潜在而广泛的市场。

（5）使用便捷。基于互联网的电子商务可以不受特殊数据交换协议的限制，任何商业文件或单证都可以直接通过电子化的交互方式填写来完成，无须翻译，普通用户都能看懂或直接使用。客户可以通过网络直观地浏览、选择商品，并能够与商家交流。通过电子商务系统，商家可以在网上展示商品，提供有关商品信息的查询，与顾客进行互动性的双向沟通，收集市场信息等。

（6）跨越时空。电子商务运作可以脱离时间、空间的限制，实施全方位、全天候交互式的商务运作与服务，全球市场由网络连接成为与地域及空间无关的一体化市场，任何人只要拥有一个网络入口点，就可随时、随地、随意地进行网上洽谈与买卖，可进行 24 小时的全天候商务活动。

（7）功能全面。基于互联网的电子商务可以全面支持不同类型的用户，实现不同层次的商务目标，可提供超越传统商务的功能为商家、消费者及网上的第三方服务，如发布电子商情、网上调查、网上咨询、网上广告、在线洽谈、网上订货、网上贸易、电子支付、网上银行、电子物流、售后服务与建立网上商城等。

（8）服务个性化。在商品越来越趋于分共性化，而消费者越来越个性化的时代，电子商务凭借现代高科技的支撑，可充分实现以顾客为中心，最大限度地满足顾客个性化需求，企业可基于网络环境进行市场分析，针对特定的市场需求生产产品，为顾客提供个性化服务。此个性化体现在三个方面，即个性化信息、个性化产品与个性化服务。

（9）整体协调性。电子商务具有整体性与协调性。它能够规范事务处理的工作流程，将人工操作和电子信息处理集成为一个不可分割的整体，以提高人力、物力的利用和系统运行的严密性。电子商务活动同时也具有协调效用，在电子商务环境中，它要求银行、配送中心、技术服务部、供应链环节涉及的相关部门通力协作、一气呵成。

（10）系统安全性。在电子商务中，安全性是一个至关重要的核心问题，它要求网络能提供一种端到端的安全解决方案，如加密机制、签名机制、安全管理、存取控制、防火墙、防病毒保护等，这与传统的商务活动有着很大不同。

（二）电子商务的功能

电子商务可提供网上交易和管理等全过程的服务。因此，它具有广告宣传、网上订购、咨询洽谈、网上支付、电子账户、物流配送、信息反馈、交易管理等多项功能。

（1）广告宣传。电子商务可凭借企业的 Web 服务器和客户的浏览器，基于 WWW 的超文本链接与超媒体技术，在互联网上发布各类型商业信息。客户可借助网上的检索工具（Search）迅速找到所需商品信息，而商家可利用网页和电子邮件（E-mail）在全球范围内做广告宣传。与以往的各类广告相比，网上广告可以根据更精细的个性差别将消费者进行分类，利用先进的三维虚拟现实界面设计，达到令消费者身临其境的效果，分别传达不同的广告信息。网上的广告成本最为低廉，而给顾客的信息量却最为丰富，极具诱惑力。

（2）网上订购。随着 Web 技术与电子商务系统的发展与完善，网上购物已日趋普及。电子商务可借助 Web 中的邮件交互传输实现网上订购。但就主体而言，较多地利用先进的网络通信与计算机逼真的三维图形技术，构成一个虚拟而逼真的动态网上商城，用户足不出户便能"逛商城"与"货比三家"，可全方位、全天候、便捷地选购商品。然后，通过选择好的产品页面上提供的订购提示信息和交互式订购表单进行订购。订购信息也可采用加密的方式使客户和商家的信息免于被泄露。目前，在网上订购已成熟付诸应用。

（3）咨询洽谈。电子商务客户可借助电子邮件、新闻组、实时讨论组与系统内的专业数据库网站来了解市场和商品信息，洽谈商务交易事务，如有进一步需求，还可用网上的白板会议来交流即时的图形信息。网上的咨询和洽谈能超越人们面对面洽谈的限制，提供多种方便的异地交谈形式。

（4）网上支付。电子商务要成为一个完整的商务过程，网上支付是最重要的一个环节。客户和商家可用信用卡账号实行网上支付。在网上直接采用电子支付可省去交易过程中很多人员的开销。网上支付将更安全、更可靠地控制传输信息，以防止欺骗、窃取、冒用等非法行为。

（5）电子账户。网上支付必须有电子金融系统来支持，即银行、信用卡公司及保险公司等金融单位要为金融服务提供网上操作服务，而电子账户管理是基本的组成部分。信用卡号或银行账号都是电子账户的一种标志，其可信度需要有必要的技术措施来保证，如数字凭证、数字签名、身份认证和加密等。

（6）物流配送。对于已付款的客户应将其订购的货物尽快传递到他们手中，以完成电子商务下的物流配送。最适合在网上直接传递的货物是信息产品（如软件、电子读物、信息服务等），对于该类货物——不管是本地还是异地，都能通过电子邮件等方式直接从电子仓库中将其发送到用户端，实施物流的调配。

（7）信息反馈。电子商务能十分方便地采用网页上的表单来收集用户对销售服务的反馈意见，其中可融合多媒体信息。这样可使企业的市场运营、供应链环节形成一个闭环。客户的反馈意见不仅能提高售后服务的水平，也可使企业获得改进产品、发现市场的商业机会。

（8）交易管理。交易管理是对商务活动全过程的管理，整个交易管理将涉及人、财、物多个方面，融合了企业和企业、企业和客户、企业和政府部门及企业内部等诸多方面的协调和管理。随着电子商务的发展，将会提供一个良好的交易管理网络平台及多种多样的应用服务系统。这样，方能保障电子商务获得更广泛的应用。

任务小结

能力训练

简答题

1. 简述电子商务的定义。
2. 简述常见的电子商务模式。
3. 简述电子商务的特点。
4. 电子商务的功能是什么？

技能拓展

李东大学期间就对电子商务产生了浓厚的兴趣，他认为未来电子商务的发展一定会随着科学技术的不断发展而出现新的商业模式，那么哪些科学技术发明应用在电子商务行业改变着我们的生活和习惯呢？

项目二

电子商务技术基础

任务　电子商务系统

学习目标

【知识目标】
1. 了解电子商务系统的组成。
2. 掌握电子商务的一般框架。

【技能目标】
能够描述电子商务一般框架中的四层、三支柱。

背景知识

任务导入

快递员泄露客户信息被判刑

　　自2015年8月开始，宋某某利用其系湖南省长沙市某速运有限公司员工身份，获得同事的公司操作平台员工账号和密码后，与自己的VPN权限与公司账户、密码一同提供给另一名被告人曹某某。曹某某通过外网登录了该速运公司的VPN服务器，访问运单查询系统，并下载了大量的客户运单信息。然后，曹某某把这些客户运单信息交由另一被告人李某某贩卖获利。一名网店老板黄某则以人民币1 000元的价格向李某某购买公民个人信息100万条，用于发送信息宣传其网店。案件导致20万余个公民个人信息遭泄露，该案事发2015年8月，2016年在南山法院一审开庭，后又经历上诉和二审阶段，2017年6月，深圳中院做出了终审裁定，宋、曹、李、黄四人均因侵犯公民个人信息罪而获刑。其中快递员宋某某获刑一年三个月，曹某某获刑两年，李某某获刑 11 个月，黄某则被判缓刑。4 人被处罚金五千元到三万元不等。

个人信息泄露是电子商务活动中最常见的违法行为，特别是在大数据时代，个人信息安全不容忽视。上述案例说明在电子商务活动中需要一定的政策和法律法规约束。请查阅资料，说明我国 2019 年 1 月 1 日施行的《中华人民共和国电子商务法》中对于个人信息部分内容有哪些规定，除此之外还有哪些要点。

任务分解与实施

一、电子商务系统组成

电子商务系统包括电子商务网络系统、供应方和需求方、认证机构、电子商务服务商、网上银行、物流中心等。

1. 电子商务网络系统

电子商务网络系统包括互联网、内联网和外联网。互联网是电子商务的基础，是商务、业务信息传送的载体；内联网是企业内部商务活动的场所；外联网是企业与企业之间，以及企业与政府之间开展商务活动的纽带。

2. 供应方和需求方

供应方和需求方包括个人用户和企业用户。个人用户使用计算机或者移动设备等接入互联网；企业用户通过建立企业内联网、外联网和企业管理信息系统，可对人力、财力、物力、供应、销售、储存等进行科学管理。

3. 认证机构

认证机构 CA 认证是法律承认的权威机构，即电子认证服务，是指为电子签名相关各方提供真实性、可靠性验证的活动。证书颁发机构（CA，Certificate Authority）即颁发数字证书的机构，是负责发放和管理数字证书的权威机构，并作为电子商务交易中受信任的第三方，承担公钥体系中公钥的合法性检验的责任。

4. 电子商务服务商

电子商务服务商，Internet 作为一个蕴藏巨大商机的平台，需要有一大批专业化分工者进行相互协作，为企业、组织与消费者在 Internet 上进行交易提供支持。电子商务服务商便是起着这种作用。根据服务层次和内容的不同，可以将电子商务服务商分为两大类：一类是为电子商务系统提供系统支持服务的，它主要为企业、组织和消费者在网上交易提供技术和物资基础；另一类是直接提供电子商务服务者，它为企业、组织与消费者之间的交易提供沟通渠道和商务活动服务。

5. 网上银行

网上银行又称网络银行、在线银行或电子银行，它是各银行在互联网中设立的虚拟柜台，银行利用网络技术，通过互联网向客户提供开户、销户、查询、对账、行内转账、跨行转账、信贷、网上证券、投资理财等传统服务项目，使客户足不出户就能够安全、便捷地管理活期和定期存款、支票、信用卡及个人投资等。网上银行在电子商务中有着非常重要的作用。无论是传统交易还是新兴的电子商务，资金的支付都是完成交易的重要环节，所不同的是，电子商务强调支付过程和支付手段的电子化。能否有效地实现支付手段的电子化和网络化是网上交易成败的关键，直接关系到电子商务的发展前景。

6. 物流中心

物流中心是有一定规模的，经营商品储存、运输、包装、加工、装卸、搬运的场所。物流中心的基本功能：运输功能、储存功能、装卸搬运功能、包装功能、流通加工功能、物流信息处理功能。一般物流中心接受商家的送货要求，将商品送到消费者手中。

二、电子商务的一般框架

电子商务的一般框架是指电子商务活动环境中所涉及的各个领域以及实现电子商务应具备的技术保证。从总体上看，完整的电子商务体系体现在全面的电子商务应用上，而这需要有相应层面的基础设施和众多支撑条件构成的环境要素。这些环境要素从整体上可分为4个层次：网络层、技术支持层、服务支持层、应用层；三大支柱：社会人文性的国家政策及法律法规、自然科技性的技术标准和网络协议、物流体系的建构。如图 2-2-1 所示。

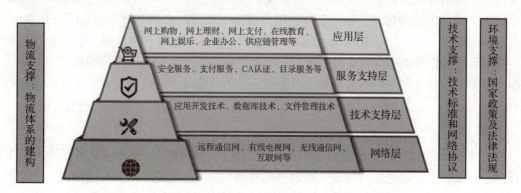

图 2-2-1 电子商务的一般框架

1. 网络层

网络层指网络基础设施，是实现电子商务最底层的基础设施，它是信息的传输系统，也是实现电子商务的基本保证。它包括远程通信网、有线电视网、无线通信网和互联网。因为电子商务的主要业务是基于 Internet 的，所以互联网是网络基础设施中最重要的部分。

2. 技术支持层

网络层决定了电子商务信息传输使用的线路，技术支持层则决定和解决了如何在网络上传输信息和管理信息的问题，技术支持层包括应用开发技术、数据库技术以及文件管理技术等。应用开发技术包括前端开发和后台开发。前端开发涉及 HTML、CSS、JavaScript 等技术；后台开发涉及 JSP、PHP 和 SAP 等技术。数据库技术涉及 Oracle、MySQL 等技术。

3. 服务支持层

服务支持层用来为电子商务应用提供支持，包括安全服务、支付服务、CA 认证和目录服务等。其中真正的核心是 CA 认证。因为电子商务是在网上进行的商务活动，参与交易的商务活动各方互不见面，所以身份的确认与安全通信变得非常重要。CA 认证中心，担当着网上"公安局"和"工商局"的角色，而它给参与交易者签发的数字证书就类似于"网上的身份证"，用来确认电子商务活动中各自的身份，并通过加密和解密的方法实现网上安全的信息交换与安全交易。

4. 应用层

在基础通信设施、多媒体信息发布、信息传输以及各种相关服务的基础上，人们就可以进行各种实际应用，如供应链管理、企业资源计划、客户关系管理等各种实际的信息系统，以及在此基础上开展企业的知识管理、竞争情报活动。而企业的供应商、经销商、合作伙伴以及消费者、政府部门等参与电子互动的主体也是在这个层面上和企业产生各种互动。

5. 国家政策及法律法规

法律维系着商务活动的正常运作，对市场的稳定发展起到很好的制约和规范作用。进行商务活动，必须遵守国家的法律、法规和相应的政策，同时还要有道德和伦理规范的自我约束和管理，二者相互融合，才能使商务活动有序进行。随着电子商务的产生，由此引发的问题和纠纷不断增加，原有的法律法规已经不能适应新的发展环境，制定新的法律法规并形成一个成熟、统一的法律体系，成为世界各国发展电子商务的必然趋势。而我国也在 2019 年 1 月 1 日起施行《中华人民共和国电子商务法》，《中华人民共和国电子商务法》是我国政府调整企业和个人以数据电文为交易手段，通过信息网络所产生的，因交易形式所引起的各种商事交易关系，以及与这种商事交易关系密切相关的社会关系、政府管理关系的法律规范的总称。

6. 技术标准和网络协议

技术标准是信息发布、传递的基础，是网络上信息一致性的保证。技术标准定义了用户接口、传播协议、信息发布标准、安全协议等技术细节。就整个网络环境来说，标准对于保证兼容性和通用性是十分重要的。这就像不同的国家使用不同的电压传输电流，用不同的制式传输视频信号，限制了许多产品在世界范围的使用。我们今天在电子商务中也遇到类似的问题。目前许多厂商、机构都意识到标准的重要性，正致力于联合起来开发统一标准，如 EDI 标准，一些像 VISA、Mastercard 这样的国际组织已经同业界合作制定出用于电子商务安全支付的 SET 协议。

网络协议是计算机网络中为进行数据交换而建立的规则、标准或约定的集合。对于处在计算机网络中两个不同地理位置上的用户来说，要进行通信，就必须按照通信双方预先约定好的规程进行。这些预先约定好的规程就是网络协议。

7. 物流体系的建构

一项完整的商务活动，必然要涉及信息流、商流、资金流和物流 4 个流动过程。物流是电子商务的重要组成部分，是信息流和资金流的基础和载体。实体商品生产和交换的全过程，都需要物流活动的支持，没有现代化的物流运作模式支持，没有一个高效、合理、畅通的物流系统，电子商务所具有的优势就难以发挥。因此，物流业的发展壮大对电子商务的快速发展起着重要的支撑作用。早在2007年京东就建成北京、上海和广州三大物流体系，并成立了华南运营中心。

任务小结

能力训练

一、选择题

1. 电子商务框架结构包括（　　），其中安全服务属于（　　）。
   A. 网络层　　　　　　　　　　　　B. 技术支持层
   C. 服务支持层　　　　　　　　　　D. 应用层
   E. 国家政策及法律法规　　　　　　F. 技术标准和网络协议
   G. 物流体系的建构

二、思考题

1. 电子商务系统的基本组成中，每个要素的功能是什么？
2. 电子商务的一般框架中包括哪些内容？

技能拓展

李东作为电子商务行业未来的从业者，可以选择框架中一部分或者几部分去学习或从事相关的工作。在电子商务的一般框架中，前三层属于社会经济环境，取决于政府或者社会其他部门，而第四层则是企业或企业与其他合作伙伴需要共同完成的业务内容。

电子商务模式

电子商务模式,是指在网络环境和大数据环境中基于一定技术基础的商务运作方式和盈利模式。研究和分析电子商务模式的分类体系,有助于挖掘新的电子商务模式,为电子商务模式创新提供途径,也有助于企业制定特定的电子商务策略和实施步骤。

电子商务模式简略归纳为 C2C、B2C、B2B、O2O 等主要的经营模式,在短短 20 多年的时间,电子商务还衍生出很多模式,如 C2B 模式、B2T 模式、B2M 模式、G2B 模式、G2C 模式、G2G 模式、G2E 模式等。

任务 1　C2C 电子商务模式

学习目标

【知识目标】

1. 能描述 C2C 交易中涉及的角色及业务关系。
2. 熟悉 C2C 平台中买卖双方的业务功能及交易过程。
3. 了解拍卖的相关知识,理解 C2C 网上拍卖的流程、管理和收益,理解淘宝网的商业模式和管理模式。

【技能目标】

1. 掌握 C2C 网上开店的流程。
2. 能够熟练地在淘宝网上开设和运营自己的店铺,并将拍卖的相关知识应用于淘宝店铺的运营中。

背景知识

近年来,随着我国国民经济的快速发展以及国民经济和社会发展信息化的不断进步,我国电子商务行业虽然历经曲折却仍然取得骄人成绩。根据《电子商务"十三五"发展规划》，2020年电子商务交易额达到43.8万亿元，年均增长15%左右，仅2020年天猫"双11"全球狂欢季期间的成交额就突破了4 982亿元，累计成交额过亿的品牌超过450个，远远超过上一年的2 684亿元。2020年以来，在新冠疫情的特殊时期，互联网帮助人们居家网上购物，使C2C电子商务更是持续活跃。人们在淘宝等平台大量购买生活必需品，促使了电子商务的发展繁荣，拉动了经济的增长。伴随人们消费习惯的改变和新的需求，互联网行业加快承接原属于传统行业的市场份额，淘宝等C2C电子商务平台未来仍继续影响行业格局。

任务导入

在即将毕业之际，面对茫茫的求职大军，李东凭着自己对电子商务的一腔热情，打算利用自己的专业特长进行网上创业——在淘宝网开店。为了确定自己是否适合网上创业，李东求教于师姐林梅。经过师姐的指点，李东认识到网上创业不能光凭对电子商务的一腔热情，还需要精心准备。作为初次尝试网上创业的人，在开始创业之前，首先应了解淘宝网开店具备的条件，以及开店的流程，整合网上创业所需的各种资源，为接下来的网上创业做好充分准备。

思考：李东想在淘宝网上开店，他需要做哪些准备呢？

任务分解与实施

一、C2C电子商务模式概述

（一）C2C概念

C2C（Consumer to Consumer），即消费者与消费者之间的电子商务，通过互联网消费者之间也可以互相买卖商品。换言之，C2C实际就是在网上为消费者提供了一个"个人对个人"的交易平台，给交易双方提供一个交易场所，类似于农村的集市贸易。

思考：对淘宝网、拍拍网、易趣网这三家网站进行比较。

案例分析

淘宝网是亚太地区较大的网络零售商圈，由阿里巴巴集团于2003年5月创立。淘宝网是中国深受欢迎的网购零售平台，拥有近5亿的注册用户数，每天有超过6 000万的固定访客，同时每天的在线商品数已经超过8亿件，平均每分钟售出4.8万件商品。截至2011年年底，淘宝网单日交易额峰值达到43.8亿元，创造270.8万直接且充分就业机会。随着淘宝网规模的扩大和用户数量的增加，淘宝也从单一的C2C网络集市变成包括C2C、团购、分销、拍卖等多种电子商务模式在内的综合性零售商圈。目前其已经成为世界范围的电子商务交易平台之一。2016年3月15日，"315"晚会曝光，淘宝商家存在刷单等欺骗消费者现象。2016年3月29日，在杭州召开2016年度卖家大会，阿里巴巴集团CEO张勇在会上为淘宝的未来明确了战略：社区化、内容化和本地生活化是三大方向。

淘宝充分赋予大数据个性化、粉丝工具、视频、社区等工具，搭台让卖家唱戏。利用优酷、微博、阿里妈妈、阿里影业等阿里生态圈的内容平台，紧密打造从内容生产到内容传播、内容消费的生态体系。

根据用户需求，除了进行中心化供给和需求匹配，并形成自运营的内容生产和消费传播机制外，还会基于地理位置，让用户商品和服务的供给需求能够获得更好的匹配。2018年8月8日，阿里巴巴淘宝透露将进军MR（混合现实）购物领域，即将在2018年"造物节"上推出产品——淘宝买啊。2019年12月12日，《汇桔网·2019胡润品牌榜》发布，淘宝以3 000（亿元人民币）的品牌价值上榜2019最具价值中国民营品牌十强，排名第二，上榜2019电子商务和零售品牌价值全国排名第二，民营排名第二。2020年1月，2020年全球最具价值500大品牌榜发布，淘宝排名第37位。

启发思考：淘宝网发展如此迅速的原因是什么？

（二）C2C 电子商务的特点

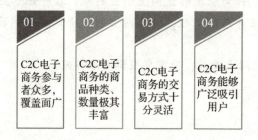

（三）C2C 平台功能

（1）为买卖双方提供交易空间，通过自身的知名度将买卖双方聚集到一起。

（2）为买卖双方提供技术支持服务。

（3）承担交易监督和管理的职责。

（4）为买卖双方提供信用贷款、在线交易保险、仓储配送、数据分析等各类增值服务。

二、C2C 电子商务基本业务流程

（一）买方

在 C2C 交易模式中，买方消费者经历了注册正式用户、查询搜索产品、竞价、商谈联系、邮购和付款一系列流程。用户根据自己的需要在第三方平台的网站查找商品，同卖方进行竞价谈判，确定交易之后，用户通过邮寄拿到商品并完成付款。

（二）卖方

与买方的业务流程相对应，卖方在第三方平台上销售自己的商品，首先要注册商店，并上传自己商品的图片，标明价格。完成以上步骤，卖方就可以等待消费前来购买。在与消费者谈妥后，就可以通过物流公司向消费者邮寄商品。

三、C2C 拍卖平台

（一）常见拍卖类型

常见的拍卖类型有增价拍、降价拍、荷兰拍。

增价拍：拍卖标的物的竞价按照竞价阶梯由低至高，依次递增，出价最高者以其所出价格获得拍卖商品。拍卖前，卖家可设定保留价，当最高竞价低于保留价时，卖家有权不出售此拍卖品。增价拍是指在电商购物平台上的一种拍卖方式，具体操作是通常拍卖单件商品，由顾客竞价，在规定的时间内出价最高者得。

降价拍：指拍卖标的的竞价由高到低依次递减直到第一个竞买人应价（达到或超过底价）时成交的一种拍卖。在 C2C 拍卖网站中，降价拍经常用来拍卖易腐烂变质或难以久存的商品，如水果、蔬菜、海鲜类、鲜花等。

荷兰拍：一般用于一次拍卖多件相同物品时，其基本原则是竞价由低到高，竞拍结束时出价最高的前几位得标，全部得标者都用最低的得标价获得拍卖品。荷兰式拍卖是一种要一次拍卖多件相同物品的拍卖方式，其基本原则是出价最高者得标、全部得标者都用最低的得标价买进。举例来说，如果有 10 个人要竞标五箱苹果，10 个人的出价分别是 20 元、18 元、18 元、17 元、16 元、15 元、14 元、13 元、10 元、8 元，则出价最高的五个人得到购买苹果的机会，而他们的买入价都是五人中出价最低的 16 元。

（二）C2C 拍卖平台盈利模式

（1）成交佣金。
（2）保留价费用，当拍卖不成功时需要向委托人收取一定的服务费用。
（3）拍卖信息服务费，如拍卖商品信息特殊需求处理及发布等。
（4）广告费。

> **小贴士：**
>
> **机构入驻阿里拍卖平台**
>
>

阿里拍卖入驻要求：

（1）提供经营者资质介绍资料（企业、机构、个体经营等）的证明照片。
（2）相关组品资料（如书画、紫砂、陶瓷、工艺）及作者介绍（如果有的话，提供授权或代理证明）。
（3）提供 10 款商品详情介绍。
（4）其他对应类目所要求的资料。请将以上资料作为附件提交。附件格式为 Word、JPG/PNG 或者 Zip，文件大小不能超过 5 MB。

四、C2C 电子商务盈利模式

（一）会员费

会员费即会员制服务收费，是指 C2C 电子商务网站为会员提供网上店铺、公司认证、产品信息推荐、商品登录费和底价设置费（就是发布一件物品所需支付的费用）等多种服务组合，C2C 网站根据这些服务内容收取费用。由于提供的是多种服务的有效组合，比较能适应会员的需求，因而这种模式的收费比较稳定。费用第一年交纳，第二年到期时需要客户续费，续费后才能进行下一年的服务，不续费的会员将恢复为免费会员，不再享受多种服务。

（二）交易提成

交易提成是 C2C 网站的主要利润来源。C2C 网站作为一个交易平台，它为交易双方提供机会，就相当于现实生活中的交易所、大卖场，交易成功后，平台将从中收取提成是其市场本性的体现。

（三）广告费

C2C 电子商务网站是网民经常游览光顾的地方，拥有超高的人气、频繁的点击率和数量庞大的会员，其中蕴藏着巨大的商机。企业将网站上有价值的位置用于放置各类型广告，根据网站流量和网站人群精度标定广告位价格，然后再通过各种形式向客户出售。如果 C2C 网站具有充足的访问量和用户黏度，广告业务会非常大。随着用户使用习惯的成熟，以及 C2C 电子商务网站在广告模式上的不断创新，在具有如此多用户数量的基础上，广告收入将会成为未来 C2C 电子商务网站的重要来源。

（四）排名竞价

C2C 网站商品的丰富性决定了购买者搜索行为的频繁性。搜索的大量应用就决定了商品信息在搜索结果中排名的重要性。C2C 电子商务网站也拓展出类似百度搜索引擎竞价排名的盈利模式，使顾客在 C2C 电子商务网站上海量的商品信息中很快搜索到自己的网站和商品，增加顾客的访问量。用户可以为某关键字提出自己认为合适的价格，最终由出价最高者竞得，在有效时间内该用户的商品可获得竞得的排位。只有卖家认识到竞价为他们带来的潜在收益，才愿意花钱使用。

（五）支付收费

支付问题一向是制约电子商务发展的"瓶颈"，直到阿里巴巴推出支付宝才在一定程度上促进了网上在线支付业务的开展。C2C 电子商务网站提供支付宝、网银支付、财付通、在线充值、银行汇款等多种支付方式，买家可以先把预付款通过网上银行打到支付公司的个人专用账户，待收到卖家发出的货物后，再通知支付公司把货款打入卖家账户，这样买家不用担心收不到货还要付款，卖家也不用担心发了货而收不到款。而支付公司就按成交额的一定比例收取手续费。

分析一下： 淘宝网的盈利模式是如何的？

任务小结

能力训练

一、单选题

1. 某件艺术品采用增价拍方式，卖家设定保留价8 000元，张三出价6 500元，李四出价7 800元，王五出价7 000元，最终成交价为（　　）。
   A. 8 000元　　　　　　　　　　　B. 7 800元
   C. 7 500元　　　　　　　　　　　D. 不成交

2. 以下哪个网站属于C2C电子商务模式？（　　）
   A. www.tmall.com　　　　　　　　B. www.alibaba.com
   C. www.taobao.com　　　　　　　　D. www.1688.com

二、多选题

1. C2C平台的功能有（　　）。
   A. 为买卖双方提供交易空间
   B. 为买卖双方提供技术支持服务
   C. 承担交易监督和管理的职责
   D. 为买卖双方提供信用贷款、在线交易保险、仓储配送、数据分析等各类增值服务

2. C2C拍卖平台的盈利模式主要有（　　）。
   A. 成交佣金　　　　　　　　　　　B. 商品销售收入
   C. 拍卖信息服务费　　　　　　　　D. 广告费

3. C2C电子商务的特点：（　　）。
   A. C2C电子商务参与者众多，覆盖面广
   B. C2C电子商务商品种类、数量极其丰富
   C. C2C电子商务交易方式十分灵活
   D. C2C电子商务能够广泛吸引用户

三、填空题

C2C即（　　）与（　　）之间的电子商务，通过互联网消费者之间也可以互相买卖商品。

四、判断题

C2C电子商务平台实际就是在网上为消费者提供一个"个人对个人"的交易平台，给交易双方提供一个交易场所，类似于农村的集市贸易。（　　）

技能拓展

李东快要毕业了，整理出好多用过的物品，其中有一台"苹果7PLUS"手机，8成新，欲通过网络出售（起拍价300元，底价400元）。商品在线时间为7天。

林梅是个学生，正想购买一台二手手机，看到李东发布的拍卖信息，赶忙出价500元，最后双方就以这个价格成交了。

请描述买卖双方整个拍卖流程，在电子商务平台上完成以上流程。

任务 2　B2C 电子商务模式

学习目标

【知识目标】

1. 能描述 B2C 交易中涉及的角色及业务关系。
2. 能熟悉 B2C 平台中买卖双方的业务功能及交易过程。
3. 通过了解、对比典型 B2C 网站的相关业务情况，掌握 B2C 电子商务模式的特点、业务流程、主要盈利方式等。

【技能目标】

1. 掌握 B2C 网上开店的流程。
2. 能完成 B2C 平台中各项前台和后台的业务与管理操作。

背景知识

就现阶段而言，B2C 电子商务在国内发展较为成熟，但同时待开发市场依旧较为广阔。在未来一段时间内，B2C 电子商务模式网络购物市场潜力巨大，且投资吸引力扩散，市场呈现出细化特点，厂商之间的合作将会更加密切。

任务导入

吴凡刚大学毕业，家里经营一间初有规模的箱包店，现在人们外出时都会带一些随身使用的物品，很多人会选择装在一个箱包里带走，大街上也有许多箱包店，竞争十分激烈，那么该如何才能经营好一家箱包店呢？这时，吴凡的师兄给了建议，可以入驻京东，成为京东的商家，拓展销售渠道。

思考：吴凡家想在京东网上开店，他需要做哪些准备呢？京东入驻条件是什么？

任务分解与实施

一、B2C 电子商务模式概述

B2C 是指企业与个人消费者之间的电子商务活动,即企业通过网络向个人消费者直接销售产品或提供服务。B2C 是 Business to Consumer 的缩写,而其中文简称为"商对客"。"商对客"是电子商务的一种模式,也就是通常说的直接面向消费者销售产品和服务商业零售模式。B2C 电子商务是按电子商务交易主体划分的一种电子商务模式,即表示企业对消费者的电子商务,具体是指通过信息网络以及电子数据信息的方式实现企业或商家机构与消费者之间的各种商务活动、交易活动、金融活动和综合服务活动。目前,在 Internet 上遍布了各种类型的 B2C 网站,提供从鲜花、书籍到计算机、汽车等各种消费品和服务。在中国主要有京东商城、苏宁易购、天猫商城。

思考:对京东商城、苏宁易购、天猫商城三家网站进行比较,B2C 商业模式的特点是什么?

1. 信息化管理

现在 B2C 平台已经将传统的管理流程更替,很多步骤都是电子化、数字化管理,大大减少了人力、物力。商家借助信息化管理,不仅可以降低自己的运营成本,还提高了商家的效率。

2. 获客渠道更多

借助线上商城,商家可以获得更多的线上渠道,即使是小企业也可以有和大企业一样的信息资源,提高了中小企业的竞争能力。

3. 双向选择沟通

商家对于用户不再是唯一的选择,线上提供了丰富的信息资源,对于商家和用户来说,这是一个双向选择的方式。

二、B2C 电子商务模式分类

(1)按运营性质可以分为平台 B2C 和自营 B2C,平台 B2C 提供交易平台,吸引卖家入驻,不直接销售商品;自营 B2C 建设独立的网站,可以自主销售相关商品。

(2)按商品种类可以分为综合百货 B2C 和垂直专卖 B2C,综合百货 B2C 的网站网上销售的商品品类齐全,多元化;垂直专卖 B2C 是以销售某一或相近品类的商品为主。

(3)按商品形态可以分为虚拟服务类 B2C 和实物类 B2C,虚拟服务类 B2C 是以虚拟服务类的商品为主,如电子预订和票务、网络教育、软件产品等;虚拟实物类 B2C 是以实体商品为主。

(4)按跨境销售可以分为进口 B2C 和出口 B2C,进口 B2C 主要面向国内个人买家销售境外的商品;出口 B2C 主要面向国外个人买家出口销售商品。

(5)按销售商家性质可以分为官方直销型 B2C 和经销商代销型 B2C,官方直销型 B2C 是指品牌商/生产商通过网络进行直销;经销商代销型 B2C 是指经销商获得他方品牌授权进行网络代销。

三、B2C 电子商务交易流程

B2C 电子商务交易流程如图 3-2-1 所示。

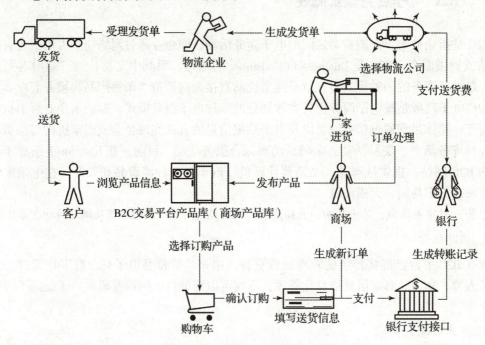

图 3-2-1　B2C 电子商务交易流程

> **小知识：**
>
> ### 京东十六年砥砺前行，取得跨越式发展
>
> 京东商城成立于 2004 年，前身为"京东多媒体网"，创始人为刘强东。2013 年 3 月 30 日，京东正式启用 JD 点 COM 域名，去商城化，全面改名为京东。2014 年，京东商城在美国纳斯达克上市，目前市值超过 500 亿美元。2017 年，京东集团再次入榜《财富》世界 500 强，位列第 261 位，成为排名最高的中国互联网公司。2019 年 6 月 19 日凌晨消息，京东"618"公布最终数据，从 2019 年 6 月 1 日 0 点到 6 月 18 日 24 点，累计下单金额达 2 015 亿元，覆盖全球消费者达 7.5 亿。京东商城发展历程如图 3-2-2 所示。
>
>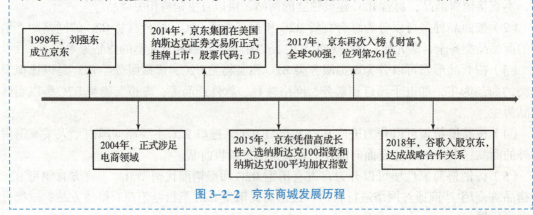
>
> 图 3-2-2　京东商城发展历程

案例分析

辞去国企工作，90后宝妈开京东母婴生活馆，月销售额16万元

疫情期间，新疆90后京东母婴生活馆店主潇潇，一直通过线上渠道为顾客送去商品和安心，这不仅让她收获了16万元的线上销售额，更赢得了200多位新增会员的口碑。

在新疆乌鲁木齐，潇潇和丈夫在小区门口经营着一家100 m²的京东母婴生活馆。2020年2月，小区的疫情防控措施升级，附近的店铺基本上都关门了，潇潇也准备休息一段时间。但就在年初一晚上12点左右，她接到一通电话，"我们家刚打翻了一罐奶粉，家里没有货了，拜托你们，现在能不能帮忙送几罐过来？不然小孩今晚就没奶粉吃了"。

90后的潇潇是一位2岁宝宝的妈妈，她能够感受到电话那端的焦急。挂断电话后，她下楼到店里拿了几罐奶粉，开了半个多小时的车才赶到顾客所在小区。在顾客不停的道谢声中，她又开车回家，到家时已经是凌晨两点。

在疫情期间，这样找上门来订购商品的顾客还有很多。"全城的母婴店基本都关门了，但奶粉、尿不湿对于母婴家庭来说又是刚需品"，潇潇仔细想了想，就算不能开门，也可以在店里接顾客的订单。于是，潇潇通过京东App、京东便利GO、微信社群等线上渠道接单，然后通过京东物流把货送出去，"我们这里，只有京东物流每天都在送货，快递小哥都没有回家，而是住在站点"。

通过京东App的引流，整个2月份，店铺的线上销售额达到16万元；而且还保障了当地母婴家庭的消费需求，整个疫情期间，潇潇又积累了200多个忠实用户。在疫情期间，潇潇给顾客送去的不仅仅是商品，更多的是专业和安心。

说起做母婴店的初衷，潇潇说："我是一个妈妈，我想给孩子高品质的东西，并把它带给其他母婴家庭。"在做京东母婴生活馆之前，潇潇是当地一家国企的员工，而她对商品也有着自己的一套选择标准——商品性价比要高。也就是说，不一定贵的就是最好的，只要真材实料，价格高一点也没关系。在刚开始铺货时，潇潇并不清楚消费者的喜好和习惯，总会有一些和店铺定位不太契合的商品，"刚开始我以为国产奶粉会不好卖，但后来发现有一些品牌特别受欢迎，于是就会去做相关的选品调整，但前提还得是我认可且合适的品牌品类"。

经过大半年时间的经营，潇潇也有了自己的心得：选择商品一定要符合门店定位；一定要从顾客角度出发，为她们选择高质量的、适合的商品，并且给她们提供专业的建议。

启发思考：宝妈潇潇经营京东母婴生活馆成功的原因是什么？

任务小结

能力训练

一、单选题

1. 企业与个人消费者之间的电子商务活动，称为（　　）电子商务模式。
   A. B2B　　　　　　　　　　　　B. B2C
   C. C2C　　　　　　　　　　　　D. O2O

2. 从我国目前 B2C 市场份额情况来看，占据第一位的是（　　）。
   A. 天猫　　　　　　　　　　　　B. 京东商城
   C. 苏宁易购　　　　　　　　　　D. 国美在线

二、多选题

1. B2C 模式按商品种类细分，有（　　）。
   A. 综合百货 B2C　　　　　　　　B. 虚拟服务 B2C
   C. 垂直专卖 B2C　　　　　　　　D. 实物类 B2C

2. B2C 电子商务的特点：（　　）。
   A. B2C 电子商务活动的交易商品只是终端消费品
   B. 交易次数少，交易金额小
   C. 交易次数少，交易金额大
   D. 交易次数多，交易金额小

3. B2C 电子商务的类型：（　　）。
   A. 综合商场类　　　　　　　　　B. 百货商店类
   C. 垂直商店类　　　　　　　　　D. 服务商店类
   E. 导购引擎类

4. B2C 电子商务的作用：（　　）。
   A. 销售和购买不受时空的限制
   B. 商品丰富，便于消费者选择
   C. 方便、快捷地为消费者提供个性化的服务
   D. 降低成本和商品价格，提高交易效率

三、判断题

1. 所谓 B2C 电子商务，也称为商家与个人用户或商业机构与消费者之间的电子商务。（　　）

2. B2C 电子商务是指企业以互联网为主要服务提供手段，向消费者提供商品和服务，并提供灵活的付款方式的电子商务运营模式。（　　）

技能拓展

浏览天猫与京东，从网站盈利模式、企业入驻条件、用户体验（购物流程、支付方式、物流方式）等方面比较这两个网站。

任务3 B2B 电子商务模式

学习目标

【知识目标】
1. 了解 B2B 的相关知识、水平 B2B 和垂直 B2B 的区别。
2. 重点掌握基于中介网站的 B2B 交易和 B2B 的交易过程。

【技能目标】
1. 学会在一些中介网站上进行交易。
2. 能完成 B2B 平台中各项前台和后台的业务与管理操作。

背景知识

B2B 兴起于 2000 年前后，当时主要以信息交互为主，解决企业获取供求信息的途径和及时性问题，被称为 B2B1.0 模式。当时阿里巴巴、环球资源、慧聪集团、中国制造网、中国化工网等综合型和垂直型 B2B 平台大量兴起。之后随着信息服务已在较大程度上解决了信息不对称的问题，单纯的商机撮合服务效果逐渐下降，另外同质化问题使 B2B 市场竞争激烈，逐步至 2011 年进入相对低迷期。2013 年 B2B 运营模式初显变革。2014 年，随着大数据、云计算、物联网等技术的不断应用以及经济周期特别是产业周期的变化，以交易服务、数据服务、物流服务等为主要功能的 B2B2.0 阶段来临，并于 2015 年开始进入高速发展期。

任务导入

广东的小静毕业于某学院的服装设计专业，曾从事时尚买手工作，因为对时尚的热情和自己开发款式的初衷，开始尝试做自己的服装公司。公司主营街头休闲时尚女装批发。它以巴黎味的"轻松的优雅"为目标，吸收韩版、日系等各种流行休闲版型设计，为消费者提供多样的品质休闲女装货源。所有的款式都是公司精心开发，从寻找面料到版型调整到成衣制作过程中的品质把控，她全程跟进把关，力求做一家有质量的批发货源商家。

作为 90 后的创业者，更愿意尝试新鲜的渠道。她从做服装开始就一直关注 1688。1688 将女装批发业务从传统的线下拓展到线上，大大拓展了批发的可能性。线上批发突破了地域和时间的限制，可以让货源商家将自己的业务迅速在全国铺开，颠覆了传统档口的地域限制，极大地缩短了拿货过程，这深深地吸引了她。她相信这就是未来的时尚批发生意应该有的渠道样子。

阿里巴巴新商入驻需要准备什么呢？

任务分解与实施

一、B2B 电子商务模式概述

（一）B2B 模式概念

B2B（Business to Business），是指企业和企业之间通过互联网进行产品、服务和信息的交换。从全球电子商务市场交易份额看，B2B 电子商务约占 80% 的份额，仍是电子商务的主流业务模式。B2B 模式主要有阿里巴巴、慧聪网。

B2B 模式主要含有三要素：

（1）买卖：B2B 网站或移动平台为消费者提供质优价廉的商品，吸引消费者购买的同时促使更多商家的入驻。

（2）合作：与物流公司建立合作关系，为消费者的购买行为提供最终保障，这是 B2B 平台硬性条件之一。

（3）服务：物流主要是为消费者提供购买服务，从而实现再一次的交易。

（二）B2B 电子商务的特点

B2B 是企业实现电子商务、推动企业业务发展的一个最佳切入点。企业获得最直接的利益就是降低成本和提高效率，从长远来看，也能带来巨额的回报。与传统的商务模式相比，B2B 电子商务具有以下特点：

（1）交易金额大。B2B 是企业与其供应商、客户之间大宗货物的交易与买卖活动的电子商务模式，其交易金额远大于 B2C，但其交易次数相对较少。据研究机构 iResearch 数据，2010 年，我国 B2B 电子商务成交额达 3.8 万亿元。另外据国际数据公司 IDC 的统计预测，未来几年全球 B2B 和 B2C 收入都有大幅增长，而且 B2B 的增幅及收入额都将大大超过 B2C。

（2）交易对象广泛。B2B 电子商务活动的交易对象可以是任何一种产品，可以是原材料，也可以是半成品或产成品，范围涉及石油化工、水电、运输、仓储、航空、国防、建筑等许多领域。

（3）交易操作规范。B2B 电子商务活动是各类电子商务交易中最复杂的，主要涉及企业间原材料、产品的交易以及相应的信息查询、交易谈判、合同签订、货款结算、单证交换、库存管理和物品运输等，如果是跨国交易还要涉及海关、商检、国际运输、外汇结算等业务，企业间信息交互和沟通非常多。因此交易过程中，对合同及各种单证的格式要求比较严格，操作过程比较规范，同时比较注重法律的有效性。与之相比，B2C 电子交易操作简单，涉及部门和人员相对较少，操作的随意性较大，相关的法律条文相对较少。

二、B2B 电子商务模式分类

（一）按服务领域可以分为水平（综合）模式和垂直模式

水平（综合）模式是指提供跨行业和跨品类的相关信息、交易平台等；垂直模式则是指专注于某一具体行业，与上游供应商形成供货关系，与下游经销商形成销货关系，如表 3-3-1 所示。

表 3-3-1 水平 B2B 电商平台和垂直 B2B 电商平台的比较

类型	特点	优点	缺点
水平 B2B 电商平台	为买卖双方创建一个信息和交易的平台，涵盖了不同行业和领域，服务于不同行业的从业者	追求的是"全"，能够获利的机会很多，潜在用户群较大，能够迅速获得收益	用户群不稳定
垂直 B2B 电商平台	将买卖双方集合在市场中进行交易，网站的专业性很强，面向某一特定的专业领域，如信息技术、农业、化工、钢铁等。它将特定产业的上下游厂商聚集在一起，让各阶层的厂商都能很容易地找到原料供应商或买主	专业性很强，容易吸引针对性较强的用户，并易于建立起忠实的用户群，吸引固定的回头客	短期内不能迅速获益，很难转向多元化经营或向其他领域渗透

（二）按服务模式可以分为平台模式和自营模式

平台模式通过供需信息匹配来促进交易达成，该平台不拥有产品，只提供服务；而自营模式是从供应商处采购商品，卖给下游采购商，往往自有储运仓库。

（三）按服务内容可以分为信息服务模式、在线交易模式、供应链协同模式和应用软件服务模式等

信息服务模式是通过信息连接供需双方，为其提供交易机会；在线交易模式则可在线商谈、在线下单、在线支付等进行交易；供应链协同模式能提供包括采购、生产、库存、销售及售后交付等环节，以及与这些服务相关的协同服务；应用软件服务模式为企业 B2B 发展提供整体解决方案与技术支持，如协同办公 OA、ERP、CRM、HRM 等。

三、B2B 电子商务交易流程

（1）客户方向供货方提出商品报价请求，说明想购买的商品信息。
（2）供货方向客户方回答问询及提供该商品的报价等信息。
（3）客户方向供货方发出商品订购单，说明初步确定购买的商品信息。
（4）供货方对客户方发来的商品订购单进行应答，说明有无此商品及规格型号、品种、质量等信息。
（5）客户方根据应答提出是否对订购单有变更请求，说明最后确定购买商品信息。
（6）客户方向供货方提出商品运输说明，说明运输工具、交货地点等信息。
（7）供货方向客户方发出发货通知，说明运输公司、发货地点、运输设备、包装等信息。
（8）客户方向供货方发回收货通知，报告收货信息。
（9）交易双方收发汇款通知，买方发出汇款通知，卖方报告收款信息。
（10）供货方向客户方发送电子发票，买方收到商品，卖方收到货款并出具电子发票，完成全部交易。

B2B 电子商务模式交易流程图如图 3-3-1 所示。

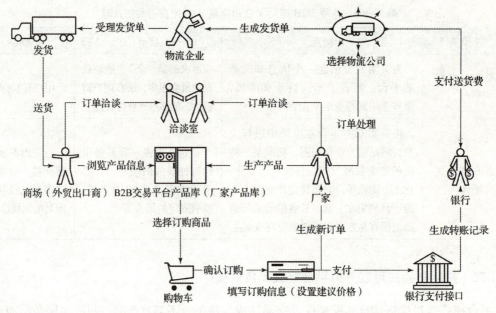

图 3-3-1　B2B 电子商务模式交易流程图

> **小知识：**
>
> B2B 跨境电商一直是跨境电商中占据最大份额的模式，也是成名已久的模式。那么 B2B 跨境电商平台有哪些呢？
>
> 1．敦煌网
>
> 敦煌网成立于 2004 年，是全球领先的网上外贸交易平台，致力于帮助中国中小企业通过跨境电商平台进入全球市场，开辟全新的国际贸易渠道，使网上交易更加便捷、安全和高效。敦煌网是国内首家为中小企业提供 B2B 网上交易的网站，采用佣金制，免收注册费，仅在交易双方交易成功后收取费用。
>
> 2．阿里巴巴国际站
>
> 阿里巴巴国际站，是阿里巴巴集团最早建立的业务。目前它是世界领先的跨境 B2B 电商平台，主要帮助国内企业做外贸批发业务，扩大海外买家。阿里巴巴国际站专注于服务全球中小微型企业。在这个平台上，买家和卖家可以更有效地在网上找到对方，更快、更自信地达成交易。此外，阿里巴巴综合外贸服务平台提供的一站式通关、退税、物流等服务，使外贸企业出口流通更加便捷顺畅。
>
> 3．TradeKey
>
> TradeKey 是全球知名度和实用性比较强的 B2B 网站，在全球著名 B2B 中名列前茅，也是近年来最受外贸行业关注的外贸 B2B 网站。TradeKey 一直致力于全球买家数据的采集和分析，与全球诸多实力雄厚的集团机构结成联盟的 TradeKey 网站，专门为中小企业而设，以出口为导向，已成为全球 B2B 网站的领导者和最受外贸企业欢迎的外贸 B2B 网站之一。
>
> 4．中国制造网
>
> 中国制造网成立于 1998 年，是国内最著名的 B2B 电子商务网站之一，面向全球提供中国产品的电子商务服务，旨在利用互联网将中国制造的产品介绍给全球采购商。

5．环球资源

环球资源多渠道 B2B 媒体公司简称环球资源，于 2000 年在新加坡成立，致力于促进大中华区的对外贸易。环球资源以来自不同行业的优秀供应商而闻名。许多中国制造商为了成为该门户网站的供应商而支付高额的入驻费。

思考： 对敦煌网、阿里巴巴国际站、中国制造网、环球资源这四家网站进行比较。

案例分析

阿里巴巴集团由曾担任英语教师的马云为首的 18 人，于 1999 年在中国杭州创立。从一开始，所有创始人就深信互联网能够创造公平的竞争环境，让小企业通过创新与科技扩展业务，并在参与国内或全球市场竞争时处于更有利的位置。自推出让中国中小企业接触全球买家的首个网站以来，阿里巴巴集团不断成长，成为一个涵盖核心商业、云计算、数字媒体及娱乐以及创新业务的数字生态。

阿里巴巴集团的使命是让天下没有难做的生意。我们旨在助力企业，帮助其变革营销、销售和经营的方式，提升其效率。我们为商家、品牌及其他企业提供技术基础设施以及营销平台，帮助其借助新技术的力量与用户和客户进行互动，并更高效地进行经营。

业务包括核心商业、云计算、数字媒体及娱乐以及创新业务。除此之外，阿里巴巴关联方蚂蚁集团为平台上的消费者和商家提供支付服务和金融服务。围绕着我们的平台与业务，一个涵盖消费者、商家、品牌、零售商、第三方服务提供商、战略合作伙伴及其他企业的生态系统已经建立。

截至 2020 年 6 月 30 日，12 个月期间，阿里巴巴生态系统产生人民币 7.3 万亿元的 GMV，主要包括通过中国零售市场交易的 GMV，以及通过国际零售市场和本地生活服务交易的 GMV。

阿里巴巴集团的用户基础已超越 10 亿名全球年度活跃消费者，其中 8.07 亿名消费者来自中国，1.94 亿名消费者来自海外。

阿里巴巴集团的 6 个价值观对于我们如何经营业务、招揽人才、考核员工以及决定员工报酬扮演着重要角色，6 个价值观如图 3-3-2 所示。

客户第一，员工第二，股东第三

这就是我们的选择，是我们的优先级。只有持续为客户创造价值，员工才能成长，股东才能获得长远利益。

因为信任，所以简单

世界上最宝贵的是信任，最脆弱的也是信任。阿里巴巴成长的历史是建立信任、珍惜信任的历史。你复杂，世界便复杂；你简单，世界也简单。阿里人真实不装，互相信任，没那么多顾虑猜忌。问题就简单了，事情也因此高效。

唯一不变的是变化

无论你变不变化。世界在变，客户在变，竞争环境在变。我们要心怀敬畏和谦卑，避免"看不见、看不起、看不懂、追不上"。改变自己，创造变化，都是最好的变化。拥抱变化是我们最独特的DNA。

图 3-3-2　阿里巴巴集团的 6 个价值观

今天最好的表现是明天最低的要求

在阿里最困难的时候。正是这样的精神，帮助我们渡过难关，活了下来。逆境时，我们懂得自我激励；顺境时，我们敢于设定具有超越性的目标。面向未来，不进则退。我们仍要敢想敢拼，自我挑战，自我超越。

此时此刻，非我莫属

这是阿里第一个招聘广告，也是阿里第一句土话，是阿里人对使命的相信和"舍我其谁"的担当。

认真生活，快乐工作

工作只是一阵子，生活才是一辈子。工作属于你，而你属于生活，属于家人。像享受生活一样快乐工作，像对待工作一样认真地生活。只有认真对待生活，生活才会公平地对待你。我们每个人都有自己的工作和生活态度，我们尊重每个阿里人的选择。这条价值观的考核，留给生活本身。

图 3-3-2　阿里巴巴集团的 6 个价值观（续）

启发思考：阿里巴巴取得如此成功的原因是什么？

任务小结

能力训练

一、单选题

目前中国主要中小企业 B2B 电子商务运营商平台中，交易额最大的是（　　）。

A. 慧聪网　　　　　B. 阿里巴巴　　　　　C. 敦煌网　　　　　D. 环球资源

二、多选题

1. B2B 可根据（　　）等不同角度进行细分。
   A. 服务领域　　　　B. 服务模式　　　　C. 服务内容　　　　D. 服务价格
2. B2B 按服务模式分类，有（　　）。
   A. 平台模式　　　　B. 垂直模式　　　　C. 自营模式　　　　D. 水平模式
3. B2B 电子商务的主要特点：（　　）。
   A. 交易次数多，交易金额大　　　　B. 交易对象广泛
   C. 交易操作规范　　　　　　　　　D. 交易次数少，交易金额大
4. B2B 电子商务模式有以下类型：（　　）。
   A. 在线商店模式　　　　　　　　　B. 内联网模式
   C. 中介模式　　　　　　　　　　　D. O2O 模式
5. B2B 电子商务的作用：（　　）。
   A. 拓展市场份额，增加市场机会　　B. 降低企业的运作交易成本
   C. 在线交易方便、快捷、高效　　　D. 深化传统业务，密切企业间协作

6. 我国发展 B2B 模式的策略：（　　　　）。
A. 大企业成为发展和应用电子商务的先锋，建立网上采购和销售系统
B. 建立专业网站作为电子商务的切入点，逐步实现网上交易
C. 利用电子商务手段开拓国际市场，实现全球采购、分销
D. 中小企业借助中介网站（第三方电子商务平台）发展 B2B 电子商务

三、判断题

B2B 电子商务活动的交易对象必须是最终产品。　　　　　　　　　　　（　　）

技能拓展

李东刚大学毕业，想开一家时尚潮服店，由于资金不足，想和阿里巴巴的一家销量比较好的潮服店合作一件代发，具体操作流程如何？请描述操作流程，在电子商务平台上完成以上流程。

任务 4　O2O 电子商务模式

学习目标

【知识目标】
1. 掌握 O2O 电子商务模式的概念。
2. 了解当前企业的 O2O 业务实例。

【技能目标】
1. 能够分析周边企业 O2O 应用模式及策略。
2. 能够在运营中应用 O2O 策略。

背景知识

随着互联网的快速发展，电子商务模式除了原有的 B2B、B2C、C2C 商业模式外，O2O 已快速在市场上发展起来，这是一种新型的消费模式。为什么这种模式能够悄然产生？对于 B2B、B2C 商业模式下，买家在线拍下商品，卖家打包商品，找物流企业把订单发出，由物流快递人员把商品派送到买家手上，完成整个交易过程。这种消费模式已经发展得很成熟，也被人们普遍接受，但线下消费仍然占据比较大的比例。正是由于消费者大部分消费仍然是在实体店中实现，把线上的消费者吸引到线下实体店进行消费，这个部分有很大发展空间，所以有商家开始了这种消费模式。

美团、大众点评网、联联周边游这类团购网站，它们的模式既包含 O2O 的成分，也包含 O2O 以外的东西，完全可以称为采用 O2O 模式运营的网站并不多。O2O 模式现在对企业和人们的生活影响越来越大，企业商家都看到 O2O 模式的前景，纷纷投入 O2O 商城系统。

任务导入

李东刚从某职业学院毕业,找到一份工作,工作岗位是京东到家的配送人员,李东第一次接触京东到家O2O模式,他了解到京东到家是京东集团以传统B2C业务模式为基础,向高频商品服务领域发展的新商务模式,是京东2015年重点建设的O2O生活服务平台,是向高频领域的重要提升。

京东到家基于京东物流系统和物流管理优势的同时,通过共享经济流动,利用"网络"技术大力发展"大众物流",综合各种O2O生活类别,为消费者提供生鲜和超市产品配送,基于LBS定位在2小时内快速配送,京东到家提供多种家居服务,分别是超市家居、快递家居、质量生活、访问服务、健康家居等,已覆盖北、上、广、深以及西安、重庆等一二线城市。

思考一下:京东到家属于O2O模式哪种类别?具有什么优势?

任务分解与实施

一、O2O电子商务模式概述

(一)O2O模式概念

O2O模式是指线上营销、线上购买或预订(预约)带动线下经营和线下消费。O2O通过打折、提供信息、服务预订等方式,把线下商店的消息推送给互联网用户,从而将他们转换为自己的线下客户,这就特别适合必须到店消费的商品和服务,如餐饮、健身、看电影和演出、美容美发等。O2O模式平台主要有美团、大众点评网、携程旅行、每日优鲜、土巴兔装修等。

(二)O2O构成

(1)线下商家:降低了线下商家对店铺地理位置的依赖,减少了租金方面的支出,持续深入进行"客情维护",进而进行精准营销。

(2)消费者:O2O提供了丰富、全面、及时的商家折扣信息,能够快捷筛选并订购适宜的商品或服务,且价格实惠。

(3)O2O平台:带来大规模高黏度的消费者,进而争取到更多的商家资源,本地化程度较高的垂直网站借助O2O模式,能为商家提供其他增值服务。线下商家、消费者与O2O平台紧密联系在一起,缺一不可。

二、O2O电子商务模式的优势

1. 实现线下企业、消费者、平台的"三赢"

首先,对于线下业务,O2O平台采用在线支付,支付信息将成为商家获取有关消费者信息的重要渠道。通过O2O平台,企业可以直观地分析和统计营销效果,从而弥补先前营销和促销效果的不可预测性。其次，O2O平台为消费者提供全面、及时、丰富、适用的商业优惠信息，从而使消费者能够更快地挑选和订购合适的产品或服务。消费者在O2O平台上选择商家，通过在不同的地方找到更多的商品或服务，进而更快地实现筛选。他们还可以通过比较网上的信息挑选出更便宜的价格，打通了线上、线下的信息和体验环节，让线下消费者避免因信息不对称而遭遇的"价格蒙蔽"，同时实现线上消费者"售前体验"。对于平台提供商来说，O2O模式可以带来高黏度的消费者，对商家具有很强的推广效果和可衡量的推广效果，能够吸引大量的线下生活服务企业加入，降低线下实体对黄金地段旺铺的依赖，大大减少租金支出。

2. 从根本上改善用户体验

O2O模式可以展示线下商品和服务，为用户提供预订服务，通过在线有效预订等方式，合理安排经营、节约成本，极大地拓宽了选择范围，为消费者带来了更多期待的商品和服务，可以更好地进行客户关系管理，通过用户的沟通、释疑更好地了解用户心理。

3. 实现对客户的精准营销

O2O平台可以跟踪消费者的每一个订单，推广效果可查，每笔交易可跟踪。一方面，线上平台可以显著增加线下商家的客流量，通过平台收集更多的消费者数据；另一方面，O2O平台可以充分挖掘商家的资源，为用户带来更便捷、更贴切的产品或服务。

三、O2O电子商务的盈利模式

1. 活动回扣

平台作为商家和消费者的中间桥梁，可以组织有共同需求的买家向商家集中采购，事后商家向平台支付利润回报。现在有很多千人团购甚万人团购会，这种规模的采购产生的利润回报之大可想而知。

2. 商家服务费

平台针对所有的商户或者新加入的商户，采用长期的合作综合服务形式，收取年费，包括线上店铺装修、营销支持、用户调查、粉丝运营等。

3. 广告服务

广告费也是常见的盈利方式之一。根据不同的广告位置，价格不同。以同城生活圈类的App为例，一个城市生活黄页，就可以容纳成百上千的商家，每家每年仅收取100元的费用，就是一笔不小的收入。

4. 入驻费、交易佣金

通过子账号分权功能，支持第三方商家入驻并自行管理各自的店铺，这样平台运营方只需要收取入驻费就可以了。还提前和商家洽谈，根据商品在平台中的交易金额，收取佣金折扣等。

5. 分站加盟

通过地图定位功能，不同的地区展示不同的内容。当平台发展到一定规模，就可以对App进行分区域授权，收取加盟费用。商家、新闻等内容由各地区的加盟商自行负责。

案例分析

京东:"大数据+商品+服务"的O2O模式

京东的O2O模式,就是通过线下的网点优势、物流优势、服务优势与体验优势更好地为互联网服务,从零售的本质来讲,能更好地提供商品、更好地服务,就是京东的O2O商业模式。

在各大城市都会看到京东与便利店的合作,京东提供数据上的支持,便利店作为其末端实现落地。2014年3月,京东正式宣布启动O2O模式,将为1万家便利店搭建入口,消费者在京东下单,便利店或者京东分拣和配送。2014年4月,京东牵手獐子岛,和獐子岛集团进行合作拓展生鲜O2O。生鲜类也受广大群众欢迎。为獐子岛开放端口,獐子岛则进行供应。京东的商业体系多种多样,还和服装、鞋帽、箱包、家居家装等品牌的专卖连锁店进行整合。同时趁此机会扩充产品线,扩大自己的产业链,各连锁门店借助京东精准营销最终实现"零库存"。

京东的优势体现在自营物流,这就比其他平台店铺负责的物流来得更快,让用户体验得更好,更能认可京东,积累了口碑,对京东更有信心。京东集团对配送人员的要求及服务质量也严格要求,并在管理上有一套完整的制度。决定用户体验的核心因素有产品、价格、服务,这些京东都想得面面俱到,力争为用户打造完美的体验。

京东O2O模式简单来说就是:京东的流量+便利店的"货仓配"。京东主要为线下便利店提供在线流量平台。京东O2O便利店负责货品、仓储和配送;京东会对接便利店的物流仓储系统和会员系统,随时了解便利店的货品情况并共享用户,双方的收费模式类似于京东开放平台的入驻费和销售分成。

京东O2O模式基于线上大数据分析,与线下实体店网络广泛布局、极速配送优势互补,主要体现在:①发挥平台优势、物流优势,跑马圈地,扩大市场地盘;②填补用户结构单一短板;③模式末端的传统便利店的社区购物习惯数据积累弱,价值低。中国电子商务研究中心助理分析师孙璐倩认为,京东O2O模式基于线上大数据分析,与线下实体店网络广泛布局、极速配送优势互补,发挥了京东的平台优势、物流优势,跑马圈地,扩大其市场地盘,填补了其用户结构单一的短板,是开拓O2O发展的又一渠道。但该模式末端的传统便利店是否有社区购物习惯的数据积累,有积累是否有价值,这个仍值得考虑,京东O2O未来的路还很长。

启发思考:京东O2O模式未来趋势是什么?

> **小知识**
>
> ### 国内O2O模式的电商平台
>
> 餐饮服务业:美团外卖、饿了么外卖、大众点评网、百度糯米等。
> 母婴用品行业:妈妈去哪儿、国际妈咪、喜爱母婴用品等。
> 旅游服务业:同程旅游、携程旅游、途牛旅行、去哪、飞猪网、驴妈妈旅游等。
> 交通出行:滴滴顺风车、哈啰出行、悟空租车等。
> 生鲜食品:京东到家、每日优鲜、闪菜网、多麦生鲜、淘鲜哒等。

> 家装行业：土巴兔装修、齐家装修。
> 房地产业：安居客、蛋壳公寓、链家地产等。

任务小结

O2O 模式是现阶段较为流行的一种门店经营方式，它可以帮助许多线下行业将自己的产品在线上进行销售，给商家带来更多样的用户群体，帮助企业实现新零售转型。但 O2O 也只是一种较为广泛的称呼，那么 O2O 电子商务模式的四种分类分别是什么？

模式一：先线上后线下模式

这种先线上后线下的模式，是企业先构建起一个线上平台，以这一平台为入口，将线下商业服务引进线上开展营销推广和买卖，另外客户借此又可以到线下享有相对的服务项目感受。这一形式是 O2O 运行的基本，应具备强劲的资源流转能力，促进其线上、线下互动交流的工作能力。在现实中，许多日常生活服务型企业都选用了这类模式。

模式二：先线下后线上模式

先线下后线上模式，是企业先构建起线下平台，以这一平台开展线下推广，让客户享有相对的服务感受，另外将线下服务引进线上平台，在线上开展买卖，从而促进线上、线下实现闭环控制。在这类 O2O 模式中，企业需建造两个平台，即线下实体平台和线上互联网平台。

模式三：先线上后线下再线上模式

这种模式是先构建起线上平台开展营销推广，再将线上商业服务流导进线下让客户享有服务项目感受，随后再让客户到线上开展消费。在现实中，许多团购价、B2B 电子商务等企业都选用了这类 O2O 模式，如京东。

模式四：先线下后线上再线下模式

先线下后线上再线下模式，是先构建起线下平台开展营销推广，再将线下服务流导进第三方网上平台开展线上买卖，随后再让客户到线下享有消费感受。在现实中，餐馆、美容护肤、游戏娱乐等生活类 O2O 企业选用这类模式的占多数。

能力训练

一、单选题

线上支付线下消费简称（   ）。

A. C2C　　　　　　B. G2C　　　　　　C. B2B　　　　　　D. O2O

二、多选题

1. O2O 模式的缺点（   ）。

A. 诚信经营问题　　　　　　B. 商家资质不明
C. 无现金消费　　　　　　　D. 同质化严重

2. O2O 模式的优点（   ）。

A. 对于用户而言，信息获取更便捷、全面，价格更优惠，可以在线咨询并预购

B. 对于商家而言，可以降低实体店经营成本，获得更多宣传机会，能掌握用户数据，提升营销效果

C. 对于平台而言，有巨大的广告收入空间及形成规模后更多的盈利模式

D. 对于商家而言，不必受到工商、卫生、税务等部门的严格监管，可以节省资质认定、生产经营环境上的开销

技能拓展

李东刚从某职业学院毕业，找到一份工作，工作岗位是京东到家的配送人员，李东第一次接触京东到家O2O模式，京东到家O2O模式到底是怎样的？请大家阐述下它的具体流程。

任务5 电子商务其他模式

学习目标

【知识目标】
1. 掌握电子商务其他模式——C2B模式、B2T模式、B2M模式、G2B模式的概念。
2. 了解当前其他模式业务实例。

【技能目标】
1. 能够分析企业其他应用模式及策略。
2. 能够在运营中应用其他模式策略。

背景知识

随着信息时代的到来，电子商务已经日益发展成为时代的主流。在新的时期，电子商务的类型逐渐扩展，服务范围在扩大，并且逐渐发生着新的变化。社会经济的不断发展，使我国电子商务取得进一步发展，电子商务模式作为网络企业生存和发展的重要基础，是企业对电子商务及企业价值的一种具体表现形式，能够为人们直接展现电子商务的状态。从阿里巴巴开始，越来越多的电子商务企业得到快速发展，短短20多年的时间，电子商务已经衍生出很多模式，除B2B模式、B2C模式、C2C模式、O2O模式外，还有C2B模式、B2T模式、B2M模式、G2B模式等。

任务导入

林梅大学毕业后加入了海尔商城，她发现商城里的用户能够挑选家用电器规格尺寸、色调、材料、外形图案等。海尔商城依次发布了电视机的模块化设计定制、中央空调控制面板和电冰箱的人性化定制等，海尔商城借助数据分析，根据剖析用户的性别、年龄、地区、关键词搜索、个人行为喜好等特性，梳理出多种类型细分化的用户群，并开展定项的大数据营销。

思考一下：海尔商城属于哪一种电子商务模式？它具有什么特点？

任务分解与实施

一、C2B 电子商务模式概述

C2B（Customer to Business，即消费者到企业），是互联网经济时代新的商业模式。C2B 模式的核心是以消费者为中心，消费者当家作主。通常定义为消费者根据自身需求定制产品和价格，或主动参与产品设计、生产和定价，产品、价格等彰显消费者的个性化需求，生产企业进行定制化生产，如小米手机。C2B 产品应该具有以下特征：

一是相同生产厂家的相同型号产品无论通过什么终端渠道购买价格都一样，也就是全国人民一个价，渠道不掌握定价权，实现消费公平；二是 C2B 产品价格组成结构合理，拒绝暴利；三是渠道透明；四是供应链透明，品牌共享。

案例分析

C2B 天猫购物节预售模式助商家精准锁定消费者

所谓 C2B，就是集采预售模式，互联网可在短时间内快速聚集单个分散的消费需求，给卖家一个集采大订单，卖家预先拿到订单后，可从供应链的后端、中端或前端进行优化，从而大大降低商品成本，给消费者优质价低的同时，也最大限度保障了卖家的利润。

经过此次"双 11"，不少商家都感受到 C2B 的优势，效率高，利润高，成本降低。因此，有业内人士预计，未来将有越来越多的店铺尝试 C2B 模式，"大家都尝到了这种模式的甜头，所以以后在淘宝、天猫购物时会越来越多地看到无库存商品，先预定后制作，发货时间会推迟"。

天猫提供的数据显示，仅仅一天，就卖出东北有机大米 14 万斤，新疆阿克苏有机苹果 2.5 万斤，家具建材 58 万件，数码家电类 10 万件，整车 2 100 辆。研讨会上，茵曼总经理方建平表示，通过预售，确实从供应链端就降低了生产成本，让消费者获得了更大实惠。"今年'双 11'之前，6 个定制款在天猫的预售平台展示订购，当时只是打好样衣，并没有货。"接到预售汇聚的消费者订单后才开始生产，其中两个款式就卖出 2 万多件。

随着网购的不断发展，网购平台也在逐步升级。而预售正在成为电商常用的模式。

近日，天猫"'双 11'购物狂欢节"预售正式开始，消费者可登录预售平台先付定金再付尾款购得商品，预售商品包括稀缺品、集采商品以及根据消费者个性定制的商品。

预售模式的推出将有助于商家更加精准地锁定消费者、提前备货，更有效地管理上下游供应链。这被业界视作对 C2B 电商模式的新探索，也打响了天猫"'双 11'购物狂欢节"的第一炮。

思考：天猫购物节预售模式具有什么优势？

二、B2T 电子商务模式概述

（一）B2T 电子商务模式的概念

B2T（Business to Tea，即企业对团队的商业模式），B2T 这种新型电子商务交易模式是由广州恒浪公司根据团购在网络中的发展而改良的,被称为中国特色的电子商务交易模式。B2T 就是团队向商家进行购买,是团体购买和集体采购的简称。B2T 又称为"威购",是威猛的团购的意思,是网络中庞大与迅速的购买力量集中的一种买卖方式,将使消费者从以往被动的弱势地位向主动的强势地位转化,是可以切实保障消费者权益的一种消费方式。其实质是将互不认识的消费者、具有相同购买意向的零散消费者集合起来,借助互联网的"网聚人的力量"来聚集资金,加大与商家的谈判能力,以求得最优的价格,向厂商进行大批量购买的行为。这里的"T"是一个有着团队精神的采购方,他们能够在网上交流关于商品的信息。目前网络团购的主力军是年龄在 25 岁到 35 岁的年轻群体。

(二) B2T 的优势

最明显的一点就是参与者不再局限于组织者的亲朋好友,而可能是网上看到这个号召贴的任何人。通过网络团购,可以改变消费者的弱势地位。当预计到网上有一定的需求量后,部分热心人或是网络团购公司就会先与商家签约,然后再组织网友付款拿货。如果选择网络团购公司,还可以享受到更好的服务。一旦商品质量或服务有问题,网络团购公司会出面与商家进行交涉,完全不必消费者操心。而 B2T 就是从我国以上特点出发的纯本土化电子商务模式,这就注定了 B2T 在中国团购的市场非常广阔。这种 B2T 电子商务交易模式,无论从盈利的规模上还是从消费者购物体验上,都会比 B2C 更胜一筹。

案例分析

PPG 衬衫成名之道——B2T 模式

从默默无闻到成名,PPG 用了一年半的时间。这不仅因为人们视野中铺天盖地的广告,还因为它给传统服装领域带来的震动——公司声称,今年 4 月的销售量比去年同期急速增长 50 倍,预计 2007 年年底销售额达到 10 亿~15 亿元,成为国内行业最大的公司之一,地位直逼行业老大雅戈尔。

根据该公司提供的统计数据,行业巨头雅戈尔平均每天卖出衬衫 1.3 万件,而仅凭目录销售、网络销售和呼叫中心,PPG 每天出售衬衫 1 万件左右。

他们采用的是网上直销的模式——直接面对终端客户。其中一项营销手段就是如果某个消费者推荐了她的朋友前来购买衬衫,那么这个消费者在以后购买 PPG 衬衫时可以享有优惠。

PPG 衬衫所采用的病毒式营销就是通过给消费者一定的好处而让他去为自己的品牌进行口碑式传播。而一般商场多采用会员制形式,通过消费者办会员卡消费存积分兑换礼品,刺激消费者再次消费。B2T 模式虽然具有一定的局限性和针对性,但是一旦成功搭建两者之间的平台,深层次的直销团队之间就能够更好地利用口碑传播效应来推广他们所使用的平台。

思考:PPG 衬衫是如何成功的?

三、B2M 电子商务模式概述

B2M 模式简单来说就是店铺托管。卖家把店铺日常经营、管理、营销、推广的工作委托给专业的网店托管公司,由具备丰富的开店经验,并经过严格培训的网店管理客服为卖家全天候经营网店，有效提高网店的成交量，快捷、专业、安全地提升店铺的核心竞争优势，卖家把店铺委托给专业的网店托管公司后，只需负责发货等简单工作，其他工作都由托管公司代劳。

四、G+F 电子商务模式概述

"所谓的 G+F，G 是在前面的，F 的目的是帮助 G"是一种商业经营模式。其中，Groupon 是一种团购网站。其独特之处在于：每天只推一款折扣产品，每人每天限拍一次，折扣品大多是服务类型的。其服务有地域性，线下销售团队规模远超线上团队。而 Foursquare 是一种基于地理信息和微博的服务网络，用户可以通过自己的手机来报到"Check-in"（也叫踩点）所在位置，并通过当下流行的社交网络平台把位置发布出去，商家会根据用户现场"踩点"的次数给予用户相应的折扣。

五、A2B 电子商务模式概述

A2B（Agency to Business），现代电子商务的一种，顾名思义为代理服务商和企业的新型商务模式。该模式主要运用于操作相对繁杂的国际贸易业务，可以恰当地弥补目前国际 B2B 模式中采购商和客户进一步需求空白。A2B 电子商务模式有机结合了国际贸易，除了提供信息外还可以直接帮助工厂做贸易，避免信息的不对称和虚假性，更适用于贸易规模较大的企业贸易和行业性网站。

该模式大大降低了买卖双方的网络营销成本，甚至可以免费提供 B2B 所有的功能。A2B 不再依靠目前 B2B 的传统盈利模式——会员费和广告费，而是通过整合贸易过程中的一些必要环节（如物流、验货、评估、检测、海关等）来创造利润。A2B 模式更有可持续发展性的是：可以通过有效的管理平台整合资源，从而进一步降低目前国际贸易环节中传统服务的费用。

六、B2B2C 电子商务模式概述

B2B2C（Business to Business to Customer）是一种电子商务类型的网络购物商业模式，B 是 Business 的简称，C 是 Customer 的简称，第一个 B 指的是商品或服务的供应商，第二个 B 指的是从事电子商务的企业，C 则表示消费者。

B2B2C 把"供应商→生产商→经销商→消费者"各个产业链紧密连接在一起。整个供应链是一个从创造增值到价值变现的过程，把从生产、分销到终端零售的资源进行全面整合，不仅大大增强了网商的服务能力，更有利于客户获得增加价值的机会。

B2B2C 电子商务平台将企业、个人用户的不同需求完全整合在一起，缩短了销售链，从营销学角度上来说，销售链中环节越少越好，越是成熟的行业，销售链越短；B2B2C 通常没有库存，充分为客户节约成本（其中成本包括时间、资金、风险等众多因素）；并建立了更完善的物流体系，根据客户需求选择合适的物流公司，加强与物流企业的协作，形成整套的物流解决方案。

案例分析

商易网

商易网是新兴 B2B2C 电子商务网站，成立于 2011 年 10 月，隶属于北京商易世纪网络科技有限公司，经营范围涵盖居家生活、书画工艺、珠宝玉器、服装鞋帽、母婴超市、养生会所、礼品城、增值藏品以及商易品牌等。商易网以推动中国民族企业振兴为己任，通过互联网及电子商务平台的塑建，以商易网三大核心品牌为企业基石，用"营销选材"新型模式作为渠道拓展的战略，通过电子商务平台化运作模型，打造"以网络运营推动渠道建设——用渠道建设促进网络运营"的新型 B2B2C "商易网"电子商务平台；提出等边三角体符合多元化发展要素，并建成以 B2B2C 为中心的电子商务渠道网络构架。

商易网采用 B2B2C 的商业模式，通过免费注册代理商、"营销选才"招募兼职业务员，再以兼职业务员带动免费代理商群体的迅猛增长，以线下代理商和兼职业务员带动消费者线上消费，建立庞大的消费者联盟，来吸引各行各业供应商加盟合作，加速形成供应商联盟；利用 PADI 商业合作模式，通过与生产商的密切合作，利用商易网的底蕴和社会关系，逐步对中小企业进行帮扶，利用商易网整体平台带动中国民营中小企业的飞速发展，并打造大批的中国民族企业品牌；同时，建立独立的支付系统、网购系统、成交量广告系统的电子商务平台，实现平台产品多元化、多折扣；在全国各地成立省分公司、市管理公司和工作站的矩形管理模式服务于消费者，形成一条龙配送和服务体系，最终打造成上市型电子商务平台。

思考： 商易网采用 B2B2C 的商业模式具有什么优势？

七、B2B2B 电子商务模式概述

B2B2B（Business to Business to Business），是指互联网市场领域的一种，是企业和企业通过电商企业的衔接进行贸易往来的电子商务模式。它是指生产商——渠道商——消费者企业，供职的客户主体都是企业。将企业内部网，通过 B2B2B 网站与客户紧密结合起来，通过网络的快速反应，为客户提供更好的服务，从而促进企业的业务发展，同时相对传统的 B2B 模式，B2B2B 为网上交易提供更加安全、便捷的服务。B2B2B 更多是一种交易关系、交付关系。

在这当中，作为中间商的 B 和作为终端商的 B，可能会根据厂家一端的不同需求，根据市场的差异、品类的差异扮演不同的角色。与 B2B 模式相比，B2B2B 在世界范围内应用较少，其把广大散户排除在外。但是由于充分整合 B2B、B2C、C2C 三种模式的优点，产业链条间的各企业结合更加紧密，便于各方在生产计划、安排、运输等各流程的衔接，实现经济活动的优化，实现对整个产业的优化升级，从而超越三种模式并弥补了各自的不足。

生产商可以专注自己的量产，降低成本，同时利用专业的渠道商不仅可以降低资金的周转期，而且可以剪断自营链的长度，规避风险。

能力训练

一、单选题

1. C2B 以（　　）为核心。
   A. 商家　　　　　　　　　　　　B. 消费者
   C. 生产厂家　　　　　　　　　　D. 渠道

2. B2B 第三方电子商务平台又称 B2T2B 模式，其实质是第三方为企业提供开展电子商务的（　　）。
   A. 局限平台　　　　　　　　　　B. 私密平台
   C. 公共平台　　　　　　　　　　D. 经济平台

3. 有一种电子商务简称 C2G 模式，是以下的哪一种？（　　）
   A. 企业间的电子商务　　　　　　B. 企业与消费者之间的电子商务
   C. 消费者对行政机构的电子商务　D. 企业对行政机构的电子商务

二、多选题

1. 个性化定制产品对于商家而言意味着（　　）。
   A. 以销定产　　　　　　　　　　B. 降低库存
   C. 减少销售环节　　　　　　　　D. 降低流通成本

2. 从产品属性来看，C2B 分为（　　）。
   A. 实物定制　　　　　　　　　　B. 服务定制
   C. 技术定制

3. C2B 产品具有以下哪些特征？（　　）
   A. 渠道不掌握定价　　　　　　　B. 产品价格组成结构合理
   C. 渠道透明　　　　　　　　　　D. 供应链透明

4. 网络营销托管服务包括（　　）。
   A. 网站运营托管　　　　　　　　B. 软文广告
   C. 网络活动策划　　　　　　　　D. 博客营销

技能拓展

分别对所学过的电子商务模式进行分析，阐述它们之间的联系与区别。

电子商务开店模块

任务1　网上开店的基本流程

学习目标

【知识目标】
1. 了解网上开店的基本流程。
2. 掌握网上开店需要准备的事项。

【技能目标】
1. 掌握网上开店的流程。
2. 能够熟练绘制出网上开店的流程图。

背景知识

所谓"谋定而后动",在正式开设网店之前,卖家首先需要对如何运营网店有明确的规划,明确自己要采取哪种模式来开网店,选择在哪个电商平台开设网店,分析自己要卖什么商品,如何进货,商品的目标客户群是谁。只有做好了规划,卖家才能让自己有明确的方向,有条不紊地展开后续的推广与引流等工作。

任务导入

在即将毕业之际,面对茫茫的求职大军,李东凭着自己对电子商务的一腔热情,打算利用自己的专业特长进行网上创业。为了确定自己是否适合网上创业,李东求教于师姐林梅。经过师姐指点,李东认识到网上创业不能光凭对电子商务的一腔热情,还需要精心准备。作为初次尝试网上创业的人,在开始创业之前,首先应了解网上开店应具备的条件,以及开店的流程,整合网上创业所需的各种资源,为运营自己的店铺做好充分准备。

思考:假设李东想在京东上开店,他需要做哪些准备工作呢?

任务分解与实施

网上开店是一种基于互联网大发展背景的新型销售方式，是指卖家利用互联网建立一个虚拟的网上店铺，并通过该店铺向买家出售商品。在网上店铺中，买家无法直接接触商品，只能通过卖家发布的商品描述、商品图片及其他买家的评价等来了解商品，向商家下单并支付货款后，卖家通过邮寄等方式将商品寄给买家。

一般来说，卖家可以通过在电商各销售平台上自助注册店铺的形式来开设网店，基本流程如图 4-1-1 所示。

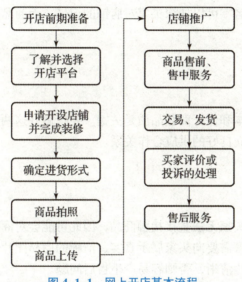

图 4-1-1　网上开店基本流程

一、开店前期准备

开店前期准备主要包括以下两个方面：

一是准备开店所必需的硬件设备和软件设备。硬件设备主要包括计算机、网络、固定电话或手机、数码相机。对规模较大的全职卖家来说，其基本硬件设备还包括办公场所、传真机和打印机。软件设备主要包括开通网银、申请电子邮箱、安装图片处理软件（如Photoshop、光影魔术手、美图秀秀）等。

二是要对网店运营进行科学、合理的规划。卖家要开展市场分析，一般而言，对一名新手来讲，快速认知一个市场可以通过向行业人士和企业人士取经以及通过网络资料梳理市场认知这两种途径来实现。根据调查分析结果来选择并确定适合自己在网上销售的商品，然后选择合适的供货商，以保证自己有充足的货源。此外，卖家还要选择并确定合适的物流公司，以保证商品配送的快速、准确。

二、了解并选择开店平台

卖家可以通过自主创建独立网站和在电商平台上自助注册店铺的形式开设网店。卖家大都选择在淘宝网、天猫商城、京东商城、唯品会等大型电商平台上注册开店，所以卖家要对各个平台的入驻要求有所了解，并提前准备好注册店铺需要的相关资料。

三、申请开设店铺并完成装修

卖家在电商平台成功申请店铺后，即可拥有自己的网店，随后即可开始对店铺进行装修和管理，包括设置店铺名称、选择商品类目、设置店铺招牌、管理商品图片、设置商品导航、物流管理、网店运营岗位管理等。其中，设置店铺名称和选择商品类目是比较关键的环节。为店铺起一个响亮的名字可以加深买家对店铺的记忆，而商品类目的选择会影响日后店铺的运营效果。

四、确定进货形式

对进货来说，控制成本和保证商品品质是关键。要想做好这两点，卖家需要选择较好的进货渠道，并与供应商建立良好的供应合作关系。

五、商品拍照

在网络上购物，由于买家无法直接接触商品，因此可能会对商品存在某些顾虑。为了打消买家对商品的疑虑，卖家需要向买家展示真实、清晰的商品图片。网店中的商品图片必须是商品实拍，且要保证图片清晰，否则容易产生售后问题。

六、商品上传

卖家需要将每件商品的详细信息（包括商品的名称、数量、图片、价格、规格、产地、所在地、性质、外观、交易方式、交易时限等信息）填入网店中，并要设置详细、精美的商品详情页，对商品进行全面介绍。

在上传商品的过程中，商品名称的设置非常关键，它会对商品和店铺的点击率、转化率造成直接影响。此外，商品详情页的制作及商品价格的设置也会对商品的转化率造成重要影响。

七、店铺推广

为了提升店铺的人气，在店铺运营过程中，卖家需要开展营销推广活动。网店的营销推广活动主要是通过网络渠道进行，如通过平台站内自身的营销工具进行推广，或者通过平台站外网络社交媒体进行推广等。

八、商品售前、售中服务

买家在浏览商品和店铺时，会与卖家进行一些必要的沟通，此时卖家要能及时、妥善、耐心地回复买家提出的各种问题，为买家提供高品质的客户服务。

九、交易、发货

当买家确认购买并完成支付后，卖家要在自己设定的时间内完成商品的寄送，包括通知快递公司揽件、完成发货、更新物流信息等。

物流的快慢也是买家购物时非常关心的问题。在产生订单后，卖家应当尽快发货，及时更新物流信息，选择正规的快递公司，保证商品能够快速、安全地送到买家手中。

十、买家评价或投诉的处理

当交易完成后，买卖双方需要对对方做出评价。买家对卖家做出的评价是影响网店运营表现的重要因素，同时它还会影响其他买家的购买行为。如果遇到买家差评或投诉，卖家一定要尽快联系买家，帮助其解决问题。如果遭受恶意差评，卖家可以向电商平台进行投诉，以减少自己的损失。

十一、售后服务

售后服务包括退换货服务、商品使用指导和商品售后保障等。完善、周到的售后服务是网店保持经久不衰的重要筹码，它能为网店吸引更多的回头客，扩大店铺的影响力。

任务 2　开店模式的选择

学习目标

【知识目标】
1. 了解网上开店的模式。
2. 掌握网店运营各种模式的特点。

【技能目标】
1. 掌握网上开店的模式。
2. 能够熟练地根据卖家的特点选择适合该卖家的开店模式。

背景知识

网上开店是一种在互联网时代背景下诞生的线上新销售方式，区别于线下的传统商业模式，与大规模的网上商城及网上拍卖相比，网上开店投入不大、经营方式灵活，可以为经营者提供不错的利润空间，成为许多人的创业途径。目前，网上开店主要有两种方式：自助式和创建独立网站。

任务导入

李东经过师姐林梅的指导，粗略了解了网上开店流程的基本步骤，现在他要逐步采取行动进行网上开店，那么首先他需要对自己所具备的资源进行剖析，并选择网上开店模式，为之后的创业之路做好铺垫。

思考： 李东该如何选择开店模式呢？

任务分解与实施

在开设网店前，卖家首先要想清楚是全职开网店还是兼职开网店，不同方式具有不同的特点。

全职开网店相当于投资创业，这种经营方式的特点是卖家将全部精力都放在网店的经营上，将网上开店作为自己的全部工作，将网店的收入作为个人收入的主要来源。全职开网店经营的重点与难点在于网店的推广，卖家需要有一套符合自己的宣传和营销战术。

兼职开网店指卖家将网店生意作为自己的一项副业来经营，其主要人群为课余时间比较充裕的大学生及利用职场之便的办公人员。他们开网店只是为了增加一定的收入来源，并不以此作为生活的全部来源。兼职开网店的经营成本一般较低，所要承担的风险也相对较小。

一、自助式开店与创建独立网站

网上开店的方式主要有两种，一种是自助式开店，即借助电商平台，在其上开设店铺；另一种是创建独立网站。

（一）自助式开店

自助式开店指在淘宝网、天猫商城、京东商城等电商平台上申请注册店铺。这种开店方式类似于在商场租赁柜台销售商品。电商平台会为卖家提供自助申请开店服务，符合电商平台要求的卖家可以简单、快捷地在电商平台上创建自己的店铺。

各个电商平台都拥有一定的用户基础，而且具有系统的营销推广、数据统计、物流体系，所以在电商平台自助式开店，卖家可以借助这些平台自身带有的人气和完善的店铺服务体系，在一定程度上降低开店的难度。目前，在电商平台上自助式开店是一种主流的开店方式。

（二）创建独立网站

创建独立网站指卖家根据自身的情况，自己设计或委托专业人士制作独立的网站来销售商品。由于自助式开店依附于第三方电商平台，店铺会受到电商平台模板的限制，而独立网站不依附于其他电商网站，拥有一个独立的域名，卖家可以按照自己的想法自主地设计网站，更好地体现自己独特的设计风格。

创建独立网站一般需要完成以下几个步骤：购买服务器、选择域名和空间、设计页面、程序开发、网站推广、网站管理与维护等。与自助式开店相比，创建独立网站更加困难，最好由一个运作团队来维护网站的正常运行。

此外，由于独立网站是新创建的，缺少用户基础，因此不太容易获得买家的信任。同时，由于独立网站不依附于其他商城，虽然不需要缴纳店铺保证金，但是独立网站后期的推广与维护往往需要花费更多资金。

二、自己进货与网络代销

对网店货品的来源，卖家既可以选择自己进货，也可以选择网络代销。自己进货和网络代销分别具有自己的优点和缺点。

（一）自己进货

自己进货就是自己寻找货源并进货，这种方式的优点主要表现在以下三个方面：

（1）卖家可以控制商品成本，即在保证商品质量的前提下可以寻找价格较低的商品，进而增加自己销售的利润。

（2）卖家可以准确地掌握实际的库存量，保证有货可售。

（3）卖家可以自己掌握发货时间，保证商品能够被快速地送达买家。

与网络代销相比，自己进货也存在一定的缺点，表现在以下三个方面：

（1）卖家需要投入一定的资金来囤货，如果销量不佳，容易造成商品积压。

（2）卖家需要掌握一定的进货、发货流程，这会涉及仓储、物流等问题。

（3）卖家耗费的时间与精力较多，需要自己寻找货源、拍摄商品图片、上传商品等。

（二）网络代销

网络代销指卖家在网上展示供货商提供的图片、商品介绍等资料，买家下单付款后，卖家再让供货商发货。

网络代销的优点主要有以下三点：

（1）卖家没有进货风险，不用囤货，可以做到零库存。

（2）供货商可以一件代发，省去卖家发货的麻烦。

（3）卖家有了订单再向上家下单，省去了自己拍摄商品图片、处理图片等麻烦。

采取网络代销的模式开网店，最关键的是找到信誉有保障的代销货源提供商，也就是所谓的"上家"，因为提供商的商品质量、发货速度、服务质量会直接影响自己网店的销量和信誉。

由于卖家是将商品直接从上家发到买家手中的，他们其实没有见过商品实物，可能不了解商品的真实情况，这就很容易导售后问题。此外，采用网络代销的形式，卖家难以控制商品的实际库存情况，可能会出现缺货的情况，而且卖家难以控制发货时间和速度。

任务 3　开店平台的选择

学习目标

【知识目标】
1. 了解各个电商平台的特点。
2. 掌握各个电商平台的入驻相关要求。

【技能目标】
1. 掌握各个电商平台的入驻流程。
2. 能够熟练根据卖家的需求进行电商平台的入驻。

背景知识

选择开店平台是开设网店的第一步。不同类型的平台在平台定位、人群定位、资源配备、宣传推广等方面有着不同的特点。卖家在选择开店平台时，应当先了解自己所具有的优势和劣势，然后根据自身的资源和竞争力，结合平台优势来选择适合自己的平台。当店铺拥有一定的规模后，卖家也可以选择同时在多个平台上运营店铺，以拓展商品的销路。

任务导入

李东了解了网上开店模式后，发现自己比较适合自助式开店模式。但是不知道自己符合哪个电商平台的要求并且也不知道如何在电商平台上创建自己的店铺。

思考：李东该选择哪个电商平台进行自助式开店呢？

任务分解与实施

一般来说，个人卖家适合在淘宝网等消费者对消费者（Consumer to Consumer，C2C）电商平台开设店铺，企业或商家既可以选择在天猫商城、京东商城等商家对消费者（Business to Consumer，B2C）平台开设店铺，也可以选择在阿里巴巴网一类的商家对商家（Business to Business，B2B）平台上开设店铺。

《中华人民共和国电子商务法》规定：电子商务经营者应当依法办理市场主体登记。但是，个人销售自产农副产品、家庭手工业产品，个人利用自己的技能从事依法无须取得许可的便民劳务活动和零星小额交易活动，以及依照法律、行政法规不需要进行登记的除外。

一、淘宝网

淘宝网是深受大众欢迎的网购零售平台。近年来，随着淘宝网规模的不断扩大和用户数量的快速增加，淘宝网逐渐由原来的 C2C 网络集市变成了集 C2C、团购、拍卖、分销等多种电子商务模式于一体的综合性零售平台。

（一）淘宝店的店铺类型

淘宝集市店铺（c店）分为个人店铺和企业店铺两种。通过支付宝个人实名认证的商家创建的店铺就是个人店铺，通过支付宝企业认证并以工商营业执照开设的店铺就是企业店铺。企业店铺在子账号数、店铺名称上可以使用"企业"店名设置和直通年报名上会有对应的权益，例如，企业店"集团""公司""官方""经销"等关键字，店铺首页的店招会展示企业店铺的标识。企业店铺的"企"字标和个体工商户的"户"字标在店铺首页不会有展示，而店铺名片区会展示"企"字标或"户"字标。

"企"字标和"户"字标是根据实际经营店铺的主体性质做出区分的。由于个体工商户与普通企业主体在责任上是有区别的，因此淘宝网针对淘宝店铺类型进行了重新定义。

"企"字标指通过支付宝商家实名认证，并以工商营业执照所登记企业名称开设并经营的企业店铺。"户"字标是指基于支付宝实名认证，同时通过淘宝个体工商户身份认证，并以个体工商户或经营者身份开设并经营的个体工商户店铺。

（二）淘宝网的开店基本流程

开设企业店铺有两种途径：一种是开设新店；另外一种是店铺升级。店铺升级指在不影响的情况下，将店铺的经营主体由个人更变为企业，同时保留店铺的经营数据（如淘宝旺旺名、信用等级、交易数据等）。

店铺升级的基本流程如表4-3-1所示。

表 4-3-1　店铺升级的基本流程

操作步骤		操作要点
第一步	开始	升级条件检测；签署申请表；选择关系类型；提交证明材料
第二步	审核公示	材料真实性审核；升级公示
第三步	申请人请求升级	交纳升级服务费用；请求换绑支付宝
第四步	接收人处理	签署确认函；验证手机号码；签署协议；交纳保证金
第五步	完成	执行换绑支付宝

二、天猫商城

"天猫"（英文：Tmall，亦称淘宝商城、天猫商城）原名淘宝商城，是一个综合性购物网站。2012年1月11日上午，淘宝商城正式宣布更名为"天猫"。天猫是马云淘宝网全新打造的B2C（Business to Consumer，商业零售）。其整合数千家品牌商、生产商，为商家和消费者之间提供一站式解决方案，提供100%品质保证的商品，7天无理由退货的售后服务，以及购物积分返现等优质服务。2014年2月19日，阿里集团宣布天猫国际正式上线，为国内消费者直供海外原装进口商品。与淘宝网集市店铺相比，天猫商城更加能让买家产生信任感。

（一）天猫商城的店铺类型

天猫商城的店铺分为旗舰店、专卖店、专营店和卖场型旗舰店。其中，卖场型旗舰店是以服务类型商标开设且经营多个品牌的旗舰店。

旗舰店、专卖店、专营店经营的品牌数量及授权要求是不同的，如表4-3-2所示。

表4-3-2　旗舰店、专卖店和专营店的区别

项目	旗舰店	专卖店	专营店
店铺定义	卖家以自有品牌（商标为R或TM状态）或由商标权人提供独占授权的品牌入驻天猫商城的店铺	卖家持他人品牌（商标为R或TM状态）授权文件在天猫商城开设的店铺	经营同一大类下两个及两个以上他人授权文件或自有品牌（商标为R或TM状态）商品的店铺
品牌数量	一个（多品牌为邀约入驻）	一个（多品牌为邀约入驻）	至少两个
授权要求	品牌商直接授权的独占授权书	品牌商直接授权	以品牌商为源头的授权链条（授权级数按照各类目的要求）

（二）天猫商城的入驻基本资质要求

卖家入驻天猫商城，需要根据所选店铺类型提供相应的资料，如表4-3-3所示。

表4-3-3　旗舰店、专卖店、专营店的入驻基本资质要求

项目	旗舰店	专卖店	专营店
企业资质	1. 企业营业执照扫描件（需确保未在企业经营异常名录中，且所售商品在营业执照经营范围内）； 2. 银行开户许可证扫描件； 3. 法定代表人身份证正反面扫描件； 4. 联系人身份证正反面扫描件； 5. 卖家向支付宝公司出具的授权书		
品牌资质	1. 由国家工商管理机关颁发的商标注册证或商标注册申请受理通知书扫描件；若申请卖场型旗舰店，需提供服务类商标注册证或商标注册申请受理通知书。 2. 由商标权人授权开店公司开设旗舰店的，需提供独占授权书（商标权人为自然人的，需同时提供其亲笔签名的身份证/护照扫描件；经营多个品牌且各品牌归同一个实际控制人的旗舰店，另需提供品牌属于同一个实际控制人的证明材料；经营卖场型旗舰店且企业不是经营品牌商标权人的，需提供以商标权人为源头的完整授权	1. 由国家工商管理机关颁发的商标注册证或商标注册申请受理通知书扫描件。 2. 商标权人出具的授权书（商标权人为自然人的，需同时提供其亲笔签名的身份证/护照扫描件；经营多个品牌且各品牌归同一个实际控制人的专卖店，另需提供品牌属于同一个实际控制人的证明材料	1. 由国家工商管理机关颁发的商标注册证或商标注册申请受理通知书扫描件。 2. 由商标权人授权开店公司经营品牌商品的，需提供符合各类目授权级数要求的以商标权人为源头的完整授权（商标权人为自然人的，需同时提供其亲笔签名的身份证扫描件）

商品类目不同，其招商入驻要求也有所不同。卖家在申请经营商品类目前，需要了解该商品类目下具体的招商入驻要求。

三、京东商城

目前，京东集团的业务主要分为零售、数字科技、物流三大板块。其中，零售板块主要基于京东商城。京东商城拥有自建的物流中心，为商家提供包括仓储、运输、配送、客服、售后一体化供应链解决方案。京东物流在全国范围内拥有超过500个大型仓库，运营14个大型智能化物流中心"亚洲一号"，物流基础设施面积超过1 200万平方米。京东物流大件和中小件网络已实现内地行政区县100%覆盖，自营配送服务覆盖全国99%的人口，90%以上的订单可以24小时内送达。京东物流以降低社会物流成本为使命，致力于将多年积累的基础设施、管理经验、专业技术向社会全面开放，成为全球供应链基础设施服务商，为客户、行业、社会提供一体化物流解决方案，提供"有速度更有温度"的优质物流服务。

京东商城主要有两种运营模式：一种是京东自营模式；另一种是POP模式，也叫开放平台模式，是一种第三方商家入驻京东后自我管理和运营的商家合作模式。商家若想通过京东平台进行电商创业或发展，主要是通过POP模式与京东实现商业合作的。

（一）京东开放平台（POP模式）的商家合作模式

京东开放平台（Pctowap Open Platform，POP）与卖家的合作模式有4种，即FBP（Fulfillment by POP）、LBP（Logistics by POP）、SOP（Sale on POP）和SOPL（Sale on POP & Logistics by POP）。

FBP、LBP、SOP、SOPL都要求卖家的注册资金为50万元以上，且卖家注册时间为两年及两年以上。

FBP、LBP模式的卖家必须具备一般纳税人资格，需要给京东开具增值税发票（注：不是普通发票）。

SOP、SOPL模式的卖家不需要给京东开具发票，但需要给买家直接开具发票（增值税发票或普通发票均可），且卖家要具备企业基本证件、商标、授权、质检报告及其他国家规定的资质等各项条件。

四种合作模式的基本特点如表4-3-4所示。

表4-3-4 四种合作模式的基本特点

项目	FBP	LBP	SOP	SOPL
京东店铺	有	有	有	有
京东交易系统	有	有	有	有
京东仓储	有	无	无	无
京东配送	有	有	无	有

续表

项目	FBP	LBP	SOP	SOPL
买家自提	有	有	无	有
京东货到付款	有	有	无	有
发票	京东开	京东开	卖家开	卖家开

1. FBP 模式

FBP 模式与京东自营模式类似，类似于代销，即卖家将商品运送到京东仓储，其他环节由京东全权负责。

在 FBP 模式下，京东会给卖家提供一个独立操作的后台，卖家备货到京东仓储后，商品从仓储到配送到客服均由京东来操作。京东自营的商品所有能享受的服务，FBP 卖家都能享受。FBP 卖家必须给京东开具增值税发票，买家购买商品后由京东给买家开具京东的发票。

在这种模式下，其配送可以享受"211 当时达"和全场免运费的政策，买家体验和配送服务都很好，发货速度最快，买家删单和退货率较少。一旦产生退货，京东会自己操作，方式为"京东上门"或买家自己退货，然后京东将所退货物集中退还给卖家。

FBP 模式适合商家商品数量少、商品售价高，并能开具增值税发票的卖家。

2. LBP 模式

在 LBP 模式下，京东会为卖家提供一个独立操作的后台，商品配送和客服由京东负责，即买家下订单后，卖家把货发到买家就近的京东分拣中心（例如，北京的买家下了订单，商家要把买家所订的商品打包好发到北京的京东分拣中心），然后京东对商品进行配送并向买家开具发票。

LBP 模式的优点是支持买家货到付款、买家上门自提等服务，商品存放在商家自己的仓库中，其缺点是买家从下订单到收货的时间比较长。此外，LBP 模式的配送费用较高，卖家需要支付两笔配送费用：第一笔是商品从卖家仓库到京东分拣中心的快递费；第二笔是京东对商品的配送费。

3. SOP 模式

SOP 模式与淘宝模式类似，京东会为卖家提供一个独立操作的后台，商家负责商品的仓储、配送、客服等所有服务，包括退换货服务。目前，这种模式只支持在线支付，即买家通过网银等在线支付方式付款后，卖家才能在后台看到订单，然后商家才能安排发货。不能开具增值税发票的卖家适宜选择这种合作模式。

在 SOP 模式下，卖家的操作更加灵活，买家从下单到收货的时间较短，卖家直接向买家开具发票而不用向京东开具发票。

4. SOPL 模式

在 SOPL 模式下，京东会为卖家提供一个独立操作的后台，商品配送和客服由京东负责。买家下单后，卖家将货物发送到距离买家较近的京东分拣中心，由京东对商品进行配送，京东收取一定的配送费。

在 SOPL 模式下，卖家直接向买家开具发票而不用向京东开具发票。

（二）京东开放平台的店铺类型及其资质要求

京东开放平台的店铺分为旗舰店、专卖店和专营店，如图 4-3-1 所示。

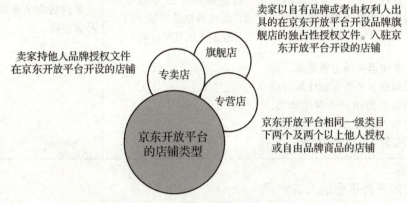

图 4-3-1　京东开放平台的店铺类型

京东开放平台店铺的类型不同，其入驻的资质要求有所不同。以上三种类型店铺的资质要求如表 4-3-5 所示。

表 4-3-5　京东开放平台店铺的基本资质要求

项目	旗舰店	专卖店	专营店
企业资质	1. 营业执照； 2. 法定代表人身份证正反面复印件； 3. 一般纳税人资格证复印件：选择 FBP 模式或"家电"类目的商家必须提供，其他模式尽量提供； 4. 银行开户许可证复印件：须有中国人民银行盖章，法人代表与营业执照一致，不一致的需提供国家工商管理机关出具的变更证明		
品牌资质	由国家工商管理机关颁发的商标注册证或商标注册申请受理通知书复印件（若办理过变更、转让、续展，需一并提供国家工商管理机关颁发的变更、转让、续展证明或受理通知书）		
	质检报告复印件或商品质量合格证明：需提供送检商品的质检报告，或相对应批次商品的质检报告；报告上需有国家质量监督检验中心检验专用章，也可以提供第三方质检机构（CNAS 及 CMA/CMAF）的认证证书；商家每款商品均需出具质检报告，每个品牌、每个一级类目，均需提交一份质检报告。特殊类目需要单独提供质检报告，详见各类目特殊资质要求		
	若由商标权利人授权开设旗舰店，需提供在京东开设旗舰店的独占授权书。若商标权利人为自然人，则需要同时提供其亲笔签名的身份证复印件	有商标权利人到入驻商家销售其品牌商品的依次授权（授权链必须完整、有效，不得有地域限制），若商标权利人为自然人，则需要同时提供其亲笔签名的身份证复印件	有商标权利人到入驻商家销售其品牌商品的依次授权（授权链必须完整、有效，不得有地域限制），若商标权利人为自然人，则需要同时提供其亲笔签名的身份证复印件

续表

项目	旗舰店	专卖店	专营店
品牌资质	若经营多个自有品牌的旗舰店，需要提供品牌属于同一实际控制人的证明材料	若经营多个品牌的专卖店，需要提供品牌属于同一实际控制人的证明材料	专营店命名不得带有商品品牌名称
	若申请卖场型旗舰店，需要提供服务类商标注册证或商标注册申请受理通知书，店铺内经营的品牌资质要求同专营店品牌资质要求	—	—

（三）京东开放平台的入驻流程

卖家入驻京东开放平台的基本流程如表 4-3-6 所示。

表 4-3-6　卖家入驻京东开放平台的基本流程

步骤	具体操作	备注
阶段一：入驻前准备	了解招商信息	1. 卖家可以选择京东商城列举的品牌，也可以向京东推荐优质的品牌； 2. 京东商城只接受合法登记的企业用户入驻，不接受个体工商户入驻，申请入驻的企业用户要按要求提供入驻所需的所有相关文件
	准备资质材料	1. 卖家准备的资料要加盖开店公司公章； 2. 如果卖家提供的申请资料不完整，申请资料会被退回，并要求重新提交。因此，卖家最好事先将所需资料准备齐全，一次性通过审核
	开通京东钱包	京东钱包分为个人版和企业版，而入驻商家应该申请的是京东钱包企业账户。开通京东钱包可在入驻审核后的"开店"中直接使用，注册京东钱包及钱包实名认证一般需要两个工作日
阶段二：入驻申请	注册账号	1. 在进入入驻流程前，卖家需要先注册京东个人用户账号，用于入驻关联； 2. 进入京东用户中心，验证手机号码和邮箱，以保证卖家入驻信息的安全； 3. 进入商家入驻页面，单击"我要入驻"超链接，进入入驻流程
	填写公司信息	1. 阅读并确认入驻协议，查看入驻须知； 2. 填写开店联系人的信息，便于京东在入驻过程中遇到任何问题时第一时间进行联系； 3. 填写公司信息，包括营业执照、组织机构代码和经营信息
	填写店铺信息	1. 填写店铺信息（包括店铺类型经营类目和品牌），提交公司和类目品牌相关资质。 2. 选择店铺名称和域名
	签署合同、提交入驻申请	确认在线服务协议，提交入驻申请

续表

步骤	具体操作	备注
阶段三：审核	资质初审	1. 资质真实、有效； 2. 规模达到入驻要求； 3. 授权有效，链路完整； 4. 满足商家的生产、经营范围、产品安全性、资质完整，符合国家行政法、规许可要求，审核周期为7个工作日
	招商复审	1. 招商复审的审核周期为5个工作日； 2. 店铺授权，大概需要3个工作日
	审核进度查询	卖家可以查询入驻审核进度，入驻过程中的重要信息，京东平台会以邮件形式将入驻过程中的重要信息发送至填写的邮箱中，发送至卖家在入驻中的联系人
阶段四：开店	联系人和地址信息维护	1. 联系人信息：完善不同管理角色的联系信息； 2. 常用地址维护：填写、维护退换货地址信息
	账号安全验证	设置账号绑定手机、邮箱（可用于重设找回密码）
	缴费开店	1. 在线支付平台使用费、质保金，完成缴费； 2. 京东确认缴费无误； 3. 店铺状态变为"开通"，卖家可以登录商家后台开始正常经营

任务 4　京东开店

学习目标

【知识目标】
1. 了解京东开放平台开店的优势。
2. 掌握京东开放平台开店的规则。
3. 了解京东开放平台类目资质要求。
4. 熟悉京东开放平台类目资质要求。

【技能目标】
1. 掌握入驻京东店铺的流程。
2. 能够准确地入驻京东。

背景知识

京东商城已完成全品类覆盖，自营以及第三方平台上已经有超过20万国内外品牌商家，每年产生一万多亿的交易额，直接或间接带动就业人数超过1 000万人。自2004年涉足电商领域开始，京东始终坚持为社会创造价值的运营理念，通过持续创新，不断取得新的突破，成为中国领先的技术驱动型电商和零售基础设施服务商。本项目将对京东平台、京东店铺合作模式等内容进行介绍，帮助商家了解京东平台和京东店铺的相关知识，为入驻京东平台打好基础。

任务导入

李东了解了电商开店平台后，结合各平台的特点以及自己的兴趣及优势，决定在京东开放平台中创建自己的店铺。

思考：李东在京东开放平台中创建自己的店铺需要了解哪些内容？

任务分解与实施

一、京东开放平台开店的优势

与其他电商平台相比，京东POP模式具有以下明显优势。

根据商家所选择的商业合作模式，享受京东提供的专业包装技术，商品的运输保护水平得到提高，从而提高消费者对商品和品牌的好感度。根据商家所选择的商业合作模式，为消费者提供不同类型的正规发票，如京东开具的增值税发票、由商家开具的普通发票。根据商家所选择的商业合作模式，享受京东提供的仓储和物流服务。

可以保证商品当日送达或隔日送达，这极大地缩短了物流时间，满足了消费者的物流需求，优化了消费者的购物体验。京东以"正品行货"为理念，受到广大中产阶级消费者的青睐和信任，交易、评价、售后等服务均十分正规、迅速。如果商品出现质量问题，京东提供上门免费退换货服务，更容易赢得消费者的信任。根据商家所选择的商业合作模式，享受多种交易和取件方式，如在线支付、京东配送、商家自提等，给予消费者更多选择空间，提高消费者的购物体验。

二、京东开放平台开店的规则

京东开放平台的规则全面详细，对京东电商的经营交易环境起到良好的管控和约束作用。京东规则划分为不同的规则体系和模块，每个模块中又包含若干细则。

三、京东开放平台类目资质要求

为了更顺利地入驻京东运营，商家在申请入驻之前，需要了解京东开放平台的类目，同时明确自己所经营商品的具体类目，并按照对应类目了解相关规定准则和入驻要求。

京东开放平台的类目按照商品类型主要分为三级：一级分类如服饰内衣、鞋靴、珠宝首饰、礼品箱包、钟表、运动户外、家纺、家居、厨具、家具、家装建材、汽车用品、医药保健、母婴、玩具乐器、个人护理、美妆护肤、家庭清洁/纸品等；二级分类是在一级分类的商品类目之下，根据商品种类继续设定的，如珠宝首饰的二级分类包括金饰、银饰、金银投资、翡翠玉石、钻石等；三级分类是在二级分类之下继续划分的，如银饰的三级分类为宝宝银饰、银手镯、银吊坠等。

打开京东商城首页，在左侧导航栏中即可查看京东平台的类目信息。将鼠标指针移动到左侧导航栏的任何一个一级分类上，在右侧弹出的面板中将显示该分类下的其他类目细分，如图4-4-1所示。单击左侧导航栏中的任意类目，可以打开该类目的首页，在左侧导航栏中继续查看主要的二级分类和三级分类。

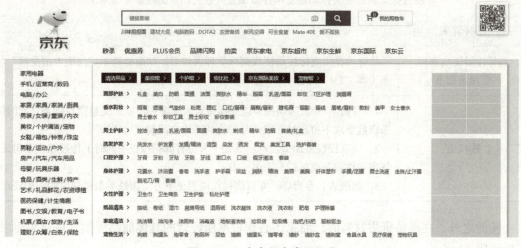

图4-4-1 京东平台类目细分

商家若想入驻京东，应该明确自身经营商品的所属类目以及京东针对该类目的入驻要求，才能提前做好相关类目的资质准备，以及人力、资金、技术、物料等方面的准备，为顺利入驻、正式开店、商品上架，甚至商品推广做好铺垫。

京东开放平台类目入驻资质要求：

京东开放平台公开招商的类目，除了必须满足基本的企业、品牌、商品招商要求之外，还需要同时满足针对类目的招商要求。例如，家居家装、个护美妆、医药保健、食品酒类、礼品/箱包、钟表、珠宝、运动户外、母婴玩具乐器、手机/手机配件、计算机办公、汽车用品、图书/音像、家用电器、数码、宠物、生鲜等，每个类目的资质要求均不一样，商家应根据自己所经营的品牌商品对号入座进行了解。

以服饰鞋帽类目资质标准为例，服饰鞋帽类目作为一级类目，其下包括女装/男装/内衣/童装类目、运动服/运动包/运动配件类目、女鞋/男鞋/童鞋/运动鞋类目、服饰配件类目几个二级类目，每个二级类目及其下具体的三级类目需满足的要求均有所区别。

1. 女装/男装/内衣/童装类目

女装/男装/内衣/童装类目，首先必须具备京东要求的企业和品牌的基础资质，如表4-4-1所示。

表 4-4-1　京东要求的基础资质

基础资质	资质要求说明
营业执照	1. 开店公司注册资本须高于 50 万元（包括 50 万元）； 2. 部分品牌注册资金及公司依法成立年限； 3. 加载"统一社会信用代码"的营业执照
银行开户许可证	银行开户名需与营业执照一致
企业法人身份证	身份证正反面
一般纳税人资格证	如是一般纳税人需提供
所有提交的资质文件如是复印件需加盖入驻公司水墨红章（实章）	

品牌资质	资质要求说明
商标注册证或商标受理通知书	品牌需提供商标注册证或商标受理通知书，如商标处于"注册申请受理"状态（即"TM"商标）
授权书	1. 专卖店/专营店须提供以商标持有人为源头出发的完整授权链条，同时链条级数要求不得超过 3 级（品牌商体系内之间授权可视为同一层级）； 2. 所有授权需加盖红章，如是个人持有商标授权同时上传授权人身份证，签字名称要与商标持有人名一致； 3. 旗舰店、专卖店、专营店授权说明见下方"店铺类型授权说明"中要求

除此之外，在准备资质材料时，商家还必须根据所经营的具体商品提供其他京东要求的资质证明。

若经营进口商品，商家须提交该品牌近 1 年内中华人民共和国海关进口货物报关单复印件，如报关单中商品的商标名称可在商标局官网上查询到该类别商品的注册信息，则还需提供商标注册证明或者商标受理通知书、完整授权证明；如查不到，则仅需提交该品牌近 1 年内中华人民共和国海关进口货物报关单复印件。

同时，女装/男装/内衣/童装类目中的以下商品，其每个品牌需至少提供一份由国家认定的具有中国合格评定国家认可委员会与中国计量认证资质的第三方质检机构出具的四年内的成品检测报告。成品检测报告的具体内容需包含品牌名称、商品名称和各类商品对应的下述必检项目，必要检测项要求如下。

普通男女装/文胸/内裤/塑身衣/孕妇装/男女袜：纤维成分及含量、GB 18401 全项、标识标志、外观质量。

童装/3 岁以下婴幼儿服装类：纤维成分及含量、GB 18401 全项、标识标志、外观质量、耐湿摩擦色牢度、重金属、邻苯二甲酸酯、燃烧性能、附件抗拉强力、附件锐利尖端和锐利边缘、绳带要求。

家居服/保暖内衣：纤维成分及含量、GB 18401 全项、标识标志、外观质量、水洗尺寸变化率、保温率。

羽绒服装：纤维成分及含量、GB 18401 全项、含绒量（绒子含量）、充绒量、绒类鉴别、标识标志、外观质量。

皮衣皮草：材质鉴定、摩擦色牢度（干/湿）、皮革撕裂力（仅皮革）、甲醛含量、可分解芳香胺染料、标识标志、外观质量。

普通针织衫：纤维成分及含量、GB 18401 全项、标识标志、外观质量、水洗尺寸变化率、起毛起球。

羊毛衫/羊绒衫：纤维成分及含量、GB 18401 全项、标识标志、外观质量、小尺寸变化率、起毛起球。

有填充物的商品（除羽绒）需加检"原料要求"。

绒类鉴别，主要指"白鸭绒/灰鸭绒/白鹅绒/灰鹅绒"种类鉴定；保温率只检测保暖内衣类。

童装 3 岁以下婴幼儿服装类的耐湿摩擦色牢度、重金属、邻苯二甲酸酯、燃烧性能、附件抗拉强力、附件锐利尖端和锐利边缘、绳带要求项目应符合 GB 31701—2015 标准中的要求。

商家需自行做好吊牌、水洗标等商品标识标志的检查工作，使之符合法律法规及行业标准的要求，京东品控会根据市场反馈进行不定期抽检。

2. 运动服/运动包/运动配件类目

运动服/运动包/运动配件类目，首先必须具备京东要求的企业和品牌的基础资质。除此之外，在准备资质材料时，商家还必须根据所经营的具体商品提供其他京东要求的资质证明。若经营进口商品，商家需提交该品牌近一年内中华人民共和国海关进口货物报关单复印件。如果报关单中商品的商标名称可在商标局官网上查询到该类别商品的注册信息，则还需提供商标注册证明或者商标受理通知书、完整授权证明；如果查不到，则仅需提交该品牌近一年内中华人民共和国海关进口货物报关单复印件。

同时，运动服/运动包/运动配件类目中的以下商品每个品牌必须至少提供一份由国家认定的具有 CNAS 与 CMA 资质的第三方质检机构出具的四年内的成品检测报告。成品检测报告的具体内容需包含品牌名称、商品名称和各类商品对应的下述必检项目，必要检测项要求如下。

运动服，需检测纤维成分及含量、GB 18401 全项、标识标志、外观质量。

GB 18401 全项包括耐水色牢度、耐汗渍色牢度、耐干摩擦色牢度、耐唾液色牢度（只考核婴幼儿商品）、甲醛、pH 值、异味、可分解致癌芳香胺染料。

有填充物的商品（除羽绒）需加检"原料要求"，真皮类鞋服以及配件需加检"材质鉴定"。

商家需自行做好吊牌、水洗标等商品标识标志的检查工作，使之符合法律法规及行业标准的要求，京东品控会根据市场反馈进行不定期抽检。

3. 女鞋/男鞋/童鞋/运动鞋类目

女鞋/男鞋/童鞋/运动鞋类目，首先必须具备京东要求的企业和品牌的基础资质。除此之外，在准备资质材料时，商家还必须根据所经营的具体商品提供其他京东要求的资质证明。

若经营进口商品，商家需提交该品牌近一年内中华人民共和国海关进口货物报关单复印件。如果报关单中商品的商标名称可在商标局官网上查询到该类别商品的注册信息，则还需提供商标注册证明或者商标受理通知书、完整授权证明；如果查不到，则仅需提交该品牌近一年内中华人民共和国海关进口货物报关单复印件。

同时，女鞋/男鞋/童鞋/运动鞋类目中以下商品的成品检测报告，应具有 CNAS 与 CMA 资质的第三方质检机构出具的四年内的成品检测报告。成品检测报告的具体内容需包含品牌名称、商品名称和各类商品对应的下述必检项目。

男女鞋：物理机械性能、标识标志、外观质量、有害物质限量。

3 岁以下婴幼儿布鞋：异味、标识标志、外观质量、甲醛、可分解芳香胺染料、耐摩擦色牢度。童鞋：物理机械性能、标识标志、外观质量、有害物质服量、异味。

运动鞋：物理机械性能、标识标志、外观质量、有害物质限量。

14 周岁及以下儿童穿着的鞋靴（鞋号不大于 250 mm，童胶鞋除外）在符合本身标注的商品标准质量要求外，还需符合 GB 30585《儿童鞋基本安全技术规范》中的技术要求。商家需自行做好吊牌、水洗标等商品标识标志的检查工作，使之符合法律法规及行业标准的要求，京东品控会根据市场反馈进行不定期抽检。

4. 服饰配件类目

服饰配件类目，首先必须具备京东要求的企业和品牌的基础资质。除此之外，在准备资质材料时，商家还必须根据所经营的具体商品提供其他京东要求的资质证明。

若经常进口商品，商家需提交该品牌近一年内中华人民共和国海关进口货物报关单复印件。如果报关单中商品的商标名称可在商标局官网上查询到该类别商品的注册信息，则还需提供商标注册证明或者商标受理通知书、完整授权证明；如果查不到，则仅需提交该品牌近一年内中华人民共和国海关进口货物报关单复印件。

同时服饰配件类目中的以下商品每个品牌必须至少提供一份由国家认定的具有 CNAS 与 CMA 资质的第三方质检机构出具的四年内的成品检测报告。成品检测报告内容需包含品牌名称、商品名称和各类商品对应的下述必检项目。

手套/领带/领结/帽子/手帕/围巾/丝巾/披肩/布面料/毛线：纤维成分及含量、GB 18401 全项、外观质量、标识标志。

皮腰带：材质鉴定、标识标志、外观质量、摩擦色牢度、带体断裂力、带孔撕裂力、带扣咬合力、带齿咬合力、带扣耐腐蚀性、折裂性能、甲醛、可分解芳香胺染料。

机织腰带：纤维成分及含量、GB 18401 全项、标识标志、外观质量。

商家需自行做好吊牌、水洗标等商品标识标志的检查工作，使之符合法律法规及行业标准的要求，京东品控会根据市场反馈进行不定期抽检。

经营眼镜镜片、眼镜架、太阳镜、护目镜、运动镜等商品的商家，需提交生产企业的《全国工业商品生产许可证》。

经营框架类有度数眼镜（近视、远视）的商家，需提交验光人员职业资格证书以及验光设备焦度计、验光仪的年度检定证书。

四、京东开放平台类目资费要求

所有入驻京东平台、通过京东平台销售商品、使用京东平台相关服务的商家都需向京东平台交纳相关费用。费用主要包括保证金和平台使用费。同时，根据店铺合作模式、经营类目、运营效果的不同，京东平台将收取不同的费率。

1. 保证金

商家以"一店铺一保证金"的原则向京东交纳用以保证店铺规范运营及对商品和服务质量进行担保的金额。当商家发生侵权、违约、违规行为时，京东可以依照与商家签署协议中的相关约定及京东开放平台的规则扣除相应金额的保证金，作为违约金或给予消费者的赔偿。

保证金的调整、补足、退还、扣除、赔偿等依据商家签署的相关协议及京东开放平台规则约定办理。京东开放平台各经营类目的保证金数额不同，各类目对应的保证金标准可以通过京东商家帮助中心进行搜索。

如果商家经营的品牌包含两个及两个以上类目，则跨类目保证金可参照就高原则，即保证金按最高金额的类目交纳。如果在经营过程中增加新类目，且新类目对应的保证金与原交纳保证金不一致，那么商家需补交差额部分。

当保证金不足额时，商家应该在出现该情况后 5 个自然日内及时补交足额的保证金，使可用余额为最低保证金金额。京东可向商家发出续费通知，如商家在京东开放平台上有未结货款，京东有权从该款项中扣除以补足保证金。如商家逾期未能补足保证金，则京东开放平台有权对其店铺进行监管或终止服务。

2. 平台使用费

平台使用费是指商家依照与京东签署的相关协议使用京东开放平台各项服务时必须交纳的固定技术服务费用。京东开放平台各经营类目对应的平台使用费可以通过京东商家帮助中心进行搜索，具体可参考"京东 2018 年度开放平台各类目资费览表"。续签商家的续展服务期间对应平台使用费必须在每年 3 月 20 日 18 时前一次性交纳，新签商家必须在申请入驻获得批准时一次性交纳相应服务期间的平台使用费。

在进行平台使用费结算时，商家主动要求停止店铺服务的不返还平台使用费；商家因违规行为或资质造假被清退的不返还平台使用费；每个店铺的平台使用费依据相应的服务期计算并交纳。服务开通之日在每月的 1 日至 15 日（含）间的，开通当月按一个月收取平台使用费，服务开通之日在每月的 16 日（含）至月底最后一日间的，开通当月不收取平台使用费。需要注意的是，拥有独立店铺 ID 的为一个完整店铺，若商家根据经营情况需开通多个店铺，则需按照店铺数量交纳相应的平台使用费。

3. 费率

费率是指商家根据经营类目在达成每一单交易时按比例（该比例在与商家签署的相关协议中称为"技术服务费费率"或"毛利保证率"）向京东交纳的费用。京东开放平台各经营模式、各经营类目对应的费率标准，可以通过京东商家帮助中心进行搜索。

五、申请入驻京东

商家入驻京东，是指商家在京东平台申请自己的网上店铺，通过京东店铺售卖商品或服务，从而获得盈利。与实体店相比，入驻京东店铺的流程更加简单，商家成功入驻后，即可在遵循京东店铺运营规则的基础上，享受京东平台的流量、物流、技术等服务。在注册京东店铺之前，商家首先要了解注册京东店铺的基本流程。

1. 注册京东账号

在入驻审核期间，京东平台将以邮件形式将重要信息发送到入驻申请中的商家所填写的邮箱。审核通过后，商家即可登录京东商家后台完成平台派发的"开店任务"，从而完成店铺的创建。开店任务是在平台的指引下完成一些固定的操作，包括联系人和地址信息维护、账号安全验证、规则学习、缴费开店等方面。联系人和地址信息维护是指对不同管理角色联系信息、退换货地址信息等进行填写；账号安全验证是指设置手机绑定，可用于重设找回密码；规则学习是指了解京东相关规则，并通过开店考试；缴费开店是指支付平台使用费以及质保金，完成并确认缴费后，即可正式开通京东店铺，并登录商家后台进行店铺的运营。

目前，商家申请入驻京东均采用线上提交的方式，主要通过商家入驻系统进行申请。与其他平台的注册方式类似，入驻京东平台必须填写注册信息，包括注册京东个人账号、上传资质并完善信息等。注册京东个人账号是入驻京东平台的首要前提。

打开京东个人账号注册页面后，在弹出的"京东用户注册协议和隐私政策"对话框中，可查看注册相关协议。之后在打开的页面中填写正确的注册手机号码，再填写注册手机收到的验证码，填写完成后继续填写用户名、设置密码，以及填写邮箱信息和邮箱验证码等，填写完毕并确认后即可完成京东个人账户的注册。

2. 填写公司信息

在完成京东个人账号的申请后，即可正式进入商家入驻申请的流程。在商家入驻申请的流程中上传资质，完善公司注册信息等即可。

京东的合作招商页面提供了商家入驻、供应商、金融服务、广告服务、物流合作等多种招商形式。申请入驻京东的商家只有在"商家入驻"页面单击进驻按钮，才能进入商家入驻页面。京东合作招商页面的商家入驻、供应商、金融服务等招商形式以轮播图片的形式进行自动展示，单击轮播图片左右两侧的按钮可以进行自由切换。

在商家入驻流程中，如果某项流程后出现"感叹号"，则表示该项流程还未开通和办理，单击该流程的超链接，可在打开的页面中查看具体办理步骤；同时页面中还提供了相关业务的办理链接。

3. 填写店铺信息

完成公司经营信息的资料填写和资质上传后，即可开始完善店铺的基本信息，包括店铺的经营信息、类目信息和品牌信息等。需要注意在店铺及类目信息中选择适合自己的店铺类型，如旗舰店、专营店、专卖店，再分别上传商标注册证、商标授权书等。

能力训练

一、单选题

1. 京东开放平台与卖家的合作模式有 FBP、LBP、SOP、SOPL 并且都要求卖家的注册资金为（　　）万元以上。
   A. 80　　　　　　B. 70　　　　　　C. 60　　　　　　D. 50

2. 京东开放平台的类目按照商品类型主要分为（　　）级。
   A. 1　　　　　　B. 2　　　　　　C. 3　　　　　　D. 4

3. 商家以（　　　）的原则向京东交纳用以保证店铺规范运营及对商品和服务质量进行担保的金额。

A. 一店铺一保证金　　　　　　　　B. 两店铺一保证金
C. 一店铺多保证金　　　　　　　　D. 多店铺一保证金

二、多选题

天猫商城的店铺类型有（　　　　）。

A. 旗舰店　　　　　　　　　　　　B. 专卖店
C. 专营店　　　　　　　　　　　　D. 专柜店

三、简答题

1. 网店运营模式有哪些？
2. 简述开设网店应该如何进行选品。
3. 开设网店如何进行目标客户的定位？
4. 简述商家入驻系统申请京东商家店铺、入驻流程的具体要求和内容。
5. 简述"冰箱"品牌入驻京东旗舰店所需的资质和资费。

技能拓展

李东快要毕业了，他对电商创业非常感兴趣，因此他想了解各大平台的网店卖家是如何将网店从选择运营平台，到选品、定位目标客户、进货的各项情况，并尝试做一份简要的网店运营规划，现请你一起跟他完成此任务。

项目五

彩图

电子商务页面编辑模块

任务 1　HBuilder X 软件安装及常用操作

【知识目标】
1. 了解 HBuilder X 软件的下载及安装。
2. 熟悉 HBuilder X 软件界面。

【技能目标】
1. 能够熟练掌握 HBuilder X 软件常用操作。
2. 学会使用 HBuilder X 软件创建基本 HTML 项目。

一、HBuilder X 介绍

HBuilder X 是由数字天堂（北京）网络技术有限公司开发的，是一款高效的极客开发工具，它界面简洁，编译高效，而且符合中国人的编码习惯，操作简单，十分容易学习。HBuilder X 标志如图 5-1-1 所示。

图 5-1-1　HBuilder X 标志

二、HBuilder X 下载及安装

官方下载网址：https://www.dcloud.io，根据操作系统不同选择不同的使用版本，目前有 Windows 版和 MacOS 版两种，如图 5-1-2 所示。

该软件对计算机配置要求小，一般计算机都可以运行，该软件无须安装，下载完成后解压，选择启动"HBuilderX"文件，即可启动软件。该软件界面简洁，主要由菜单栏、工具栏、项目管理器、编辑器和状态栏构成，可以完成多种项目开发，如 HTML 前端开发、PHP 后端开发、微信小程序、App 等，如图 5-1-3 所示。

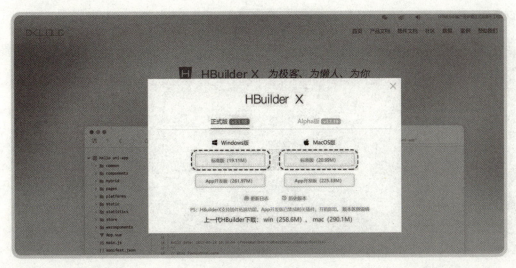

图 5-1-2　HBuilder X 版本

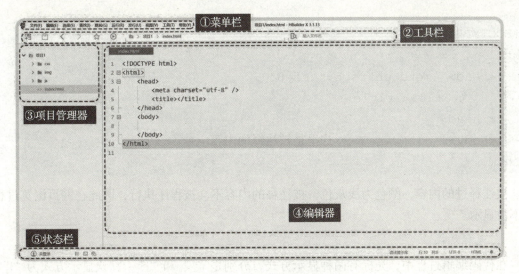

图 5-1-3　HBuilder X 软件界面

三、HBuilder X 软件常用操作

1. 主题皮肤切换

我们可以根据自己的喜好更换皮肤，皮肤切换有两种方法（图 5-1-4）：一种是在首页面板进行切换（首页面板→主题切换→酷黑）；另一种是通过菜单栏进行皮肤切换（菜单栏→工具→主题→酷黑）。

2. 注释

在代码编写过程中，有时需要一些注释以便能够快速理解所编写的内容，注释的快捷键为"ctrl+/"，选取需要注释的内容，按"ctrl+/"组合键即可完成注释。

图 5-1-4　主题皮肤切换

```
<!DOCTYPE html>
<html>
    <head> <meta charset="utf-8"/>
        <title></title>
    </head>
    <body>            <!-- 这里是被注释的内容 -->    </body>
</html>
```

被注释过的内容，颜色为浅灰色，被注释的内容不会被程序执行，因此在网页浏览过程中不被显示。

3. 光标切换

在代码编辑过程中，光标有两种显示方式，分别是"_"和"|"，默认显示方式为"|"，可以使用键盘上的"Insert"键进行切换。

4. 智能双击

在 HBuilder X 中，但凡特殊点的字符，都能智能双击。
——双击引号/括号内侧，是选中引号/括号内的内容；
——双击逗号两侧，是选择逗号前一段或后一段；
——双击行尾，是选中该行（不含回车符）；
——双击折叠行首内容开头，选择折叠段落；
——双击行首缩进，选择相同缩进的段落；
——双击列表符号，选择列表段落；
——双击 Css 类名左侧，选择 Css 类；
——双击注释符选择注释区域。

以上是常用的一些编辑操作，当然 HBuilder X 软件还有很多快捷操作，这就需要同学们在编辑过程中去发现。

四、创建基本的 HTML 项目

网店装修工作属于网页设计中的前端设计，因此创建的项目为 HTML 项目。打开新建项目命令有三种方式：第一种通过菜单栏→文件→新建→项目；第二种是在首页面板上选择新建项目命令；第三种是通过快捷键"Ctrl+N"打开新建项目命令。

打开新建项目窗口，选择"普通项目"选项，在项目名称中编写项目名称，项目类型选择"基本 HTML 项目"，如图 5-1-5 所示。

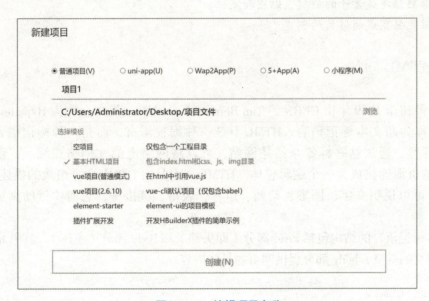

图 5-1-5　编辑项目名称

单击"创建"系统自动生产 4 个文件，分别为 css 文件夹、img 文件夹、js 文件夹和 index.html 文件。

——css 文件夹专门用于存放 css 外部样式表文件；

——img 文件夹用于存放图片文件；

——index.html 为网页文件，用于排版店铺首页。

项目任务 5-1　HBuilder X 软件基本操作

实训任务：创建一个基本的 HTML 项目，请扫描二维码

任务2　HTML语法及网店装修常用标签

【知识目标】
1. 了解HTML语言的概念及语法。
2. 掌握店铺装修常用标签。

【技能目标】
1. 学会行样式表、内部样式表的使用方法。
2. 能够熟练完成盒子的创建、贴图和定位。
3. 能够熟练完成超链接的创建。

一、HTML简介

HTML最初于1989年由CERN的Tim Berners-Lee发明，英文全称为Hypertext Markup Language，称为超文本标记语言，HTML不是一种编程语言，而是一种标记语言，它包括一系列标签，通过这些标签来描述网站，可以将网络上的文档格式统一，使分散在Internet中的资源连接成为一个逻辑整体。HTML文本是由HTML命令组成的描述性文本，HTML命令可以说明文字、图形、动画、声音、表格、链接等，它需要借助浏览器进行解释。

超文本标记语言的结构包括head部分（即头部）和body部分（主体），其中head部分提供关于网页的信息，body部分提供网页的具体内容。

```
<!DOCTYPE html>
<html>  <head>          <meta charset="utf-8"/>
          <title></title>     </head>
   <body>     </body>
</html>
```

在店铺PC端装修中，无论是淘系平台还是京系平台，PC端装修主要是对body部分的排版，因此我们学习的内容主要围绕body部分的标签。

二、HTML语法规范

1. HTML中不区分大小写

如 `<div></div>` 标签，其中任何字母可大写，亦可小写，甚至可以全部大写或全部小写，并不影响浏览器解析页面，但是我们习惯采用小写。

2. HTML标签必须结构完整

HTML标记标签通常被称为HTML标签，HTML标签是由尖括号包围的关键词，比

如 <html>，HTML 标签通常是成对出现的，如 <p> 和 </p>，标签对中的第一个标签是开始标签，第二个标签是结束标签，开始和结束标签也被称为开放标签和闭合标签。在 HTML 标签中，通常标签是成对标签，如段落标签 <p></p>，少数标签单个出现，如 <img src="">、<hr>、
，因此标签要么成对出现，要么自结束。浏览器会尽最大努力正确解析页面，对不符合语法规范的内容进行自动修正，但是有些情况会在修正后导致错误。

示例 1：

```
<!-- 正确 -->
<p> 我是一个 p 标签 </p>
<!-- 错误 -->
<p> 我是一个 p 标签
```

示例 2：

```
<!-- 自结束标签 -->
 abc
 <br />
 bcd
 <br>
```

3. HTML 中注释不能嵌套

```
<!-- 正确 -->
<!-- 注释不能嵌套 -->
<!-- 错误 -->
<!-- <!-- 注释不能嵌套 --> -->
```

4. HTML 标签可以嵌套、并列，但不可交叉嵌套

```
<!-- 正确 -->
<p> 今天天气 <font color="red"> 真不错 </font><p>
<p> 我们一起去踏青 </p>
<!-- 错误 -->
<p> 今天天气 <font color="red"> 真不错 <p></font>
```

三、网店装修中常用标签及属性

HTML 中的标签有很多，每一个标签又有许多属性，但是 PC 端首页装修并不需要用到所有标签，因此只需要掌握店铺装修中常用的标签即可。

（一）盒子

<div></div> 标签，也称为"盒子"，是店铺装修中十分重要的标签之一，影响着店铺的排版以及超链接功能的实现。<div></div> 盒子代码一般与样式表代码组合使用，才能实现其应有的功能。

```
<div></div>
```

（二）样式表

样式表分为行内样式表、内部样式表和外部样式表三种，前两种经常运用于淘宝/天猫平台、1688 平台、京东平台店铺 PC 端装修中，目前没有电商平台支持外部样式表的使用，因此我们侧重讲解行内样式表和内部样式表的使用。

1. 行内样式表

通过行内样式表的名字不难猜出，行内样式表必须写入标签行里，在使用行内样式表时，需要使用"style"标签。

案例：使用 div+ 行内样式表定义一个大小为 200×200 px，背景颜色为红色的盒子。代码如下：

```
<div style="width: 200 px;height: 200 px;background: red;"></div>
```

效果如图 5-2-1 所示。

图 5-2-1　行内样式表使用范例

（1）width 属性标签，用于定义盒子宽度。

（2）height 属性标签，用于定义盒子高度。

width、height 属性，其值可使用 px、em 等单位，但在店铺装修中，只能使用 px（像素）单位，而且必须为小写，否则电商平台将无法识别该单位而被平台过滤掉。

（3）background 属性标签，用于定义盒子背景颜色。

background 属性值可以使用英文单词，如 red、green、yellow 等，也可以使用颜色代码，如 #000000（黑色）、#ffffff（白色），有时我们也使用 PS 进行取色，我们在选取图片中的颜色时，需要将拾色器选项"只有 web 颜色"勾选上才能获得相应的 web 颜色代码（图 5-2-2），因 Photoshop 颜色范围比 web 所使用的颜色范围要广，所以有时会有一些色差。

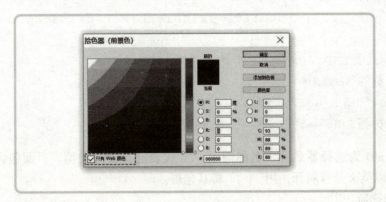

图 5-2-2　拾色器面板

2. 内部样式表

内部样式表亦称内嵌式样式表，在网页设置中需要写入 <head></head> 代码之间，并且用 style 标签定义，但在店铺装修中，只需要将内部样式表与元素标签代码分离即可，其基本语法格式如下：

```
<!-- 内部样式表 BEGIN -->
<style> 选择器 {属性1:属性值1; 属性2:属性值2; 属性3:属性值3;} </style>
<!-- 内部样式表 END -->
<!-- HTML 标签 BEGIN -->
<div></div>
<!-- HTML 标签 END -->
```

1）选择器命名规则

必须由字母、数字、下划线或美元符号组成，首字母必须是字母或下划线。在电商平台装修规范中，为了区分商家与平台的选择器，要求商家在选择器命名前加上"user_"，如果没有"user_"开头，选择器将不被平台识别而被过滤掉。

2）选择器类型

选择器的类型有很多种，分为类选择器、ID 选择器、元素选择器、子选择器、后代选择器等。在 PC 端装修中，主要使用类选择器和 ID 选择器，因此下面将侧重讲解这两类选择器的使用。

（1）类选择器。

类选择器允许以一种独立于文档元素的方式来指定样式，该选择器可以单独使用，也可以与其他元素结合使用。只有适当地标记文档后，才能使用这些选择器，要应用样式而不考虑具体设计的元素，最常用的方法就是使用类选择器。在定义类选择器时，需要在命名前加上"."号，HTML 标签在调用类选择器时，需要用到"class"标签。

案例：使用 div+ 内部样式表定义一个大小为 200×200 px，背景颜色为红色的盒子。

代码如下：

```
<!-- 内部样式表 BEGIN -->
<style> .user_a01{width:200 px;height:200 px;background:red;}
</style>
<!-- 内部样式表 END -->
<!-- HTML 标签 BEGIN -->
<div class="user_a01"></div>
<!-- HTML 标签 END -->
```

——user_a01 为选择器名称，名称前面"."代表选择器的类型，后面包含多个属性标签，各个属性以英文分号隔开，用"{}"将其包裹。

（2）ID 选择器。

ID 选择器可以为标有特定 ID 的 HTML 元素指定特定的样式，在定义 ID 选择器时，需要在命名前加上"#"号，HTML 标签在调用类选择器时，需要用到"ID"标签。下面通过案例体会 ID 标签与类标签在书写方面的异同。

```
<!-- 内部样式表 BEGIN -->
<style> #user_a01{width:200 px;height:200 px;background:red;}
</style>
<!-- 内部样式表 END -->
<!-- HTML 标签 BEGIN -->
<div id="user_a01"></div>
<!-- HTML 标签 END -->
```

通过对比，内部样式表比行内样式表书写更简洁，相同的盒子标签只需定义一个类选择器，大大简化代码书写，同时内部样式表实现样式代码与 HTML 标签代码的分离，方便我们对代码进行审查，这两种样式表都可以用于淘宝天猫店铺、京东店铺，但由于淘系平台（无论是 C 店还受 B 店）使用内部样式表均需要收费，因此淘系平台店铺主要采用行内样式表编写代码，而京东店铺没有这样的限制，因而京东店铺一般采用内部样式表编写代码。

（三）盒子排列

1. 盒子纵向排列

如果希望实现红、绿、蓝三个盒子纵向排列（图 5-2-3），直接创建三个盒子即可，因为 DIV 元素是区块元素，默认排列方式为纵向排列，具体代码如下：

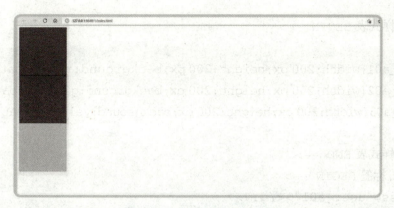

图 5-2-3 盒子纵向排列示例

```html
<!-- 内部样式表 BEGIN -->
<style>
    .user_a01{width:200 px;height:200 px;background:red;}
    .user_a02{width:200 px;height:200 px;background:green;}
    .user_a03{width:200 px;height:200 px;background:yellow;}
</style>
<!-- 内部样式表 END -->
<!-- HTML 标签 BEGIN -->
<div class="user_a01"></div>
<div class="user_a02"></div>
<div class="user_a03"></div>
<!-- HTML 标签 END -->
```

2. 盒子横向排列

如果希望各盒子实现横向排列（图 5-2-4），这时需要加上浮动左对齐属性"float：left"，只要盒子的总宽度不超过父层盒子宽度或浏览器宽度，盒子将实现横向排列，如果超过父层盒子宽度或浏览器宽度，超出的盒子将执行换行，代码如下：

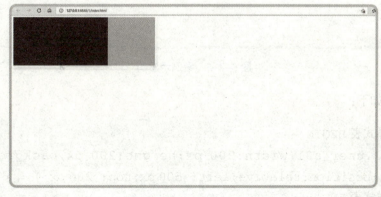

图 5-2-4 盒子横向排列示例

```
<!-- 内部样式表 BEGIN -->
<style>
    .user_a01{width:200 px;height:200 px;background:red;float:left;}
    .user_a02{width:200 px;height:200 px;background:green;float:left;}
    .user_a03{width:200 px;height:200 px;background:yellow;float:left;}
</style>
<!-- 内部样式表 END -->
<!-- HTML 标签 BEGIN -->
<div class="user_a01"></div>
<div class="user_a02"></div>
<div class="user_a03"></div>
<!-- HTML 标签 END -->
```

（四）盒子定位

除了纵向排列和横向排列，有时希望盒子具有一些特殊的个性化排列，这时需要用到盒子定位，定位盒子需要用到"position"属性，该属性值有 absolute、fixed、relative、static 和 inherit 属性值，在店铺装修中，我们只使用 relative 属性值，称之为相对定位，生成相对定位的元素，相对于其正常位置进行定位。

案例：创建一个大小为 200×200 px 的盒子，背景颜色为红色，与浏览器左侧距离 500 px，顶部距离 200 px，如图 5-2-5 所示。

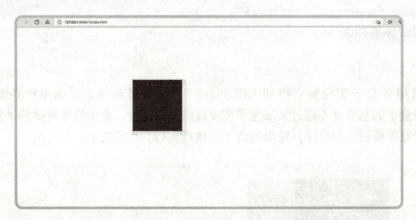

图 5-2-5 案例示意图

具体代码如下：

```
<!-- 内部样式表 BEGIN -->
<style>    .user_a01{width:200 px;height:200 px;background:red;float:left;position:relative;left: 500 px;top: 200 px;}    </style>
<!-- 内部样式表 END -->
```

```
<!-- HTML 标签 BEGIN -->
<div class="user_a01"></div>
<!-- HTML 标签 END -->
```

（五）盒子贴图

前面已经学会使用"background"属性为盒子设置背景颜色，"background"另一个功能是为盒子设置背景图片，我们形象地称之为"贴图"，当设置盒子背景图片时，需要采用 url 定位图片资源位置，下面通过一个案例来具体了解。

案例：创建一个大小为 500×332 px，并将本章 demo5-2-1.jpg 图片作为盒子背景。

代码如下：

```
<!-- 内部样式表 BEGIN -->
<style> .user_a01{width:500 px;height:332 px;background:url(img/demo5-2-1.jpg)}
</style>
<!-- 内部样式表 END -->
<!-- HTML 标签 BEGIN -->
<div class="user_a01"></div>
<!-- HTML 标签 END -->
```

效果如图 5-2-6 所示。

图 5-2-6　盒子贴图示例

（六）超链接

超链接的对象可以是文字、图像，也可以是盒子等，您可以单击这些对象来跳转到新的页面，网店 PC 端装修中常用的文字和盒子超链接如下：

```
<a href="url" target="_blank">电子商务实务</a>
```

语法：

——href 属性规定链接的目标；

——url 为超链接调整页面地址；

——target 为新页面打开方式，"_blank"新页面将以新窗口打开，如果不写 target 属性，将以默认方式打开新页面，默认打开方式为在当前窗口打开新页面。

以上标签为我们在电商平台中常用标签，HTML 标签还有很多种，同学们可以查询 HTML 语法进行学习，HTML 语法网址：https://www.w3school.com.cn/html/index.asp。

项目任务 5-2　盒子创建、排列、贴图

实训任务：创建九宫格图形，请扫描二维码

任务 3　PC 端首页装修

【知识目标】

1. 掌握色彩搭配原理。
2. 掌握店铺首页布局原则及板块设置。

【技能目标】

1. 学会 JD 店铺 PC 端首页装修方法。
2. 学会淘宝天猫店铺 PC 端首页装修方法。

一、色彩搭配

（一）色彩心理

不同的颜色会给人带来不同的心理感受，色彩心理是指颜色能影响人脑中的脑电波，通过脑电波触发人的感受。我们观看图 5-3-1 两张图，图（a）采用红、黄、橙颜色，给人心理上产生炽热、温暖、热烈、活跃、热情的感觉；图（b）由青色、绿色、蓝色构成，给人心理上产生寒冷的感觉。对于这两张图，带给人的感受是不同的，这是由人们的生活经验所导致的，当我们看到红、黄、橙、颜色时，自然联想到火焰、太阳，触发我们对火焰、太阳的感受。当我们看到青、绿、蓝颜色，自然联想到冰、水，触发我们对冰、水的感受。店铺首页的颜色搭配十分重要，它可以无声地向消费者传达产品风格、店铺形象、店铺美工师的设计情感。

（a）

（b）

图 5-3-1　图片示例

1. 红色

红色光波长最长，最容易引起人的注意、兴奋、激动、紧张，同时给视觉以迫近感和扩张感，称为前进色。红色还给人留下艳丽、芬芳、青春、富有生命力、饱满、成熟的印象。红色又是欢乐、喜庆的象征，由于它的注目性和美感，它在标志、旗帜、宣传等用色中占据首位。以红色为主色调的装修风格常用于盛大的节日中，例如 618 年中促、"双 11"、"双 12"、元旦等重大电商节日活动页首页装修，如图 5-3-2 所示。

图 5-3-2　"双 12"首页装修示例

2. 橙色

橙色的波长居于红与黄之间。伊顿曾说"橙色是处于最辉煌的活动性焦点"。它在有形的领域内，具有太阳的发光度，在所有色彩中，橙色是最暖的色。橙色也属于能引起食欲的色，给人香、甜略带酸味的感觉。橙色是一种充满生气和活力的颜色。柔和的橙色让人联想到大地以及秋色。因为它与季节的变换有关，橙色一般用来表现变化和运动的感觉。在电商平台中，淘宝平台采用橙色为网站的主色调，因平台的影响力，橙色亦给人一种便宜、廉价的直观感受。橙色装修示例如图 5-3-3 所示。

图 5-3-3　橙色装修示例

3. 黄色

黄色的波长适中，它是彩色中最明亮的色。因此给人留下明亮、辉煌、灿烂、愉快、亲切、柔和的印象，同时又容易引起味美的条件反射，给人以甜美感、香酥感。因此在店铺颜色搭配中，黄色常用于食品、童装等类目店铺主色，通常与橙色进行搭配。黄色装修示例如图 5-3-4 所示。

图 5-3-4　黄色装修示例

4. 绿色

绿色光的波长恰恰居中，人的视觉对绿色光反应最平静，眼睛最适应绿色光的刺激。绿色是植物王国的色彩，它的表现价值是丰饶、充实、平静与希望。绿色继承了蓝色所有具备的平静属性，同时吸收了一些黄色的活力。因此在店铺颜色搭配中，绿色常用于绿色食品、化妆品等类目店铺主色，如图 5-3-5 所示。

图 5-3-5　绿色装修示例

5. 蓝色

蓝色光波长短于绿色光，它在视网膜上成像的位置最浅，因此，当红、橙色是前进色时，蓝色就是后退色。红色是暖色，蓝色是冷色。蓝色表现一种精神领域，让人感到崇高、深远、纯洁、透明、智慧。蓝色也是公司最偏爱的颜色，代表着科技和理性，在一份业界 logo 选用的可视化案例分析中，蓝色是所有公司 logo 中选用最多的一种颜色，红色次之。在店铺装修中，蓝色常用于空调、冰箱等家电类目店铺主色调，如图 5-3-6 所示。

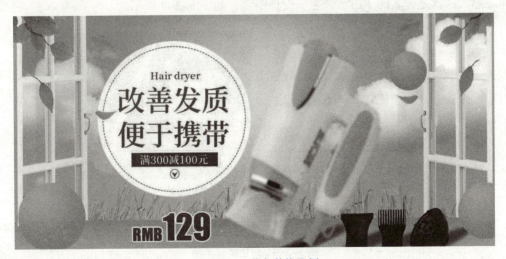

图 5-3-6　蓝色装修示例

6. 紫色

紫色光波长最短，眼睛对紫色光的细微变化分辨力弱，容易感到疲劳。紫色给人高贵、优越、奢华、幽雅、流动、不安的感觉，灰暗的紫色则是伤痛、疾病，容易造成心理上的忧郁、痛苦和不安的感觉。因此，紫色时而有胁迫性，时而有鼓舞性，在店铺日常装修中要慎重使用，很少店铺采用紫色作为店铺主色调，一般作为辅色或点缀色使用。由于淘宝平台"双 12"活动主色调为紫色，因此紫色风格的店铺设计常见于淘宝"双 12"活动中，如图 5-3-7 所示。

图 5-3-7　紫色装修示例

7. 白色

白色由全部可见光均匀混合而成，称为全色光。白色又是阳光的色，是光明色的象征。白色明亮、干净、卫生、畅快、朴素、雅洁，在人们的感情上，白色比任何颜色都清静、纯洁，但用之不当，也会给人以虚无、凄凉之感。选用白色作为主色调，来突出简洁、朴素和纯净之感，这就是著名的"白雪公主"设计语言，如图 5-3-8 所示。

图 5-3-8　白色装修示例

8. 黑色

黑色即没有光波的光，是没有颜色的色。在生活中，只要光照弱或物体反射光的能力弱，都会呈现出相对黑色的面貌。黑色对人们的心理影响可分为两类：一类是消极类，例如，在漆黑之夜或漆黑的地方，人们会有失去方向、失去办法的阴森、恐怖、烦恼、忧伤、消极、沉睡、悲痛、绝望甚至死亡的印象；另一类是积极类，黑色使人得到休息、安静、沉思、坚持、准备、考验，显得严肃、庄重、刚正、坚毅。在这两类之间，黑色还会有捉摸不定、神秘莫测、阴谋、耐脏的印象。在设计时，黑色与其他色彩组合，属于极好的衬托色，可以充分显示其他色的光感与色感，黑白组合，光感最强，最朴实，最分明，最强烈，如图 5-3-9 所示。

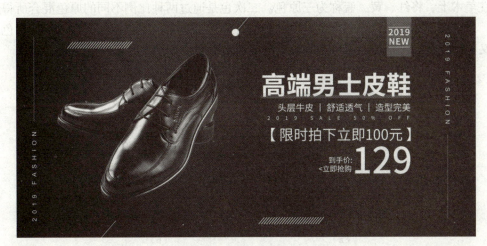

图 5-3-9　黑白组合装修示例

9. 灰色

灰色居于黑与白之间，属于中等明度，无彩度及低彩度的色彩。灰色的运用可谓是千变万化，不同明度的灰给人的感受完全不一样，高明度的灰给人以高雅、含蓄、耐人寻味的感觉，低明度的灰给人以沉稳、厚度、高端的感受，如图 5-3-10 所示。

图 5-3-10　灰色装修示例

（二）伊登 12 色相环

伊登 12 色相环由近代著名的色彩学大师美国籍教师约翰斯·伊登（Johannes Itten，1888—1967）先生设计，以三原色做基础色相，色相环中每一个色相的位置都是独立的，区分得相当清楚，排列顺序和彩虹以及光谱的排列方式是一样的。这十二个颜色间格都一样，并以 6 个补色对分别位于直径对立的两端，发展出 12 色相环。12 色相环是由原色、二次色和三次色组合而成的。色相环中的三原色是红、黄、蓝色，彼此势均力敌，在环中形成一个等边三角形，如图 5-3-11 所示。

图 5-3-11　伊登 12 色相环

在美术上,将红、黄、蓝称为三原色。二次色是通过两种比例不同的原色混合所得到的颜色,二次色又称为间色。三次色是用任意两种间色或者三个原色相混合而产生的颜色,三次色又称为复色,包括了除原色和间色以外的所有颜色。如图 5-3-12 所示。

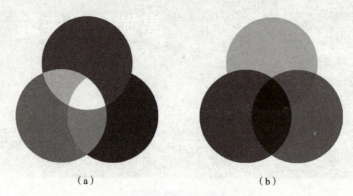

图 5-3-12 三原色

(a)色光三原色(加法混色)RGB;(b)色料三原色(减法混色)CMYK

(三)色彩三要素

大自然中的任何事物都有着各自的特点,色彩也不例外,色彩的属相有三种,分别为色相、饱和度和明度,如图 5-3-13 所示。它们是色彩中最重要的三个要素。这三种属性虽有相对独立的特点,但又相互关联、相互制约,它们是构成色彩的基本要素。

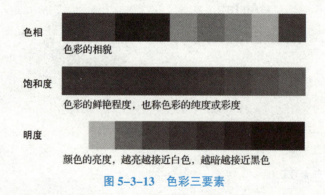

图 5-3-13 色彩三要素

1. 色相

色彩是由于物体上物理性的光反射到人眼视神经上所产生的感觉。色的不同是由光的波长的长短差别所决定的。作为色相,指的是这些不同波长的色的情况。波长最长的是红色,最短的是紫色。把红、橙、黄、绿、蓝、紫和处在它们各自之间的红橙、黄橙、黄绿、蓝绿、蓝紫、红紫这 6 种中间色——共计 12 种色作为色相环。在色相环上排列的色是纯度高的色,被称为纯色。这些色在环上的位置是根据视觉和感觉的相等间隔来进行安排的,用类似这样的方法还可以再分出差别细微的多种色来。

2. 饱和度

饱和度指色彩的纯度。在色彩学中,原色饱和度最高,随着饱和度降低,色彩变得暗淡直至成为无彩色，即失去色相的色彩。

3. 明度

明度是指色彩的明暗程度和深浅程度。明度又分为同一色相色彩的明度变化和不同色相之间色彩的明暗差别。任何事物都是在对比之下见其差别，色彩的明度对比是建立在明暗差别基调上的色彩对比方式，对比的强弱取决于明度的基调差别程度。明度基调一般是借用音乐语言表达的总体明度色感，分为高调、中调、低调。高明度基调是由白色及亮（浅）灰组成具有明快亮丽与高雅的感觉。中明度基调一般由中等明度的色组成，具有轻快、柔和、舒稳的色彩感觉。低明度的基调由黑色及暗（深）灰组成，具有重量感、沉实感、庄重与稳定的感觉。

（四）常见色彩搭配方式

颜色搭配分为无色系和彩色系两大类别，无色系通常采用黑、白、灰搭配，彩色系指采用红、橙、黄、绿、蓝、紫等颜色搭配，彩色系通常分为同色、相近色、类似色、中度色、对比色、补色这 6 种搭配方式，如图 5-3-14 所示。

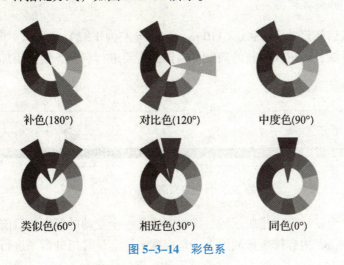

图 5-3-14　彩色系

二、店铺 PC 端首页布局

按照店铺模块种类进行划分，一般将店铺首页分为店招导航、海报、优惠券、首页视频、产品展示、页脚 6 个板块，如图 5-3-15 所示。其中产品展示可以有多组，首页视频模块可以根据需要确定是否制作。

三、京东店铺 PC 端首页装修

在京东店铺装修中，平台不限制内部样式表的使用，我们既可用行内样式表，亦可用内部样式表完成首页代码排版，但由于内部样式表的优越性，大多数店铺采用内部样式表完成代码编写，因此下面将以内部样式表讲解京东店铺装修。

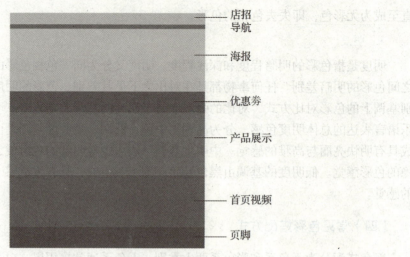

图 5-3-15 店铺模块种类划分

（一）店招导航模块排版

京东店铺默认店招尺寸为 1 920×110 px，默认导航为 1 920×40 px，如图 5-3-16 所示；如果采用自定义导航，店招和导航的高度可以根据需要进行调整，但店招加导航的总高度不得超过 150 px。

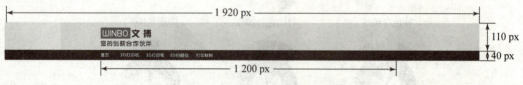

图 5-3-16 京东店铺默认尺寸

图中 1 200 px 为设计内容排版区域，排版区域是一个变动的范围，目前设计师常用的范围为 1 100~1 300 px，内容排版区域的大小是根据市场上计算机分辨率进行确定的，目前市场上最小的分辨率为 1 366×768 px，主流个人计算机分辨率在 1 920 px 及以上，如果设计排版区域超过计算机最大分辨率，会造成电脑端首页不能全屏显示，影响消费者的购物体验，案例中所使用的设计排版区域为 1 200 px，采用自定义导航。

STEP01：使用内部样式表完成盒子创建。在京东店铺代码编写过程中，既可以使用行样式表，也可以使用内部样式表，为了提高代码编写效率，下面采用内部样式代码编写。京东平台对类标签命名有着特殊要求，必须以 ".user_" 开头。

```
<!-- 内部样式表 BEGIN -->
<style>  .user_01{width: 1 920 px;height: 150 px;}  </style>
<!-- 内部样式表 END -->
<!-- 店招及导航 BEGIN -->
<div class="user_01"></div>
<!-- 店招及导航 END -->
```

STEP02：贴图。在完成盒子创建后，我们为盒子进行贴图，值得注意的是，"url（img/01.jpg）"括号中为图片地址，在本机编译时采用相对定位的本地图片，之后需要将所有的首页装修图片传到京东平台图片空间中，最后用图片空间中的图片地址替换本地图片地址。

```
<!-- 内部样式表 BEGIN -->
<style>    .user_01{width: 1 920 px;height: 150 px;background: url(img/01.jpg);}    </style>
<!-- 内部样式表 END -->
<!-- 店招及导航 BEGIN -->
<div class="user_01"></div>
<!-- 店招及导航 END -->
```

STEP03：实现超链接功能。由于平台屏蔽了图片热点代码，为了实现图片超链接功能，有两种方法：一种方法是将图片切成若干份，对每一张需要做超链接的图片制作图片链接；另一种方法是在图片上层建立若干个盒子，实现盒子的超链接功能。第一种方法工作量非常大，代码复杂；第二种方法十分简便，大大减少了工作量。

（1）创建 user_01_1 盒子，此部分为店招区域；创建 user_01_2 盒子，此部分为导航区域。接着对 user_01_2 继续分割，创建 user_01_2_1 盒子，此部分为导航对象（图 5-3-17）。由于内容设计排版区域为 1 200 px，因此 user_01_2_1 盒子与父层左侧有 360 px 距离（图 5-3-18）。最后通过盒子定位确定盒子位置，因为每一个超链接的设计宽度和高度相同，因此只需要创建一个选择器。

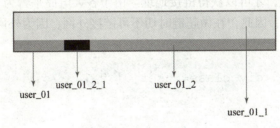

图 5-3-17　创建盒子

图 5-3-18　排列距离

```
<!-- 内部样式表 BEGIN -->
<style>
.user_01{width: 1 920 px;height: 150 px;background: url(img/01.jpg);}
.user_01_1{width: 1 920 px;height: 110 px;}
```

```
.user_01_2{width: 1 920 px;height: 40 px;}
.user_01_2_1{width: 100 px;height: 40 px;float: left;position:
 relative;left: 360 px;}
</style>
<!-- 内部样式表 END -->
<!-- 店招及导航 BEGIN -->
<div class="user_01">
    <div class="user_01_1"></div>
    <div class="user_01_2">
        <div class="user_01_2_1"></div>
        <div class="user_01_2_1"></div>
        <div class="user_01_2_1"></div>
        <div class="user_01_2_1"></div>
        <div class="user_01_2_1"></div>
    </div>
</div>
<!-- 店招及导航 END -->
```

（2）制作超链接，导航超链接主要通过"user_01_2_1"盒子来实现，最后我们只要为每一个小盒子增加上超链接，即可完成导航功能。为了方便本地编译和调试，我们采用"#"代替超链接地址，最后需要将链接地址改为真实的导航链接地址。分类导航链接，需要完成店铺后台产品分类设置，才可以获得链接地址。由于各大电商平台为了锁定站内流量外流，平台限制站外链接地址，因此，在做超链时切不可链接外网，因为外网地址会直接被平台过滤掉。

```
<a href="#">    <div class="user_01_2_1"></div>    </a>
```

（二）海报模块排版

海报模块分为单图海报和轮播海报，其中单图海报可以使用代码快速实现，轮播海报可以采用平台自带的轮播模块，而不用编写复杂的轮播代码，如图 5-3-19 所示。

图 5-3-19　海报模块排版

STEP01:创建盒子并贴图。

```
<!-- 内部样式表 BEGIN -->
<style>
  .user_02{width: 1 920 px;height: 696 px;background: url(img/02.jpg);}
</style>
<!-- 内部样式表 END -->
<!-- 全屏海报 BEGIN -->
<div class="user_02"></div>
<!-- 全屏海报 END -->
```

STEP02:实现超链接功能。

```
<!-- 内部样式表 BEGIN -->
<style>
  .user_02{width: 1 920 px;height: 696 px;background: url(img/02.jpg);}
</style>
<!-- 内部样式表 END -->
<!-- 全屏海报 BEGIN -->
<a href="#">    <div class="user_02"></div>    </a>
<!-- 全屏海报 END -->
```

(三)优惠券模块排版

为了获得优惠券领取地址,商家需要在后台完成优惠券发布,店铺优惠券种类多样,在网站首页发布的优惠券为店铺券或产品券,如图5-3-20所示。

图 5-3-20　优惠券模块排版

STEP01:创建盒子并贴图。

```
<!-- 内部样式表 BEGIN -->
<style>
  .user_03{width: 1 920 px;height: 387 px;background: url(img/03.jpg);}
</style>
<!-- 内部样式表 END -->
```

```
<!-- 优惠券 BEGIN -->
<div class="user_03"></div>
<!-- 优惠券 END -->
```

STEP02：实现超链接功能。通过使用Photoshop工具测量每个优惠券的大小：146×276 px，第1张优惠券左侧距离为360 px，顶部距离为196 px，第2~4张优惠券之间的间隔为24 px，在获取第二张优惠券left值时，不需要考虑第一张优惠券所占用的宽度，第二张优惠券left值为384 px（360 px+24 px），以此类推，第三张优惠券left值为408 px，第四张优惠券left值为432 px。

另一种方法，可以将优惠券大小设置为300×146 px，将优惠券之间的距离包含到优惠券盒子中去，这样我们只需命名一个类选择器就可以完成4张优惠券排版，大大简化代码编写，因为很少消费者领取优惠券时点击优惠券之间的缝隙领取。如图5-3-21所示。

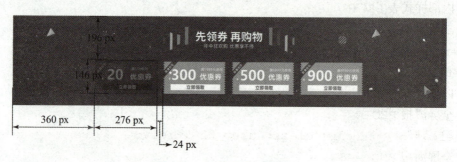

图 5-3-21　优惠券距离设置

代码如下：

```
<!-- 内部样式表 BEGIN -->
<style>
.user_03{width: 1 920 px;height: 387 px;background: url(img/03.jpg);}
.user_03_1{width: 276 px;height: 146 px;position: relative;left: 360 px;
top: 196 px;float: left;}
.user_03_2{width: 276 px;height: 146 px;position: relative;left: 384 px;
top: 196 px;float: left;}
.user_03_3{width: 276 px;height: 146 px;position: relative;left: 408 px;
top: 196 px;float: left;}
.user_03_4{width: 276 px;height: 146 px;position: relative;left: 432 px;
top: 196 px;float: left;}
```

```html
</style>
<!-- 内部样式表 END -->    <!-- 优惠券 BEGIN -->
<div class="user_03">
    <a href="#" target="_blank"><div class="user_03_1"></div></a>
    <a href="#" target="_blank"><div class="user_03_2"></div></a>
    <a href="#" target="_blank"><div class="user_03_3"></div></a>
    <a href="#" target="_blank"><div class="user_03_4"></div></a>
</div>    <!-- 优惠券 END -->
```

（四）产品展示模块

STEP01：创建盒子并贴图。

展品展示模块示例如图 5-3-22 所示，代码如下：

图 5-3-22　展品展示模块示例

```
<!-- 内部样式表 BEGIN -->
<style>
.user_04{width: 1 920 px;height: 1 649 px;background: url(img/04.jpg);}
</style>
<!-- 内部样式表 END -->
<!-- 产品展示 BEGIN -->
<div class="user_04">   </div>
<!-- 产品展示 END -->
```

STEP02：实现超链接功能。

（1）由于产品展示模块超链接较多，为了方便排版，首先将模块分为两个盒子，分别为"user_04_1"和"user_04_2"，通过 Photoshop 软件测量出"user_04_1"盒子大小为 1 920×743 px，"user_04_2"盒子大小为 1 920×906 px，如图 5-3-23 所示。

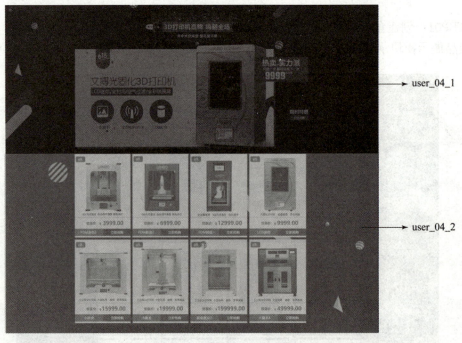

图 5-3-23　盒子大小示例

（2）接着对 user_04_2 模块进行分析，通过观察发现，这是两行四列排版，每一行的大小、定位数据相同（为了简化代码，将产品盒子之间的风险包含到盒子中），因此只需要创建一个类选择器"user_04_2_1_1"就可以完成第一行四个盒子的排版，最后通过复制第一行代码快速获得第二行代码，通过 Photoshop 软件测量出每一行"user_04_2_1"盒子大小为 1 920×435 px，"user_04_2_1_1"盒子大小为 300×435 px，与左侧距离 left 值为 360 px。

样式代码如下：

```
<!-- 内部样式表 BEGIN -->
.user_04{width: 1 920 px;height: 1 649 px;background: url(img/04.jpg);}
.user_04_1{width: 1 920 px;height: 743 px;}
.user_04_2{width: 1 920 px;height: 906 px;}
.user_04_2_1{width: 1 920 px;height: 435 px;}
.user_04_2_1_1{width: 300 px;height: 435 px;position: relative;
left: 360 px;float: left;}
<!-- 内部样式表 END -->
```

HTML 代码如下:

```
<!-- 产品展示 BEGIN -->
<div class="user_04">
    <!-- 产品海报 -->
    <a href="#">
        <div class="user_04_1"></div>
    </a>
    <!-- 产品列表 -->
    <div class="user_04_2">
        <!-- 第1行 -->
        <div class="user_04_2_1">
            <a href="#">   <div class="user_04_2_1_1"></div></a>
            <a href="#">   <div class="user_04_2_1_1"></div></a>
            <a href="#">   <div class="user_04_2_1_1"></div></a>
            <a href="#">   <div class="user_04_2_1_1"></div></a>
        </div>
        <!-- 第2行 -->
        <div class="user_04_2_1">...</div>
    </div>
</div>
<!-- 产品展示 END -->
```

（五）首页视频模块排版

为了凸显企业形象，可以在店铺首页放入企业宣传视频（图 5-3-24），京东平台对首页视频要求如下：

（1）视频大小：不超过 500 MB。

（2）视频时长：小于等于 180 s，且大于等于 30 s。

（3）视频格式：支持绝大多数视频格式。

（4）微软视频：.wmv、.aui、.dat、.asf。

(5) Real Player：.rm，.rmvb，.ram。

(6) MPEG 视频：.mpg，.mpeg。

(7) 手机视频：.3gp。

(8) Apple 视频：.mov。

(9) Sony 视频：.mp4，.m4v。

(10) DV 视频：.dvix，.dv。

(11) 其他常见视频：.mkv，.flv，.vob，.qt，.cpk，.fli，.flc，.mod。

图 5-3-24　企业宣传视频示例

STEP01：创建盒子，视频模块尺寸为：1 920×800 px。

```
<!-- 内部样式表 BEGIN -->
<style>
.user_05{width: 1 920 px;height: 800 px;background: black;}
</style>
<!-- 内部样式表 END -->
<!-- 首页视频 BEGIN -->
<div class="user_05"></div>
<!-- 首页视频 END -->
```

STEP02：插入视频，视频大小为 1 280×720 px。

其中 controls="controls" 为显示视频控制条，autoplay="autoplay" 为视频加载后自动播放。同时通过类选择器控制视频大小及位置。

(1) 样式代码如下：

```
.user_05_1{position: relative;left: 320 px;top: 40 px;}
```

(2) HTML 代码如下：

```
<video src="img/05.mp4" width="1 280 px" height="720 px" class="user_05_1" controls="controls" autoplay="autoplay">
</video>
```

（六）页脚模板排版

STEP01：创建盒子，页脚模块尺寸为 1 920×500 px，如图 5-3-25 所示。

图 5-3-25　页脚模板排版示例

```
<!-- 内部样式表 BEGIN -->
<style>
.user_06{width: 1 920 px;height: 500 px;background: url(./img/06.jpg);}
</style>
<!-- 内部样式表 END -->
<!-- 页脚 BEGIN -->
<div class="user_06"></div>
<!-- 页脚 END -->
```

STEP02：实现超链接功能。

我们借鉴前面产品展示模块的学习，将该模块分为两行，再针对每一行分别进行排版，第一行有 4 个超链接按钮，第二行仅有 1 个超链接按钮。

（1）分为两行，分别为 "user_06_1" 和 "user_06_2"，"user_06_1" 尺寸为 1 920×365 px，"user_06_2" 尺寸为 1 920×135 px，如图 5-3-26 所示。

图 5-3-26　模块分行

代码如下：

```
<!-- 内部样式表 BEGIN -->
<style>
    .user_06{width: 1 920 px;height: 500 px;background: url(./img/06.jpg);}
```

```
        .user_06_1{width: 1 920 px;height: 365 px;}
        .user_06_2{width: 1 920 px;height: 135 px;}
</style>
<!-- 内部样式表 BEGIN --><!-- 页脚 BEGIN -->
<div class="user_06">
        <div class="user_06_1"></div>
        <div class="user_06_2"></div></div><!-- 页脚 END -->
```

（2）实现超链接功能，第一行分为四个盒子，尺寸如图 5-3-27 所示，每个超链接盒子尺寸为 160×365 px，第一个盒子与左侧 left 值为 480 px，每个盒子之间距离为 100 px。

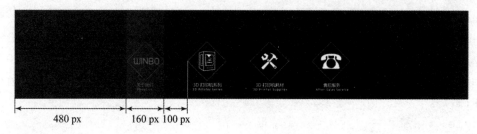

图 5-3-27　尺寸设置

样式代码如下：

```
<!-- 内部样式表 BEGIN -->
<style>
        .user_06{width: 1 920 px;height: 500 px;background: url(./img/06.jpg);}
        .user_06_1{width: 1 920 px;height: 365 px;}
        .user_06_1_1{width: 160 px;height: 365 px;float: left;position: relative;left: 480 px;}
        .user_06_1_2{width: 160 px;height: 365 px;float: left;position: relative;left: 580 px;}
        .user_06_1_3{width: 160 px;height: 365 px;float: left;position: relative;left: 680 px;}
        .user_06_1_4{width: 160 px;height: 365 px;float: left;position: relative;left: 780 px;}
        .user_06_2{width: 1 920 px;height: 135 px;}
</style>      <!-- 内部样式表 BEGIN -->
```

HTML 代码如下：

```
<!-- 页脚 BEGIN -->
<div class="user_06">
```

```html
<div class="user_06_1">
    <a href="#"> <div class="user_06_1_1"></div> </a>
    <a href="#"> <div class="user_06_1_2"></div> </a>
    <a href="#"> <div class="user_06_1_3"></div> </a>
    <a href="#"> <div class="user_06_1_4"></div> </a>
</div>
<a href="#"><div class="user_06_2"></div>       </a>
</div>       <!-- 页脚 END -->
```

项目任务 5-3-1　京东店铺 PC 端装修

实训任务：完成京东店铺 PC 端首页装修，请扫描二维码

四、淘宝店铺 PC 端装修

淘系平台分为淘宝平台和天猫平台两种，这两种平台的店铺所采用的旺铺类型又分为基础版、专业版和智能版。基础版、专业版和智能版的主要区别是在于其所能使用的模块尺寸，基础版旺铺可使用 190 px 和 750 px 两种模块，专业版可使用 190 px、750 px 和 950 px 三种模块，智能版可使用 190 px、750 px、950 px 和 1 920 px 四种模块。对于天猫平台，卖家可免费使用智能版旺铺，淘宝平台店铺信誉在一钻以下的卖家也可以免费使用智能版旺铺。

在淘系平台店铺装修中，平台限制内部样式表的使用，无论是淘宝 C 店还是天猫 B 店，在使用内部样式表方面都需要收费。因此绝大部分卖家都是采用行内样式表编写代码。因此下面将以行内样式表讲解淘系店铺装修，如图 5-3-28 所示。

图 5-3-28　行内样式表示例

（一）全屏店招及导航制作

淘宝店铺默认店招尺寸 950×120 px，默认导航尺寸 950×30 px（图 5-3-29），当然我们可以自定义店招和导航尺寸，当我们将店招设置为 950×110 px 时，导航就必须是 950×40 px，总高度不允许超过 150 px。

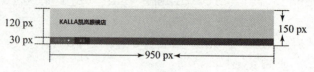

图 5-3-29　默认店招尺寸

1. 制作全屏店招及导航（保留系统导航）

店招部分采用自己设计的图片，导航采用系统导航，同时希望店招和导航能够实现全屏。
STEP01：制作页头文件。
（1）使用 Photoshop 软件新建 1 920×150 px、分辨率 72 像素/英寸图片。
（2）图片排版设计成如图 5-3-30 所示，图片格式采用 GIF、JPG、PNG 格式，大小不超过 200 KB。

图 5-3-30　页头文件

STEP02：上传页头背景图，单击左侧页头选项→更换页头文件（素材库"页头文件.jpg"）→不平铺→居中，如图 5-3-31 所示。

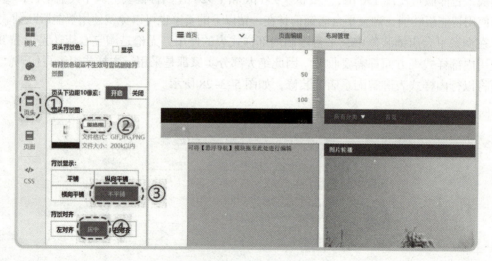

图 5-3-31　更换页头背景图

STEP03：更换配色，单击左侧配色选项→选择黑白色，如图 5-3-32 所示。
STEP04：编辑店招，单击店招模块→编辑→自定义店招，在编辑器输入 5 次回车键，单击"保存"按钮，如图 5-3-33 所示。

图 5-3-32 更换配色

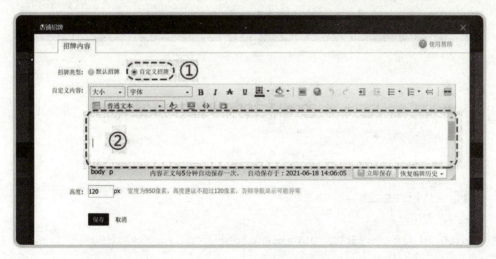

图 5-3-33 编辑店招

STEP05:添加导航菜单。

(1)添加宝贝分类,千牛后台→店铺管理→宝贝分类管理,添加分类。

(2)进入店铺装修界面,编辑导航→导航设置→添加,将宝贝分类选项打钩,单击"确定"按钮,如图 5-3-34 所示。

STEP06:发布并查看店铺,最终导航效果如图 5-3-35 所示。

2. 自定义店招及导航

在店铺装修中,有些设计师喜欢自己设计的店招和导航条,如图 5-3-36 所示。

STEP01:设计页头文件,并上传,页头文件尺寸为 1 920 × 150 px,导航设计区域为 950 px。

STEP02:更换页头文件(素材库/淘宝店铺 PC 端素材/0.jpg),不平铺,居中显示。

STEP03:实现导航超链接功能,这里编辑的代码将上传到店招自定义模块中,第一个盒子 950 × 120 px,对应页头文件店招区域,第二个盒子 950 × 30 px 对应页头文件导航区域,最后我们为每一个导航链接创建盒子 100 × 30 px。

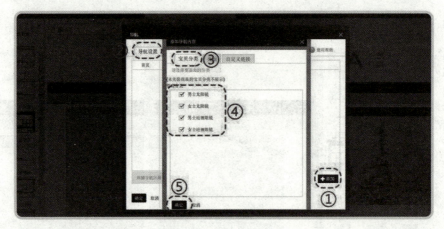

图 5-3-34 添加导航菜单

图 5-3-35 完成后的店招及导航效果

图 5-3-36 自定义店招及导航示例

```
<!-- 自定义店招 BEGIN-->
    <!-- 店招 -->
    <div style="width: 950 px;height: 120 px;"></div>
    <!-- 导航 -->
    <div style="width: 950 px;height: 30 px;">
        <a href="#"><div style="width: 100 px;height: 30 px;float: left;"></div></a>
        <a href="#"><div style="width: 100 px;height: 30 px;float: left;"></div></a>
        <a href="#"><div style="width: 100 px;height: 30 px;float: left;"></div></a>
        <a href="#"><div style="width: 100 px;height: 30 px;float: left;"></div></a>
        <a href="#"><div style="width: 100 px;height: 30 px;float: left;"></div></a>
    </div>
<!-- 自定义店招 END-->
```

STEP04：调整店招模块高度，将店招高度 120 px 改为 150 px，如图 5-3-37 所示。这样做的目的是隐藏系统导航，当高度设置为 150 px 时，系统导航栏将自动隐藏，虽然在后台编辑模式中仍可以看到系统导航，但在前端店铺页面中系统导航是不可见的。

STEP05：将导航超链接"#"改为真实的链接地址，并完成代码上传。

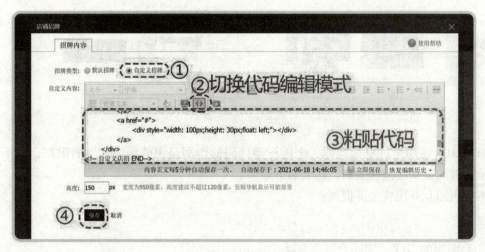

图 5-3-37　店铺调整

（二）海报模块制作

海报效果如图 5-3-38 所示。

图 5-3-38　海报效果

STEP01：新建项目。

打开 HBuilder 新建一个名为"KALLA"的基本 HTML 项目，并将图片复制、粘贴至项目 img 文件中。

STEP02：创建盒子并完成盒子贴图，打开项目下 index.html 网页，创建大小为 1 920×800 px 的盒子，并将海报图片 1.jpg 设置为盒子背景图片，具体代码如下：

```
<div style="width: 1 920 px;height:800 px;background: url(img/1.jpg);">
</div>
```

STEP03：将图片上传至淘宝平台图片空间，单击图片第二个按钮，如图 5-3-39 所示，复制图片链接地址，将代码中图片地址更换为图片空间地址。

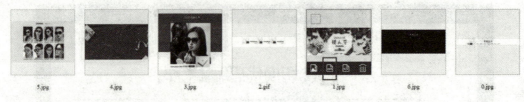

图 5-3-39　图片设置

STEP04：使用全屏框架代码，全屏框架代码的作用是突破淘宝通屏的限制，以下全屏代码是突破淘宝 950 模块限制，达到通屏效果。

淘宝店铺 950 模块全屏框架：

```
<div style="height:780 px;">
<!-- 总模块的高度，实际盒子高度减 20 -->
<div class="footer-more-trigger" style="width:1 920 px;top:auto;padding:0 px;
border:none;left:50%;">
<div class="footer-more-trigger" style="width:1 920 px;padding:0 px;
border:none;
left:-960 px;">
<!-- 可自行编辑的 DIV 模块 BEGIN -->
<!-- 可自行编辑的 DIV 模块 END -->
</div>
```

天猫店铺 950 模块全屏框架：

```
<div class="MaGong" data-time="1561877271" style="height:680 px;">
<!-- 总模块的高度，实际盒子高度减 20 -->
    <div class="sn-simple-logo" style="left:auto;right:auto;width:
990 px;height:700 px;
top:auto;padding:0;border:none;z-index:1;background:none;">
    <div class="sn-simple-logo" style="left:-465 px;top:0 px;
height:700 px;
width:1 920 px;border:none;padding:0;background:none;">
<!-- 可自行编辑的 DIV 模块 BEGIN -->
<!-- 可自行编辑的 DIV 模块 END -->
    </div>
```

```
        </div>
    </div>
```

全屏框架使用方法：

（1）将编写的盒子代码复制到"<!-- 可自行编辑的 DIV 模块 BEGIN -->...<!-- 可自行编辑的 DIV 模块 END -->"之间。

（2）修改总模块高度，总模块高度 = 自行编写的 DIV 模块高度 –20 px，20 px 为模块边距，因此总模块高度是实际模块高度减去 20 像素。

STEP05：创建 950 模块。

（1）装修页面→页面布局→新建 950 通栏→删除系统布局，如图 5-3-40 所示。

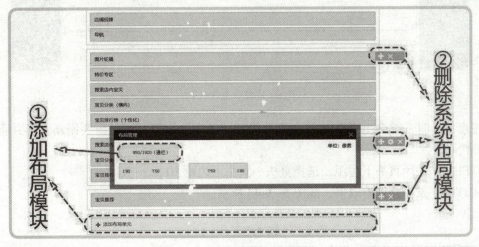

图 5-3-40　页面布局管理

（2）选择左侧模块菜单→选择 950 模块→自定义，将模块拖至编辑区域，如图 5-3-41 所示。

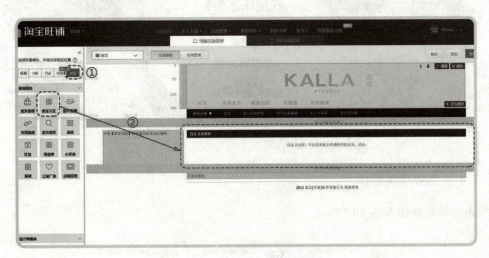

图 5-3-41　自定义内容区

STEP06：上传代码，复制代码→编辑模块→不显示标题→切换代码模式→粘贴代码，单击"确定"按钮，如图5-3-42所示。

图5-3-42 上传代码

注意：有时系统会出现BUG，会突然没有"确定"按钮，这时需要刷新页面并重新编辑上传代码。

STEP07：关闭页头下边距，选择页头→页头下边距 10 px →关闭。
SETP08：发布并查看效果，如图5-3-43所示。

图5-3-43 页面效果

（三）优惠券模块制作

优惠券模板如图5-3-44所示。

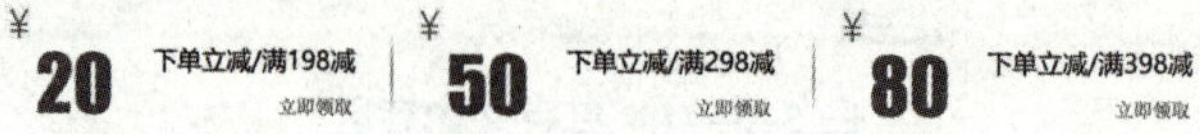

图5-3-44 优惠券模板

STEP01：创建盒子并完成盒子贴图。

打开项目下 index.html 网页，创建大小为 1 920×300 px 的盒子，并将海报图片"2.gif"设置为盒子背景图片，具体代码如下：

```
<div style="width: 1 920 px;height:300 px;background: url(img/2.gif);">
</div>
```

STEP02：完成超链接制作。

（1）使用 Photoshop 软件测量出优惠券尺寸，如图 5-3-45 所示。

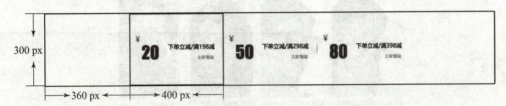

图 5-3-45　优惠券尺寸测量

（2）完成代码编写。

```
<div style="width: 1 920 px;height: 300 px;background: url(img/2.gif);">
     <a href="#">     <div style="width: 400 px;height: 300 px;position: relative;left: 360 px;float: left;"> </div>     </a>
     <a href="#">     <div style="width: 400 px;height: 300 px;position: relative;left: 360 px;float: left;"> </div>     </a>
     <a href="#">     <div style="width: 400 px;height: 300 px;position: relative;left: 360 px;float: left;"> </div>     </a>
</div>
```

STEP03：发布优惠券，将链接更换为优惠券链接。进入后台→营销中心→店铺营销工具→优惠券→复制链接。

STEP04：将优惠券图片上传至相册，将代码中的图片地址更换为相册地址。

STEP05：套用全屏框架，上传代码至店铺，发布并查看效果。

（四）产品展示模块制作

产品展示页设计如图 5-3-46 所示。

STEP01：创建盒子并贴图。

STEP02：实现超链接功能。

图 5-3-46　产品展示页设计

```
<div style="width: 1 920 px;height:1 200 px ;background: url(img/5.jpg);">
    <!-- 第一行 -->
    <div style="width: 1 200 px;position: relative;left: 360 px; top: 157 px;">
        <a href="#"> <div style="width: 300 px;height: 497 px; float: left;"></div>        </a>
        <a href="#"> <div style="width: 300 px;height: 497 px; float: left;"></div>        </a>
        <a href="#"> <div style="width: 300 px;height: 497 px; float: left;"></div>        </a>
        <a href="#"> <div style="width: 300 px;height: 497 px; float: left;"></div>        </a>
    </div>
    <!-- 第二行 -->
</div>
```

STEP03：上传图片至图片空间，并将代码中的图片地址改为图片空间地址。

STEP04：将超链接"#"更改为产品详情页链接地址。

STEP05：采用全屏框架。

STEP06：新建 950 自定义模块，完成代码上传。

（五）视频模块制作（见图 5-3-47）

图 5-3-47　视频模块设计图

STEP01：上传视频，千牛后台→店铺管理→图片空间→视频，PC 端首页视频时长不超过 3 min，大小不超过 300 MB，支持的视频格式有 wmv、avi、mpg、mpeg、3 gp、mov、mp4、flv、f4v、m2t、mts、rmvb、vob、mkv。

STEP02：创建盒子并贴图。

```
<div style="width: 1 920 px;height: 1 029 px;background: url(img/4.jpg) ;">
</div>
```

STEP03：插入视频，淘宝视频只支持 <embed></embed> 标签。
——allowfullscree 支持全屏播放。
——src 为视频地址。

①购买视频。使用视频服务必须首先购买视频服务，淘宝平台的视频服务是收费的，视频服务购买流程：千牛后台→我订购的服务→服务市场→搜索"淘宝视频服务"→选择 2 个视频 7 天免费使用。购买后可以做图片空间找到视频进行上传，上传成功后需要等待审核通过后方可使用。

②将视频发布至店铺首页。视频上传成功并审核通过后，还需要进入视频空间，单击视频下方的按钮"发布至店铺"。

视频代码如下：

```
<div style="width: 1 920 px;height:1 029 px;background: url(img/4.jpg) ;">
    <embed allow full screen="true" src="img/04.mp4" height="540" width="1 280" style="position: relative;left: 320 px;top: 244 px;">
    </embed>
</div>
```

STEP04：采用全屏框架。

STEP05：新建 950 自定义模块，完成代码上传。

（六）页脚模块制作

完成盒子创建并贴图（图 5-3-48），代码如下：

图 5-3-48　页脚模块设计图

```
<div style="width: 1 920 px;height: 430 px;background: url(img/6.jpg);">
</div>
```

项目任务 5-3-2　淘宝店铺 PC 端装修

实训任务：完成淘宝店铺 PC 端首页装修，请扫描二维码

任务 4　App 端首页装修

【知识目标】
1. 了解 App 端各容器功能。
2. 掌握 App 端首页布局原则及板块设置。

【技能目标】
1. 学会多热点切图容器使用方法。
2. 能够完成 App 端首页装修。

自电子商务进入移动电子商务时代，店铺 90% 以上的流量来源于移动端，因此做好 App 端首页装修对店铺运营具有十分重要的影响。与 PC 端页面装修相比，App 端首页装修相对容易得多，无须编写任何代码，即可快速完成装修。由于京东平台 App 端装修与淘宝平台类似，本任务将以淘宝平台 App 端首页装修为例进行讲解。

一、淘宝平台 App 后台介绍

2021年，淘宝 App 端装修版本从 App1.0 升级为 App2.0 版本，在许多功能方面有了重大调整。

（一）新版页面装修功能构成

新版页面装修主要由以下五大功能组成，分别为容器列表、装修预览、模块编辑、展现规则设置和预览/发布，如图 5-4-1 所示。其中容器列表和展现规则设置为新版页面装修所独有的功能，其他功能则与旧版基本没有差别。

图 5-4-1　新版页面装修功能构成

（二）定时发布功能

对某个未发布状态的页面设定发布时间，使该页面在相应时间点无须手动操作即可自动发布上线，使用方法（图 5-4-2）如下：

①在新版旺铺后台→首页列表中，找到"未发布"状态的类型。
②在该页面对应的最右侧，单击"更多"选项按钮，选择"定时发布"选项。
③设定发布时间，并勾选"设为默认首页"选项（必须勾选，否则用户不可见）。
在"未发布"状态的页面装修编辑器中也支持定时发布，相关操作与上述第③步一致。

（三）人群定投功能

为了帮助商家提升运营效率和精细化运营能力，新版店铺上线了首页页面级人群投放功能，并将原位于"客户运营平台"的个性化首页投放、AB& 策略优先级设置等功能整体迁移至新版旺铺后台。一旦开启新版店铺首页页面人群投放功能，旧版店铺首页的页面人群

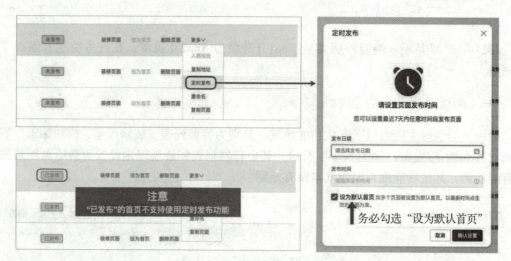

图 5-4-2 定时发布功能使用方法

投放能力将失效,且数据会清空,开启前一定要做好相关前期数据记录。具体投放操作流程如下:

STEP01:在新版旺铺页面中可直接选择投放人群;确保已经升级新版店铺,在"店铺页面"→"手淘首页"→"页面管理"中可直接选择需要定向人群投放的页面,单击"更多"选项选择"人群投放"进行人群投放。

STEP02:选择该页面投放人群。

①在人群选择浮层中,包含"官方推荐""渠道同步""行业定制""自定义人群"四类人群,可选择需要投放的人群名称,或单击"新建人群"选项去"客户运营平台"新建人群。

②选中人群后,单击浮层右下角"使用人群"选项,即投放成功。

二、主要容器功能介绍

容器是介于页面和模块之间的,是帮助商家进行页面布局管理的容器/楼层。在 App2.0 版本中,页面布局(模块上下顺序)由容器来管理和控制,不同容器允许放置不同数量的模块;但具体通过哪个模块则由算法根据用户的行为偏好进行辅助展现,从而达到点击、转化效率的优化。

(一)单图海报模块

1. 功能描述

单图海报是基础图文类模块之一,整张图片仅允许使用单个二跳页,并且支持圈选商品池自动生成微详情页作为二跳页;相较于多热区切图,单图海报更强调单张图片的表现力,信息的可读性比较好。

项目五 电子商务页面编辑模块 111

2. 适用场景

（1）单商品引导成交：为推荐度最高的店铺商品进行表达强化和引导成交（直接使用商品详情页承接）。

（2）多商品引导成交：为店铺某类、某系列商品进行主题化表达和"种草"、引导成交（推荐使用微详情页承接）。

3. 使用步骤（图 5-4-3）

STEP01：将"单图海报"从左侧容器列表拖拽至中间的页面装修预览区域。
STEP02：在右侧分别完成"模块名称""选择图片"和二级承接方式选择。
STEP03：全部完成后，务必先单击下方"保存"按钮再进行页面的发布。

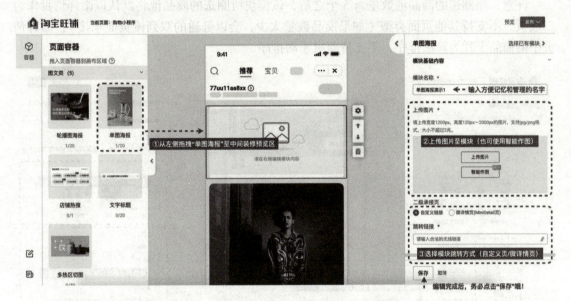

图 5-4-3 使用步骤

（二）系列主题宝贝模块

1. 功能描述

系列主题宝贝模块是全新推出的货架类模块，主要用于具备同类型心智的商品组合，圈选的商品池会自动生成微详情页作为二跳页（仅在单击模块的"查看全部"时触发）；相较于智能宝贝推荐模块，系列主题更强调"主题和系列"的统一表达（智能宝贝推荐在设计上仅强调列表的基础规范）。

2. 适用场景

（1）系列商品组货：在平台行业/类目体系之外，根据商家/品牌进行"系列"的归纳并形成商品池（例如：某运动鞋在平台类目结构下属于"板鞋"，但某品牌可以将其归纳于"空军一号系列"）。

（2）主题商品组货：在平台行业/类目体系之外，根据商家/品牌进行"主题"的归纳并形成商品池（例如：某商家可以将"春季上新"作为一个主题，圈选出符合该主题的商品进行组合;也可以将"尾货清仓"作为主题)。

(3)榜单商品组货:在平台行业/类目体系之外,根据商家/品牌进行"榜单"的归纳并形成商品池(例如:某商家可以将"年度热销"作为一个榜单,圈选出符合该主题的商品进行组合)。

3. 使用步骤(图5-4-4)

STEP01:将"系列主题宝贝模块"从左侧容器列表拖拽至中间的页面装修预览区域。
STEP02:在右侧分别完成"模块名称""选择样式"和"主题标题"的内容填充。
STEP03:上传对应主题标题的氛围背景图(注意不同样式的氛围图尺寸有所差异)。
STEP04:全部完成后,务必先单击下方"保存"按钮再进行页面的发布。

注意:当圈选的商品池数量≥5个之后,该模块所圈选的商品池将默认以微详情页作为二级页,不支持其他页面类型(如果商品数量太少,会以普通的双列流页面承接);微详情页中的商品卡片为算法排序,不支持商家手动排序。

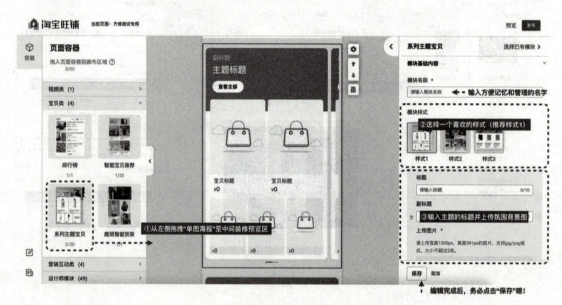

图5-4-4 使用步骤

(三)轮播海报模块

1. 功能描述

轮播海报是基础图文类模块之一,单个模块内至多允许放置4张同尺寸的图片,每张图片允许关联1个跳转链接。

2. 适用场景

适用于一组商品、一组主题的呈现。

3. 注意事项

同一模块内的图片尺寸必须保持一致,目前图片顺序为算法调控,与实际装修的顺序可能存在差异。

4. 使用步骤（图 5-4-5）

（1）将"轮播海报"从左侧容器列表拖拽至中间的页面装修预览区域。

（2）在右侧分别完成"模块名称""选择图片"和跳转链接。

（3）全部完成后，务必先单击下方"保存"按钮再进行页面的发布。

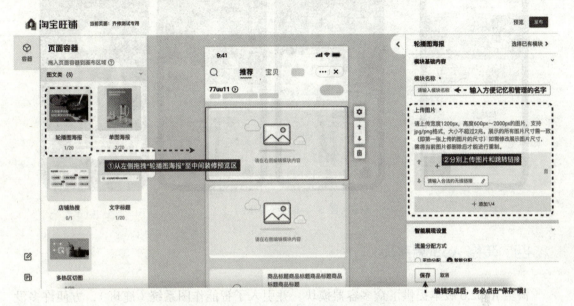

图 5-4-5 使用步骤

（四）新版直播模块

深度融合店铺框架和直播间，加强直播浏览体验，持续提升店铺直播开启量和直播间到达率（图 5-4-6）。

三、店铺 App 端首页布局

在 App 店铺装修中，我们将店铺板块分为系统板块和自定义板块两类，系统板块指具有特定功能的板块，如店铺热搜、人群海报、排行榜、智能宝贝推荐等，这些板块展示信息会随着消费者、店铺数据的变化而变化。自定义板块指的是商家自行编辑和排版的模块，不会随着消费者、店铺数据变化而变化，会向所有的消费者展示相同的信息。绝大部分店铺采用系统板块和自定义板块相结合的装修方式。对于系统板块，我们可根据需要灵活性地选择系统板块。

按照各个板块功能划分，一般将店铺首页分为海报、优惠券、单图文海报、视频、产品展示 5 个板块。

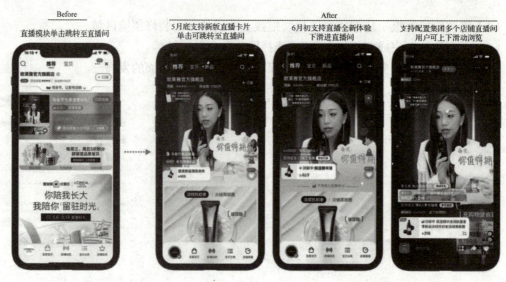

图 5-4-6　直播示例

四、装修 App 端首页

淘宝 App2.0 版本提供了众多容器模块，并引入了智能作图系统（鹿班），方便许多没有 Photoshop 基础的商家完成 App 端页面装修，智能作图系统十分简单快捷，此处不再介绍，下面重点讲解通过多热区切图容器完成商家自定义模块的装修。

淘宝 App2.0 版本对页面设计图尺寸进行了调整，舍弃了 640 px、750 px 宽度的尺寸设计，将所有设计图宽度尺寸统一为 1 200 px，每个容器模块高度不得超过 2 000 px。因此在设计美工图时，要按照 1 200 px 宽度进行设计，完成美工图设计后，将美工图装修到 App 端首页，具体操作步骤如下：

STEP01：切图，将美工设计图切成若干个宽度为 1 200 px 且高度不超过 2 000 px 的图片，如图 5-4-7 所示。

图 5-4-7　切图

STEP02：上传图片，将所有切好的图片上传至图片空间。千牛后台→店铺管理→图片空间→新建文件夹名为 app，将图片上传至 app 文件夹，如图 5-4-8 所示。

图 5-4-8　上传图片

STEP03：进入店铺装修界面，千牛后台→店铺管理→店铺装修→新增多热区切图至装修预览区→将模块名称命名为海报，如图 5-4-9 所示。

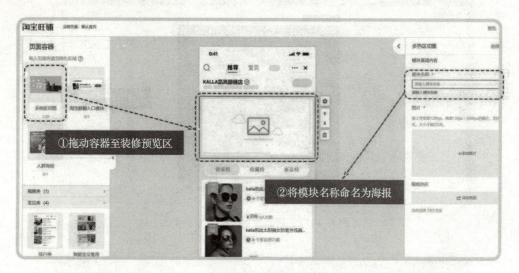

图 5-4-9　店铺页面装修

STEP04：单击添加图片→选择图片空间"APP_01.jpg"图片→将尺寸设置为 1 200 × 1 200 px→单击"保存"按钮，如图 5-4-10 所示。

STEP05：通过热点实现超链接功能。添加热区→拖动热区布满整个海报→单击超链接设置按钮→宝贝链接→选择对应产品→单击"确定"按钮→单击"完成"按钮单击"保存"，如图 5-4-11、图 5-4-12 所示。

STEP06：以同样的方法完成剩下图片的排版。

STEP07：根据需要适当添加系统板块。

图 5-4-10　添加图片并保存

图 5-4-11　超链接功能实现（一）

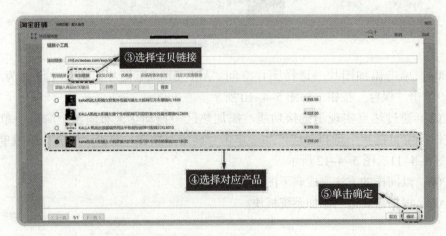

图 5-4-12　超链接功能实现（二）

项目任务 5-4　淘宝店铺 App 端装修
实训任务：完成淘宝店铺 App 端首页装修，请扫描二维码。

项目六

电子商务安全

任务1 电子商务交易安全需求及技术

学习目标

【知识目标】

1. 了解电子商务安全基本概念。
2. 了解电子商务交易安全需求。
3. 熟悉电子商务安全技术。

【技能目标】

1. 掌握防火墙设置。
2. 掌握一两种加密算法。

背景知识

CNNIC 的报告

任务导入

现有两家公司想签订一份交易合同,A 公司在广州,B 公司在上海,由于疫情原因,A 公司和 B 公司想通过网络直接签订合同。

(1)面对无交易中心的两个公司从事网上交易,此类电子商务交易可能会遇到哪些安全问题?

（2）A公司用Word文档拟好合同，并设打开密码，用邮件发给B公司，请问这种方式能保护好交易合同的保密性吗？有什么更好的方法？

（3）如使用替换加密方法加密合同，请你为此加密设置密钥。

思考：如用RAR对合同压缩，并设置压缩密码，你认为是否能保护好交易合同的保密性？为什么？

任务分解与实施

一、电子商务安全概述

（一）电子商务安全概念

电子商务的一个重要特征是利用计算机网络来处理和传输商业信息。因此，电子商务安全整体上可分为两大部分：一是计算机网络安全；二是电子商务交易安全。

计算机网络安全是指计算机网络系统的硬件、软件及其系统中的数据受到保护，不因自然和人为因素而受到破坏、更改、泄露，系统可以连续可靠正常地运行，网络服务不被中断。

电子商务交易安全是指开展电子商务交易所产生的各种安全问题，也就是在计算机网络安全的基础上如何保障电子商务交易过程的顺利进行，即实现电子商务的保密性、完整性、可认证性、不可否认性和有效性。

思考：电子商务面临哪些安全威胁？

（二）电子商务交易安全需求

电子商务交易安全需求涉及面广，在开展电子商务过程中主要涉及以下安全需求：

（1）保密性：指信息内容不被指定以外的人所知悉。交易中的商务信息一般有保密要求，尤其是涉及一些商业机密及有关支付等的敏感信息，不能随便被他人获取。

（2）完整性：指信息不被篡改、不被遗漏。交易双方所达成的合同、协议及有关文件等，不能被没有授权的人篡改，也不应被有授权的某一方随意修改。

信息的完整性包括信息传输和存储两个方面，在存储时，要防止非法篡改和破坏网站上的信息。传输时，要保证接收端收到的信息与发送的信息一样。

（3）可认证性：指交易双方在进行交易前就能鉴别和确认对方的身份。参与交易的人或机构，首先要确认对方的身份，确定对方的真实身份与对方所声称的是否一致，而且要能够通过某种方法方便而可靠地确认对方身份。

（4）不可否认性：指保证发送方不能否认自己发送了信息，同时接收方也不能否认自己接收到信息。一条信息或商业文件被发送或被接收后，应通过一定的方式，保证该信息或商业文件的收发都有足够的证据，证明接收或发送的操作已经发生，以防止交易的任何一方抵赖、否认交易情况的发生。

（5）有效性：指电子数据在交易活动中是有效的且可靠的。电子商务以电子形式取代了纸张，因此保证电子形式的贸易信息的有效性，成为开展电子商务的前提。

电子贸易数据在确定的时刻、确定的地点是可呈现的。

电子贸易数据是可接收的，其有效性受法律或行业等组织保护。

二、电子商务安全技术

电子商务安全技术包括计算机网络安全和电子商务交易安全，电子商务安全技术是电子商务成功发展的关键技术。下面对防火墙、加密技术、身份认证技术、安全协议等常用的电子商务安全技术进行介绍。

（一）防火墙

1. 什么是防火墙

防火墙是位于两个（或多个）网络间实施网络之间访问控制的一道安全屏障。它是一种硬件和软件的组合，通过在内网和外网之间建立网关，执行指定的安全控制策略，控制数据流的流动，只允许合法的通过，达到保护内部网免受外部非法用户侵入的目的。

防火墙在逻辑上是一个分离器、一个限制器、一个分析器，有效地监控了内部网和外网（如 Internet）之间的任何活动，保证了内部网络的安全。

防火墙通常采用两种设计原则：

（1）除非明确允许，否则将禁止某种服务。

（2）除非明确禁止，否则将允许某种服务。

执行第一种策略的防火墙在默认情况下禁止所有服务，除非管理员对某种服务明确表示允许。执行第二种策略的防火墙在默认情况下允许所有服务，除非管理员对某种服务明确表示禁止。

2. 防火墙的分类

按实现方式分类，防火墙主要分为硬件防火墙和软件防火墙。

（1）硬件防火墙：它是通过硬件和软件的结合来达到隔离内外网络的目的，价格较贵，但效果较好。

（2）软件防火墙：是通过纯软件的方式来实现，价格很便宜，但这类防火墙只能通过一定的规则来达到限制一些非法用户访问内部网的目的。

按技术分类，防火墙主要分为包过滤型防火墙和代理服务型防火墙。

（1）包过滤型：是基于网络层的防火墙，它就像一个开关电路，通过在网络边界上定义对哪些地址或端口的访问是允许的（或禁止的），从而有效地控制数据的进出，达到保护网络安全的目的。

这种防火墙的优点是简单、方便、速度快、透明性好，对网络性能影响不大，但缺乏用户日志和审计信息，缺乏用户认证机制，不具备审核管理，且过滤规则的完备性难以得到检验，复杂过滤规则的管理也比较困难。因此，包过滤型防火墙的安全性较差。

（2）代理服务型：是基于应用层的防火墙，它在网络边界上使用代理服务来保护内部网络。代理服务器对内部网来说就像一台真的服务器，接受所有内部用户的访问请求，而对互联网来说又像是一台客户机，将内部用户的请求转发到互联网上，并将返回结果转给内部用户。可见代理服务器就像一堵墙一样挡在内部用户和互联网之间，从互联网上只能看到代理服务器而看不见内部资源，较好地保护了内部网络。

这种防火墙能完全控制网络信息的交换，控制会话过程，具有灵活性和安全性，但可能影响网络的性能，对用户不透明，且对每一种服务器都要设计一个代理模块，建立对应的网关层，实现起来比较复杂。

3. 防火墙的作用与局限性

防火墙对流经它的网络通信进行扫描，这样能够过滤掉一些攻击，以免其在目标计算机上被执行。防火墙还可以关闭不使用的端口，而且它还能禁止特定端口的流出通信，封锁特洛伊木马。最后，它可以禁止来自特殊站点的访问，从而防止来自不明入侵者的所有通信。概括地说，防火墙有以下几方面的作用：

（1）限制他人进入内部网络，过滤掉不安全的服务和非法用户。
（2）允许内部网的一部分主机被外部网访问，另一部分被保护起来。
（3）限定内部网的用户对互联网上特殊站点的访问。
（4）为监视互联网安全提供方便。

虽然防火墙可以提高网络的安全性，但也存在缺陷和不足，防火墙有以下局限性：

（1）防火墙限制了有用的网络服务。
（2）不能防范不经由防火墙的攻击。
（3）不能防范内部攻击。
（4）不能防范新的网络安全问题。

4. Win10防火墙设置

利用Win10自带防火墙设置以下规则：限制某个IP（如13.13.13.13）访问本机；限制本机访问某个IP（如14.215.177.38）。

知识扩展

Win10防火墙设置请扫描二维码

（二）加密技术

电子商务安全技术的核心技术是数据加密技术，下面介绍数据加密技术的几个概念。

1. 密码学概念

密码学：密码学是研究密码编制和密码分析的一门科学，它涉及数学、物理、计算机科学、电子学、系统工程、语言等学科内容，着重研究消息的变形及其复现。

明文：待加密的信息，一般用M（Message）表示。

密文：经过伪装后的明文，一般用C（Cipher）表示。

加密：用某种方法伪装信息并隐藏它的内容的方法称作加密（指对数据进行编码，使其看起来毫无意义，同时仍保存可以恢复的形式）。

解密：把密文转变为明文的过程称为解密。

加密算法：由明文到密文的加密变换规则（或函数）。

解密算法：由密文到明文的解密变换规则（或函数）。

密钥：指参与加密及解密算法的关键数据。没有它明文不能变成密文，密文不能变成明文。一般用 K（Key）表示。

2. 密码学分类

按保密程度划分：理论上保密的密码、实际上保密的密码、不保密的密码。

按加解密密钥是否相同划分：对称式密码、非对称式密码。

按编制原理划分：移位密码、代替密码（替代密码）、置换密码（换位密码）。

3. 对称加密与非对称加密

对称加密体制：加密和解密使用相同的密钥，如 DES、3DES、IDEA。

非对称加密体制：加密和解密使用不同的密钥，如 RSA、DSA。

对称加密和非对称加密的比较见表 6–1–1。

表 6–1–1　对称加密和非对称加密的比较

项目	对称加密	非对称加密
代表算法	DES	RSA
主要特征	加解密使用相同的密钥	加解密使用不同的密钥
主要优点	加解密速度快	公钥可公开，提供数字签名的功能
主要缺点	密钥传输困难，密钥需共享	密钥生成费时，加解密速度慢，成本高
用途	用来做大量资料的加密	用来加密小文件或数字签名

（三）身份认证技术

身份认证技术是一种用于鉴别、确认用户身份的技术。

计算机网络世界中一切信息包括用户的身份信息都是用一组特定的数据来表示的，计算机只能识别用户的数字身份，所有对用户的授权也是针对用户数字身份的授权。

如何保证以数字身份进行操作的操作者就是这个数字的身份合法拥有者，也就是说保证操作者的物理身份与数字身份相对应，身份认证技术就是为了解决这个问题。

在现实世界中，验证一个人的身份主要通过三种方式：

（1）根据你所知道的信息来证明身份（What You Know），如账号、密码、生日等。

（2）根据你所拥有的物品来证明身份（What You Have），如智能卡、身份证、密钥盘等。

（3）直接根据你独一无二的生物特征来证明身份（Who You Are），如指纹、脸部特征等。

参照以上三种方式，现在计算机及网络系统中常用的身份认证方式主要有以下几种：

1. 用户名/密码认证方式（静态密码）

用户名/密码认证方式是最简单也是最常用的身份认证方法，是基于"what you know"

的验证手段。每个用户的密码是由用户自己设定的，只有用户自己才知道。只要能够正确输入密码，计算机就认为操作者是合法用户。

2. 智能卡（IC卡）认证方式

智能卡是一种内置集成电路的芯片，芯片中存有与用户身份相关的数据，智能卡由专门的厂商通过专门的设备生产，是不可复制的硬件，是基于"what you have"的验证手段。智能卡由合法用户随身携带，登录时必须将智能卡插入专用的读卡器读取其中的信息，以验证用户的身份。

3. 短信密码认证方式

短信密码以手机短信形式请求包含若干位（常用6位）随机数的动态密码，身份认证系统以短信形式发送随机的密码到客户手机上。客户在登录或者交易认证时输入此动态密码，从而确保系统身份认证的安全性。它利用"what you have"方法。

4. 动态口令认证方式

动态口令牌是客户手持用来生成动态密码的终端，主流的是基于时间同步方式的，每60 s变换一次动态口令，口令一次有效，它产生6位动态数字进行一次一密的方式认证。也利用"what you have"方法，也是一种动态密码，是一种比较安全的身份认证方式。

5. USB Key 认证方式

USB Key是一种USB接口的硬件设备，它内置单片机或智能卡芯片，可以存储用户的密钥或数字证书，利用USB Key内置的密码算法实现对用户身份的认证。

基于USB Key身份认证系统主要有两种应用模式：一种是基于冲击/响应的认证模式，另一种是基于PKI体系的认证模式。目前常用于电子政务、网上银行。

6. 生物特征认证方式

生物特征认证是指采用每个人独一无二的生物特征来验证用户身份的技术，是基于"who you are"的验证手段。常见的有指纹识别、虹膜识别等。

从理论上说，生物特征认证是最可靠的身份认证方式，因为它直接使用人的物理特征来表示每个人的数字身份，不同的人具有不同的生物特征，因此几乎不可能被仿冒。

为提高身份认证的安全性，常将两种认证方法结合起来使用，即所谓的双因素认证，如静态密码＋手机短信、动态口令牌＋静态密码、USB Key＋静态密码等。

（四）安全协议

电子商务安全交易协议是一种旨在通过验证买卖双方身份，确保网上交易安全的方法。常用的有：

（1）安全超文本传输协议（S-HTTP）。

（2）安全套接层协议（SSL 协议：Secure Socket Layer）。

（3）安全交易技术协议（STT: Secure Transaction Technology）。

（4）安全电子交易协议（SET: Secure Electronic Transaction）。

任务小结

能力训练

一、选择题

1. 用户可以采用自己的私钥对信息加以处理，由于密钥仅为（　　）所有，因此形成了数字签名。

   A. 本人   B. 一组用户

   C. 一对用户   D. 金融机构

2. 生物识别认证依据人类自身所固有的生理或行为特征进行识别。以下哪些特征、行为可作为识别依据？（　　）

   A. 指纹   B. DNA

   C. 笔迹、步态   D. 声音、签名

3. 交易双方所达成的合同、协议及有关文件等，不能被没有授权的人篡改，也不应被有授权的某一方随意修改。这是指（　　）。

   A. 信息的保密性

   B. 信息的完整性

   C. 通信的不可抵赖，不可否认性

   D. 信息的有效性

4. 安全套接层协议的英语简称是（　　）。

   A. SSL   B. S-HTTP

   C. STT   D. SET

5. SET 是用于在互联网上进行在线交易时保证信用卡支付安全而设立的一个开放规范，是由美国哪两大组织联合推出的？（　　）

   A. Visa 和 MasterCard   B. Microsoft 和 IBM

   C. Visa 和 IBM   D. Microsoft 和 MasterCard

6. 最著名的公钥加密算法为（　　）。

   A. DES   B. Triple DES

   C. SET   D. RSA

二、填空题

1. 包过滤型是基于_____的防火墙，它就像一个开关电路，通过在网络边界上定义对哪些地址或_____的访问是允许的（或禁止的），从而有效地控制了数据的进出，达到保护网络安全的目的。

2. 电子商务安全技术从整体上可分为两大部分：一是计算机网络安全；二是_____。

三、简答题

1. 电子商务交易安全有哪些要求？
2. 对称加密与非对称加密有何区别？

四、实操题

请用移位加密法加密明文"HE LIVES IN A BIG HOUSE"，求密钥 k=1 和 k=3 时加密后的密文。

技能拓展

任务 2　电子商务交易安全解决方案、策略及日常防范

学习目标

【知识目标】
1. 了解电子商务交易安全解决方案。
2. 了解电商平台电子商务交易策略。
3. 了解电子商务安全日常防范。

【技能目标】
1. 掌握密码设置技巧。
2. 掌握电子商务交易安全日常防范技巧。

背景知识

电子认证发展现状

任务导入

现有两家公司想签订一份交易合同，A 公司在广州，B 公司在上海，由于疫情原因，A 公司和 B 公司想通过网络直接签订合同。

1. A 公司有什么办法确认 B 公司是真正的 B 公司，而不是假冒的？
2. 为确保 A 公司和 B 公司网上交易顺利进行，用什么方法可以解决此类电子商务交易安全问题？

思考：如果 A 公司和 B 公司都是阿里巴巴平台会员，通过阿里巴巴平台交易是否更安全些？此时交易安全防范要注意哪些问题？

任务分解与实施

一、PKI 体系

1. 什么是 PKI

PKI（Public Key Infrastructure）公钥基础设施，是利用公钥密码理论和技术为电子商务、电子政务、网上银行等网络应用提供一整套安全服务的通用安全基础平台，它是创建、颁发、管理、撤销公钥证书等一系列基础服务的所有软件、硬件的集合体。

PKI 体系结构采用证书管理公钥，通过第三方的可信机构认证中心，把用户的公钥和用户的其他标识信息（如用户身份识别码、用户名、身份证件号、地址等）捆绑在一起，形成数字证书，以便在 Internet 上验证用户身份。

在 PKI 体系中，认证中心审核、发放、管理用户数字证书，用户间通过数字证书及公钥、私钥可完成商务信息安全传送，确保电子商务交易的安全性、完整性、可认证性、不可否认性和有效性。

2. 认证中心

认证中心 CA（Certificate Authority），作为电子商务交易中受信任和具有权威性的第三方，承担公钥体系中公钥的合法性检验责任。CA 中心为每个使用公开密钥的客户发放数字证书，数字证书的作用是证明客户合法拥有证书中列出的公开密钥。CA 机构的数字签名使得第三者不能伪造和篡改证书。它负责产生、分配并管理所有参与网上信息交换各方所需的证书，因此是安全电子信息交换的核心。

3. 数字证书

数字证书作为网上交易双方真实身份证明的依据，是一个经 CA 中心数字签名的、包含证书申请者个人信息及其公开密钥的文件。

数字证书的核心内容由两个部分组成：申请证书主体信息（主体的身份和主体的公开密钥）和发行证书的 CA 中心的数字签名。

数字证书的主要功能：

（1）文件加密。使用接收方的公钥加密敏感信息，确保信息的保密性。

（2）数字签名。数字证书可以用来实现数字签名，以防止他人篡改文件，保证文件的完整性和不可否认性。

（3）身份认证。利用数字证书实现身份认证可以解决网络上的身份验证，能很好地保障电子商务活动中的交易安全问题。

4. 数字签名

数字签名：用发送者的私用密钥对某文件的数字摘要进行加密，所得到的密文即此文件的数字签名。

5. 数字摘要

数字摘要：原文件经单向 Hash 函数的变换（又称编码）得到唯一确定的、长度相对固定、信息量较小的文件称为数字摘要，也称为文件"指纹"。

数字摘要的作用和特点：

（1）可用于验证通过网络传输收到的文件是否是原始的、未被非法篡改的文件原文。

（2）它具有唯一性。

（3）单向性：单向 Hash 函数具有单向性，即此函数不存在其逆函数，而且也不能在现实条件下从其摘要推算出原文件。

6. 数字信封

数字信封（Digital Envelope）：使用接收方的公开密钥对密文的会话密钥作非对称密钥系统的加密运算而得文件称为数字信封。

二、基于 PKI 体系的文件安全传送

基于 PKI 体系的文件安全传送，可以较好地解决电子商务交易安全需求，现假设 A 公司和 B 公司都在认证中心认证并获得数字证书，彼此有一对密钥（私钥和公钥），公钥公开，私钥自己保管。现 A 公司（发送方）拟好合同文件（原文件）想安全发送给 B 公司（接收方），其过程如下：

（1）原文件 $\xrightarrow{\text{HASH 变换}}$ 数字摘要 $\xrightarrow{\text{发送者私钥加密}}$ 发送方数字签名。

（2）签名文件 $\xrightarrow{\text{用密钥 K 对称加密}}$ 加密的签名文件。

签名文件 = 发送方数字签名 + 原文件。

（3）密钥 K $\xrightarrow{\text{接收方公钥加密}}$ 数字信封。

（4）签名文件 + 数字信封 $\longrightarrow$ 发送给接收方。

（5）数字信封 $\xrightarrow{\text{接收方私钥解密}}$ 密钥 K。

加密的签名文件 $\xrightarrow{\text{密钥 K 解密}}$ 签名文件（发送方数字签名 + 原文件）。

（6）发送方数字签名 $\xrightarrow{\text{发送者公钥解密}}$ 数字摘要 1。

原文件 $\xrightarrow{\text{HASH 变换}}$ 数字摘要 2。

安全传送说明：

①接收方用"密钥 K"解密"加密的签名文件"，能得到原文件，确保信息传送的有效性。

②"数字摘要 1"和"数字摘要 2"比较，如一致，说明原文件是发送方所发文件，未被篡改，这确保了信息的完整性；如不一致，说明原文件与发送方签名的原文件不一样，已

被篡改。

③发送方用"密钥K"加密原文件，且"密钥K"用接收方的公钥加密，这时只有接收方的私钥可以解密获得"密钥K"，其他人无法获得"密钥K"，这确保了信息的保密性。

④接收方用发送方公钥解密"发送方数字签名"，如能解密，说明签名为发送方签名后发送，发送方事后不得抵赖，否认其行为。

⑤发送方用接收方公钥加密"密钥K"，此时就只有接收方可以解密获得"密钥K"，且可通过其数字证书明确接收方身份。接收方用发送方公钥解密"发送方数字签名"，也可通过其数字证书明确发送方身份。

总之，基于PKI体系的数据传送能较好满足电子商务交易安全的5个需求。

三、基于电商平台的电子商务交易安全策略

1. 实名认证

电商平台对交易的卖家和买家进行实名认证，保证交易主体是真实存在的个体。

2. 账号+密码身份认证

采用账号+密码登录方式确认身份，判断用户是否具有对某种资源的访问和使用权限，并对账号操作负责，防止非法用户冒充攻击系统。

3. 重要信息确认

重要交易信息提示再确认，必填信息提示必填，减少误操作，确保信息完整有效。

4. 买家确认收货后，卖家才收到货款

电商平台多采用"买家确认收货后，卖家才收到货款"的规定，防止一方欺诈，保护交易双方利益，确保交易顺利完成。

5. 数字证书

平台提供数字证书申请和发放，为提升账号安全，修改密码等敏感信息操作只能在已安装了数字证书的设备上进行。

6. https协议

电商平台采用https协议（超文本传输安全协议），保证信息在客户端和服务器之间以密文方式安全传送，确保交易信息安全保密。

四、日常安全防范

1. PC必设的安全措施

（1）安装设置好防火墙和杀毒软件，杀毒软件尽量选择信誉好的大品牌杀毒软件。
（2）修改操作系统管理员密码。
（3）及时更新系统。

2. 用户密码设置要复杂好记，密码设置要遵循"两不两要"原则

（1）密码不要直接使用个人信息，如姓名、生日、手机号等。

（2）密码设置不要一码走天下，防止各种账号都用同一密码，防止密码长期不改，建议不同账号设置不同密码，且密码不定期更改。

（3）密码设置要复杂，能长不短，确保密码不易破解。要使用多种符号的组合，让一个密码同时包含大写字母、小写字母、数字和其他符号。如 D2b%,} 就比 135385 复杂，难以暴力破解。

（4）密码设置要考虑好记。

如对一个词语的拼音进行加密后加上特殊符号，由一鸣惊人（yi ming jing ren）可设置密码 yMjn2&，取拼音的首字母，然后做适当变形，如第二个变大写，最后一个不取首字母，而是取尾字母，然后加上自己常用的数字符号组合。

3. 防止电信诈骗

骗子经常会冒充领导、老朋友、公检法人员、客服要求你填写信息、转账，请不要轻信此类短信电话，做到不听、不信、不转账。

4. 重要信息加密备份

对电脑上的重要信息进行加密、备份。对商务往来的重要信息（如商务合同）进行加密后传送。

5. 养成好的日常操作习惯，做到六不原则

日常操作切记，不随意打开网站，不随意打开链接，不随意扫码，不随意填写信息，不随意在网上下载安装软件，不随意上免费公共 WiFi。

任务小结

能力训练

一、选择题

1. 数字摘要中的 HASH 函数具有哪些特点？（　　）
   A. 多值性　　　　　　　　　　B. 唯一性
   C. 单向性　　　　　　　　　　D. 双向性

2. 日常密码设置，哪些说法是正确的？（　　）
   A. 密码设置，能长不短
   B. 密码设置，如可以要采用字母、数字和其他符号的组合
   C. 密码设置要方便记忆，可直接用生日作为密码
   D. 密码设置，不要一码走天下，要注意更新

二、填空题

1. PKI 体系结构采用证书管理公钥,通过第三方的可信机构,把用户的公钥和用户的其他标识信息(如用户身份识别码、用户名、身份证件号、地址等)捆绑在一起,形成_____,以便在 Internet 上验证用户身份。

2. 数字签名是指用发送者的_____密钥对某文件的数字摘要进行加密所得到的密文。

3. 数字证书作为网上交易双方真实身份证明的依据,是一个经_____数字签名的,包含证书申请者个人信息及其_____的文件。

4. 数字证书的核心内容由两个部分组成:申请证书主体信息(主体的身份和主体的公开密钥)和发行证书的_____。

三、简答题

1. 什么是 PKI?
2. 什么是数字证书?一个数字证书由哪几部分组成?
3. 什么是数字签名?数字签名应具有哪些功能?

技能拓展

项目七

电子支付

任务1 认识电子支付

学习目标

【知识目标】
1. 了解电子支付的相关知识。
2. 了解电子支付工具。
3. 了解网上银行。

【技能目标】
1. 掌握网上银行的申请、开通和使用方法。
2. 能使用电子支付网上购物。

背景知识

广东、深圳试点"数字人民币"，发放1 000万元红包

任务导入

深圳市民李女士，是"数字人民币"试点的幸运儿，2020年10月，试点期间她领取了"礼享罗湖数字人民币红包"，下载安装了数字人民币App，2020年10月18日21时05分，随着收银员手中的扫码枪发出"滴"的一声脆响，李女士在罗湖区一家超市花完了她数字人民币钱包里最后的59元。"花光数字人民币的那一刻，竟然有些不舍。"李女士告诉

记者，她使用数字人民币在便利店买了饮料，去书店买了书，还在超市买了零食，每次当着众人的面打开数字人民币钱包，都会引来诸多关注。

1. 请问"数字人民币"是一种什么方法的电子支付工具？
2. 电子支付有哪些工具？
3. 什么是网上银行？网上银行是否支持数字人民币兑换使用？

思考：数字人民币与比特币有什么区别？

任务分解与实施

一、电子支付概述

（一）电子支付概念

1. 什么是电子支付

根据中国人民银行公告〔2005〕第23号《电子支付指引（第一号）》所称，电子支付是指单位、个人直接或授权他人通过电子终端发出支付指令，实现货币支付与资金转移的行为。

电子支付的类型按电子支付指令发起方式分为网上支付、电话支付、移动支付、销售点终端交易、自动柜员机交易和其他电子支付。

行内较为常见的表述认为：电子支付是指电子交易的当事人，包括消费者、厂商和金融机构，使用安全电子支付手段通过网络进行的货币支付或资金流转。

2. 电子支付类型

电子支付按照支付指令发起的方式不同分为网上支付、电话支付、移动支付、POS机支付、ATM交易和其他电子支付。

网上支付：是以互联网为基础，利用银行所支持的支付工具，发生在购买者和销售者之间的资金流动，在整个过程中包括买卖方与金融机构之间的在线支付、现金流转、资金清算、查询统计等，还包括其他金融服务等增值服务。

电话支付：指消费者使用电话（固定电话、手机）或其他类似电话的终端设备，通过银行系统就能从个人银行账户里直接完成付款的方式。

移动支付：是使用移动设备用无线方式完成支付，它所使用的终端可以是手机、PDA、移动PC等。而移动支付最主要的就是手机支付和移动PC支付。

POS机支付：企业可在任意一家银行开设账户，顾客只需带上银行卡，在POS机上刷卡付款就可以，省去了去银行取款再消费的复杂过程。POS的应用实现了信用卡、借记卡等银行卡的联机消费，保证了交易的安全、快捷，提高了工作效率。

ATM机交易：ATM意思是自动柜员机，是一种高度精密的机电一体化装置，能为用户提供金融交易自助服务，持卡人可以使用信用卡或储蓄卡，根据密码办理自动取款、查询余额、转账、现金存款、存折补登、购买基金、更改密码、交手机费等业务。

思考：扫码支付属于哪种支付类型？

（二）电子支付工具

目前电子支付工具主要包括电子现金、银行卡和电子支票。

1. 电子现金

电子现金（E-cash）：又称数字现金，是持有者事先预付资金而获取等值的电子现金，可以离线操作，具有"预先付款"的特点。从形式上有两大类：硬盘数据文件形式的电子现金和 IC 卡形式的电子现金。

2. 银行卡

银行卡包括借记卡、信用卡、现金卡等，是目前应用最为广泛的电子支付方式，也是金融服务的常见方式。

有传统银行卡支付和网上银行卡支付之分，它们主要的区别有：
（1）使用的信息传递通道不同：前者使用专网，后者使用 Internet。
（2）付款地点不同：前者一般是使用商场的 POS 机付款，后者可在任何地方使用上网的计算机付款。
（3）身份认证方式不同：前者使用身份证，后者使用数字证书。
（4）付款授权不同：前者使用手写签名方式授权，后者使用数字签名授权。
（5）商品和支付信息采集方式不同：前者使用商家的 POS 机、条形码扫描仪和读卡设备采集商品及信用卡信息，后者直接使用计算机，通过鼠标和键盘输入商品和银行信息。

3. 电子支票

电子支票是传统支票在网络上的一种电子化形式。电子支票几乎和纸质支票有着同样的功能，电子支票的支付使用电子签名代替传统的手工签名和盖章。

（三）电子支付的特点

与传统的支付方式相比，电子支付具有以下特点：
（1）电子支付是采用先进技术通过数字流转来完成货币支付的；而传统的支付方式则是通过现金的流转、票据的转让及银行的汇兑等物理实体转移来完成款项支付的。
（2）电子支付在开放的系统平台（即因特网）进行；而传统支付则在较为封闭的系统中运作。
（3）电子支付使用先进的通信手段，如 Internet、WiFi，对软件、硬件、支付安全要求较高，一般要求有联网的设备、安装相关软件及进行相关安全设置；而传统支付则没有这么高的要求。
（4）电子支付具有方便、快捷、高效、经济的优势。电子支付系统可以跨越时空，提供全球 7×24 小时在线服务，能满足网上交易的支付需求；而传统支付未能满足网上交易支付需求；电子支付费用较低，仅相当于传统支付的几十分之一，甚至几百分之一。

二、网上银行

（一）什么是网上银行？

网上银行又称网络银行、在线银行，是指银行利用 Internet 技术，通过 Internet 向客户提供开户、销户、查询、对账、行内转账、投资理财等传统服务项目，还提供网上支付结算服务，使客户可以足不出户就能安全便捷地管理活期和定期存款、支票、信用卡及个人投资等。可以说，网上银行是在 Internet 上的虚拟银行柜台。

（二）网上银行的种类

1. 按服务对象进行分类

按服务对象进行分类，网上银行可以分为企业网上银行和个人网上银行。

2. 按经营组织形式分类

按经营组织形式分类，网上银行可以分为分支型网上银行和纯网上银行。

（三）网上银行的主要业务

一般来说，网上银行的业务品种主要包括基本业务、网上投资、网上购物、个人理财、企业银行及其他金融服务。

任务小结

一、电子支付主要工具

目前电子支付工具主要包括电子现金、银行卡和电子支票。银行卡是目前应用最为广泛的电子支付方式，也是金融服务的常见方式。

数字人民币是由中国人民银行发行的数字形式的法定货币，属于电子现金。

二、网上银行

网上银行是在 Internet 上的虚拟银行柜台，通过 Internet 向客户提供开户、销户、查询、对账、行内转账、投资理财等传统服务项目，还提供网上支付结算服务。

一般来说，网上银行的业务品种主要包括基本业务、网上投资、网上购物、个人理财、企业银行及其他金融服务。

能力训练

一、选择题

1. 电子支付按照支付指令发起的方式不同分为网上支付、电话支付、（　　）和其他电子支付。

　　A. 移动支付　　　　　　　　　　B. POS 机支付
　　C. 支票支付　　　　　　　　　　D. ATM 交易

2. 以下哪些银行是纯网上银行？（　　）

　　A. 美国安全第一网上银行　　　　B. 农业银行网上银行
　　C. 微众银行　　　　　　　　　　D. 亿联银行

3. 一般来说,网上银行的业务品种主要包括基本业务、(　　)、企业银行及其他金融服务。

A. 网上投资　　　　　　　　B. 网上购物
C. 个人理财　　　　　　　　D. 古董鉴定

二、填空题

1. 根据中国人民银行公告〔2005〕第23号《电子支付指引(第一号)》所称,电子支付是指单位、个人直接或授权他人通过电子终端发出支付指令,实现_____与_____的行为。

2. 目前电子支付工具主要包括电子现金、_____和电子支票。

3. 电子现金(E-cash)是持有者事先预付资金而获取等值的电子现金,可以_____操作,具有"预先付款"的特点。

4. 按服务对象进行分类,网上银行可以分为_____和_____。

三、简答题

1. 与传统的支付方式相比,电子支付具有哪些特点?
2. 传统银行卡支付和网上银行卡支付相比,主要有哪些区别?

技能拓展

任务2　第三方支付平台与移动支付

学习目标

【知识目标】
1. 了解第三方支付的相关知识。
2. 了解移动支付的相关知识。

【技能目标】
1. 掌握支付宝账号的注册和使用。
2. 掌握微信支付的使用和安全设置。

背景知识

CNNIC 的报告

任务导入

小明近期为妈妈购买了智能手机，安装了微信、京东等 App 应用，并教会她使用微信扫码支付。小明妈妈感到非常方便，到市场、商场买东西，只需扫码即可支付，比以前用银行卡刷卡支付还方便。近日，小明妈妈发现附近某商店，买东西用支付宝支付可以优惠，就要求小明为她的手机安装支付宝以便可以优惠购物。

1. 请你为小明妈妈注册支付宝账号，并在手机上安装支付宝。
2. 简述网上银行与第三方支付平台的不同。
3. 简述目前移动支付三大巨头支付产品（支付宝、微信、云闪付）各自的特点。

思考： 什么支付方式可以解决一个人在忘带钱包、银行卡、手机的情况下还能购物支付？

任务分解与实施

一、第三方支付平台及移动支付

（一）第三方支付简介

1. 第三方支付平台的来由

国内出现第三方支付平台是源于电子商务的需要。电子商务交易离不开电子支付，而传统的银行支付方式只具备资金的转移功能，不能对交易双方进行约束和监督；另外，支付手段也比较单一，交易双方只能通过指定银行的界面直接进行资金的划拨，或者采用汇款方式；交易也基本全部采用款到发货的形式。在整个交易过程中，货物质量、交易诚信、退换要求等方面的环节都无法得到可靠的保证；交易欺诈行为也时有发生。于是第三方支付平台应运而生。

2003 年，阿里巴巴正式推出第三方支付平台支付宝，买家付款后款项先打到支付宝平台上，等交易完成并确保顾客收货后，款项才转到卖家手里。不仅简化了网上支付，还能保护买卖双方的财产，限制电子交易中的欺诈行为，极大地促进了电子商务发展。

2. 什么是第三方支付？

第三方支付是指具备一定实力和信誉保障的独立机构，通过与银联或网联对接而促成交易双方进行交易的网络支付模式。

在第三方支付模式，买方选购商品后，使用第三方平台提供的账户进行货款支付（支付给第三方），并由第三方通知卖家货款到账、要求发货；买方收到货物，检验货物，并且进行确认后再通知第三方付款；第三方再将款项转至卖家账户。

（二）典型的第三方支付平台

第三方支付平台在支付领域中具有其特殊的生命力，它的优点主要有4方面：第一，不参与买卖双方的具体业务，具有较高的公信度；第二，把众多银行和银行卡整合到一个页面，方便于网上客户，也降低了网民的交易成本；第三，对商家和消费者有双向财产保护能力，有效地限制了电子交易中的欺诈行为；第四，服务功能强大，不仅可以网上支付，还为客户提供金融增值服务，如金融理财、生活缴费等。

1. 支付宝

自2004年成立以来，支付宝已经与超过200家金融机构达成合作，为上千万小微商户提供支付服务。随着场景拓展和产品创新，拓展的服务场景不断增加，支付宝已发展成融合了支付、生活服务、政务服务、理财、保险、公益等多个场景与行业的开放性平台。支付宝还推出了跨境支付、退税等多项服务，让中国用户在境外也能享受移动支付的便利。

支付宝注册和使用方法如下：

（1）使用支付宝支付服务需要先注册一个支付宝账户，分为"个人账户"和"企业账户"两类。

（2）实名认证，需要同时核实会员身份信息和银行账户信息。实名认证之后可以在淘宝开店，增加更多的支付服务，更重要的是有助于提升账户的安全性。

（3）注册并成功实名认证后，可以在PC端或手机端使用支付宝平台，使用支付宝的各种服务。

2. 财付通和微信支付

财付通（Tenpay）是腾讯公司于2005年9月正式推出的在线支付平台，其核心业务是帮助在互联网上进行交易的双方完成支付和收款，致力于为互联网用户和企业提供安全、便捷、专业的在线支付服务。

目前，微信支付已实现刷卡支付、扫码支付、公众号支付、App支付，并提供企业红包、代金券、立减优惠等营销新工具，满足用户及商户的不同支付场景。

（三）移动支付

1. 移动支付概述

移动支付指用户通过移动终端（通常是手机）对所消费的商品或服务进行货币支付的一种服务方式。移动支付将互联网、终端设备、金融机构有效地联合起来，形成了一个新型的支付体系，并且移动支付不仅能够进行货币支付，还可以交电话费、燃气费、水电费等生活费用。

在用户的渗透率方面，除了财付通与支付宝仍然呈现上升趋势之外，也有其他多个移动支付品牌呈现上升趋势，其中便包括银联云闪付、京东钱包、移动和包等品牌。

2. 移动支付方式

常见的移动支付方式：手机短信支付、移动线上支付、扫码支付、NFC 支付等。

1）手机短信支付

手机短信支付是早期的移动支付方式，用户将银行卡与手机的 SIM 卡绑定，用户通过发送短信的方式在系统短信指令的引导下完成交易支付请求，操作简单，可以随时随地进行交易。如手机话费充值，就可以通过短信验证来完成支付的过程。

2）移动线上支付

移动线上支付是指移动终端通过移动通信网络接入移动支付后台系统，完成支付行为的支付方式。

如用户通过移动终端在电子商务网站购买产品后，按照商家提供的付款界面，跳转至手机银行或第三方移动支付页面完成支付。

3）扫码支付

在该方式下，商家把账号和支付金额生成一个二维码，用户通过手机客户端扫描此二维码或商家使用电子支付工具扫描用户的付款码，便可实现与商家账户的支付结算。

4）NFC 支付

NFC 支付指消费者在购买商品或服务时，即时采用 NFC 技术（Near Field Communication）通过手机等手持设备完成支付，是新兴的一种移动支付方式。支付的处理在现场进行，并且在线下进行，不需要使用移动网络，而是使用 NFC 射频通道实现与 POS 收款机或自动售货机等设备的本地通信。

NFC 支付需要有 NFC 手机和 NFC 支付终端支持。NFC 手机是指带有 NFC 模块的手机（可以被模拟成一张银行卡）。NFC 支付终端，主要包括 NFC 收款机（NFC POS 机）、NFC 自动售货机和 NFC 读卡设备等。

任务小结

能力训练

一、选择题

1. 以下哪些是第三方支付平台？（　　）
   - A. 支付宝
   - B. 财付通
   - C. 快钱
   - D. 银联在线支付

2. 以下哪些是支付宝提供的服务？（　　）
   - A. 理财
   - B. 免费异地跨行转账
   - C. 交水电煤气费
   - D. 交电话费

3. 2013 年 8 月财付通和微信联合推出微信支付，以下哪些是微信支付提供的服务？（　　）

A. 扫码支付　　　　　　　　　　B. 公众号支付
C. 发红包　　　　　　　　　　　D. 理财

4. 移动支付在用户的渗透率方面，除了财付通与支付宝外，还有以下哪些品牌？（　　）（也有其他多个移动支付品牌呈现上升趋势，其中便包括银联云闪付、京东钱包、移动和包等品牌）

A. 银联云闪付　　　　　　　　　B. 京东钱包
C. ATM　　　　　　　　　　　　D. 移动和包

5. 以下哪些属于移动支付方式？（　　）

A. 手机短信支付　　　　　　　　B. 扫码支付
C. NFC 支付　　　　　　　　　　D. 移动线上支付

二、填空题

1. 国内出现第三方支付平台是源于_____的需要。2003 年，阿里巴巴正式推出第三方支付平台_____。

2. 在第三方支付模式，买方选购商品后，使用第三方平台提供的账户进行货款支付（支付给第三方），并由第三方通知卖家货款到账、要求_____；买方收到货物，检验货物，并且进行_____后，再通知第三方付款；第三方再将款项转至卖家账户。

3. 支付宝实名认证，需要同时核实会员_____信息和_____信息。实名认证之后可以在淘宝开店，增加更多的支付服务，更重要的是有助于提升账户的安全性。

4. 移动支付：指用户通过移动终端（通常是手机）对所消费的商品或服务进行货币支付的一种服务方式。移动支付将互联网、终端设备和_____有效地联合起来，形成了一个新型的支付体系，并且移动支付不仅仅能够进行货币支付，还可以交电话费、燃气费、水电费等生活费用。

三、简答题

什么是第三方支付？它在解决电子商务支付问题起到哪些主要作用？

四、实操题

1. 给自己的手机安装支付宝 App。
2. 微信支付有哪些安全设置？请为自己的手机设置相关安全设置。

技能拓展

项目八

网店客服

彩图

任务1　初识网店客服

学习目标

【知识目标】
1. 了解什么是网店客服。
2. 掌握网店客服应具备的知识和基本素质。

【技能目标】
1. 掌握网店客服应具备的操作技能。
2. 能够分析顾客的消费心理，丰富语言表达能力，具备良好的心理素质及应变能力。

背景知识

网店客服并非打打字那么简单

任务导入

经过这次退款，小刘发现网店客服看似简单，实则不然，要成为一名优秀的客服并不是自己想象的那么简单，它需要很多方面的知识，网店客服通过与顾客沟通，可以向顾客传递商品信息、推销网店商品，是网店必不可少的一个岗位。

思考：网店客服岗位应具备的知识有哪些？

任务分解与实施

一、网店客服概述

（一）网店客服的定义

客服工作顾名思义就是为客户服务的工作，和我们在实体店看到的导购服务人员一样，电子商务环境下的客服依然担当着迎接客人、销售商品、解决客户疑惑等责任。

网店根据客服所负责的不同工作，将客服工作分为售前客服、售中客服和售后客服三大类，一般由 2~6 名客服组成专业的客服团队；小一点的网店则不需要如此细致的划分，1~2 名客服即可保证店铺正常运作。

（二）网店客服的作用

在电子商务各岗位中，客服是唯一能够跟消费者直接沟通的岗位。这种融入了感情的沟通，不仅可以带给消费者舒适的购物体验，还能提升店铺的竞争力。由此可见，客服岗位的重要性非常高。其作用可归纳为以下 5 点。

（1）塑造店铺形象。
（2）提高成交率。
（3）提高消费者回头率。
（4）更好地服务消费者。
（5）降低经营风险。

（三）网店客服的职责

1. 售前客服

售前客服主要从事引导性的工作，如应对消费者（包括潜在消费者）对于商品技术方面的咨询、对商品使用方法的咨询、对物流的咨询等。售前客服的工作内容主要包括接待消费者、推荐商品、解决异议、确认及核实订单和欢送消费者等。

（1）接待消费者：接待消费者贯穿于整个客服工作中，售前客服应该做好随时接待消费者的准备，并时刻保持热情、耐心和周到的服务态度。在接待消费者的过程中，售前客服应尽量调动气氛，不能使用冰冷的语言。

（2）推荐商品：当消费者咨询相关商品时，售前客服要从消费者的聊天语言中主动挖掘需求，专业、耐心地解答消费者提出的问题，同时主动向消费者推销合适的商品，以商品的卖点、质量和优势等引起消费者的购物欲望。

（3）解决异议：当遇到疑难问题时，售前客服要通过自己的专业销售技巧来进行处理，并且始终保持着热情、耐心的态度。

（4）确认及核实订单：消费者下单后，售前客服要第一时间与消费者确认订单并核实信息，确保消费者填写的信息正确，减少订单出错的概率。

（5）欢送消费者：消费者购物完成后，售前客服要向其表达感谢，体现出热情的态度。

2. 售后客服

售后客服主要是对消费者下单后的售后问题进行跟进和处理，这同样要求客服热情、耐心、细心、专心，并且要熟悉店铺、商品、规则、售后流程。售后客服岗位职责如下：

（1）装配商品并打包：售前客服核对订单无误后，售后客服应尽快装配商品并打包，做好商品的发货准备工作。打包时售后客服要仔细检查商品与包装，同时还要细心核对订单信息与快递信息，特别是消费者添加的备注信息。

（2）发货并跟踪物流：做好商品装配与包装后，售后客服要及时通知物流公司揽件，并对订单进行发货处理，告知消费者商品已经正常发货，发货后需要实时跟踪商品的物流状态。

（3）提醒消费者及时收货：当货物运输到消费者所在城市后，售后客服可以以短信或聊天软件消息的形式通知消费者商品已经到达其所在城市，正在进行配送。当物流公司完成配送后，售后客服还要提醒消费者及时收货，防止货物遗失。

（4）跟踪信息：跟踪商品售后信息。

（5）回访消费者：售后客服可以定期进行消费者回访，以检查客户关系维护的情况。常用的回访方式有短信和聊天软件等，回访内容可以是简单告知店铺的最新活动或邀请消费者参加店铺的商品质量调查等。

（6）解决交易纠纷：售后客服负责处理商品质量问题、使用问题、退换货问题等引起的纠纷。

（四）客服岗位与其他岗位的关系

一个完整的电商团队，一般会安排推广与运营、美工策划、客服、财务及仓储等多个工作岗位。而客服作为电商团队中一个关键的基础岗位，与其他部门有着紧密的联系，下面主要介绍客服与前三个部门之间的对接关系是如何形成的。

1. 客服与运营推广

严格来说，运营推广又分为运营和推广两个岗位。

客服岗位除了具有销售和服务功能外，还要为全店的运营服务。客服是网店中唯一能与顾客直接交流的岗位，对顾客问题的反馈、建议的整理、信息的收集等工作都由客服来完成，这些数据为网店的运营提供了重要依据。因此，客服与运营岗位经常有信息的交流和反馈，这样更有利于运营岗位对网店的运营方案及时做出调整。

网店中推广岗位的职责就是付费引流，而客服岗位则负责流量的询单转化，因此，客服岗位和推广岗位之间有着千丝万缕的联系。客服的转化率在一定程度上反映出流量的精准度，也能反映出推广活动的设置是否合理。

2. 客服与美工

客服和美工之间值得交流的问题有很多，如常见的色差问题，通常客服会向顾客解释由于光线及显示器等因素，很难保证实物与图片完全相同。但是当店内的某件商品多次被顾客提出色差问题严重时，客服就应该向美工岗位的人员进行反馈，及时调整色差。如果不能调整，客服就要注意在推荐商品时如何向顾客描述商品的颜色问题。

3. 客服与仓储

客服和仓储也有很多交集。网店中所出售的商品将由仓储人员进行打包、发货。有时顾客会对订单有特殊要求，此时客服就要及时与仓储人员沟通，采取订单备注的方式提醒仓储人员。客服在做订单备注时，把需要仓储人员注意的信息放在备注靠前的位置，避免仓储人员未看到备注信息的情况发生。

当包裹出现缺件、少件、延迟发货的情况时，客服要及时与仓储人员沟通，确认包裹状况，并及时反馈给顾客。

二、网店客服应具备的知识

由于网店客服对网店的成交量起着至关重要的影响，因此网店客服还应该具备更加丰富的知识储备，如商品知识、平台规则、交易知识等，这样才能满足实际的工作需求。

（一）商品知识

在与顾客沟通的过程中，整个对话内容绝大部分都是围绕商品本身进行的，顾客很可能会提及几个关于商品信息的专业问题。如果客服不能给予恰当的答复，甚至一问三不知，无疑会打击顾客的购买热情，甚至会让顾客对网店失去信心。因此，在顾客咨询的过程中，客服对商品越熟悉，顾客对网店就越信赖。

1. 对商品基础知识的了解

商品知识包括但不限于商品外观、商品基本属性（规格、成分、含量、配件等）、商品保养与维护、商品安装及使用方法等。

（1）商品外观：对于商品外观，客服要认真观察实际商品，并掌握其显著的外观特点。然后通过语言进行准确描述。当顾客提及商品外观时，客服可以明确地进行答复。如图 8-1-1 所示的羊毛针织衫，顾客可能会问针织衫上的图案是印上去的还是手工织的，这时客服应做出明确的回答，不能用"不清楚""不了解"来搪塞顾客。

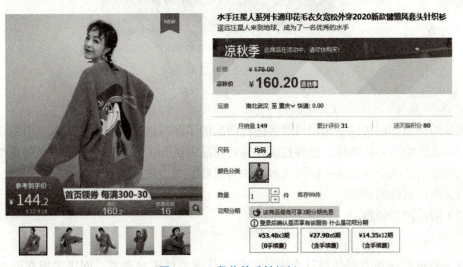

图 8-1-1 印花羊毛针织衫

（2）商品基本属性：商品基本属性包括但不限于商品的规格、成分及含量等，这些也是客服必须掌握的商品知识，尤其是非标类的商品，如化妆品，顾客有时会针对商品的成分、含量等问题进行咨询，确认商品是否适合自己使用。顾客向网店客服咨询关于服装面料材质时，如果客服能很准确地说出来，顾客就会觉得客服具有一定的专业性，值得信任。

（3）商品保养与维护：对于商品的保养与维护方法，客服应在顾客购买商品时就做出相关说明，以确保顾客在日后可以对商品进行合理的养护，从而延长商品的使用寿命。在商品详情页中会有一些关于商品洗涤和存储的知识，建议客服要熟知这些知识，并且在交易过程中主动提示顾客。

（4）商品安装及使用方法：有些网店出售的商品可能需要顾客自己手动安装，对于商品的安装与使用方法，客服也要熟练掌握，因为顾客可能会在收到商品后因为不会组装或者不会使用而咨询客服。此时，网店客服就要通过自己所掌握的商品安装知识迅速且准确地帮助顾客解决问题。客服帮助顾客解决商品的安装问题，可以打消顾客对商品的疑虑，完善其购物体验。

（5）商品的关联销售：在学习商品知识时，网店客服还应掌握一些可以进行关联销售的相关商品。这样在销售商品时，客服就可以迅速想到所要关联的其他商品，并尝试进行关联推荐，提高客单价。需要注意的是，在给顾客推荐关联商品时，一定要准确说出关联的理由，这样顾客才更容易接受。网店客服提前准备了一些与所售T恤相关的用于关联销售的商品，如裤子、鞋子，以便在销售中抓住时机准确地推送给顾客，如图8-1-2所示。

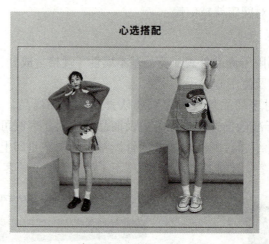

图 8-1-2　关联商品

2. 对商品周边知识的了解

商品的周边知识指这些知识对顾客进行商品的了解与选择没有直接关系，但能在一定程度上指导或影响顾客的选择，能够加深顾客对商品的认知度。这里主要从商品的真伪辨别和商品的附加信息两个方面来介绍网店客服如何对商品周边信息进行掌握。

（1）商品真伪的辨别。

（2）商品附加信息。

3. 对同类商品的了解

电子商务的快速发展使得这个市场的同质化现象越来越严重。网店客服在面对"为什么××家和你们家的款式一模一样,价格却很便宜"这样的疑问时,不要一味地贬低和怀疑他人,而是让顾客了解自己的商品,并通过对比同类商品的方式突出自己的优势,这样才能客观、公正地回答顾客的疑问。

(1)质量的比较:商品质量是顾客选购时最先考虑的因素之一。客服不仅要全面掌握商品的相关知识,包括商品的材质、规格、版型、用途和卖点等,还要熟悉同类商品的信息,找出自身商品与它们的区别,让顾客更加清楚自身商品与其他商品对比的优势,这样才能留住顾客。

(2)货源的比较:客服除了要了解自家商品的质量外,还要了解商品的进货渠道和生产渠道,因为货源的比较也是影响顾客选择的因素之一。正规的货源渠道不仅对商品的质量有所保证,还能让顾客感受到网店经营的正规化、流程化,从而可以放心地购物,那么客服如何向顾客展示自己的货源渠道呢?最简单的方式便是以图说明,出示相关营业执照、购物小票等。

(二)平台规则

网店在运营过程中,不仅要遵守国家法律法规,还要遵守平台规则。例如,在京东开放平台总规则概述中明确指出,为促进平等、开放、透明的平台生态的搭建,根据《京东用户注册协议》《京东JD.COM开放平台服务协议》等服务/合作协议,制定本规则。遵守平台规则是每一位商家的基本义务。

下面介绍在网店客服的日常工作中经常用到的与规则相关的内容。

(1)淘宝平台规则:登录淘宝网首页后,单击页面右上角的"千牛卖家中心"按钮,在打开的页面中单击导航栏中的"卖家地图"按钮,然后在打开的下拉列表中选择"卖家资讯"栏中的"规则中心"选项,即可进入淘宝规则中心的首页,如图8-1-3所示,该规则的主要内容包括淘宝规则、解读说明、规则动态、协议专区四大版块。

图8-1-3 淘宝网规则首页

（2）京东平台规则：登录京东首页后，将鼠标指针移至导航栏中的"客户服务"按钮上，在打开的下拉列表中选择"商户"栏中的"规则平台"选项，即可进入京东平台规则首页，如图8-1-4所示，该规则的主要内容包括招商合作、平台秩序、营销推广、消费者保障四大版块。

图8-1-4　京东平台规则首页

（三）交易知识

客服在日常工作中要特别注意网络安全问题，不要随意接收陌生人发送的文件，也不要扫描可疑的二维码，以免计算机中毒。注意辨别钓鱼网站的网址链接，在旺旺上通过单击淘宝链接打开的页面不会要求再次输入登录名和密码。如果对方发送的链接需要输入登录名和密码，均不是安全链接，需要谨慎处理。

除此之外，还有一些不法之徒会故意注册一些"双胞胎"ID（名称相似的ID），诱使客服违反泄露他人信息的规则。例如，在宋体字的情况下，英文大写字母O与阿拉伯数字0就很难区分，客服在与顾客核对交易信息时，最好是在卖家中心"已卖出的宝贝"模块中通过复制联系人ID进行订单搜索，只有能搜索到的订单才可以进行顾客信息核对。

（四）物流知识

除了上述基本知识外，网店客服还应该了解一些物流知识。

（1）不同物流方式的运作模式。

邮寄：邮寄分为平邮、快邮、EMS。平邮，即普通包裹，这种方式耗费的时间比较长，一般7~15天到，但价格比较便宜；快邮，即国内快递包裹，这种方式下一般5天左右能到，价格比平邮要稍微高一些；EMS，即国际邮包（包括空运、陆路、水路），这种邮寄方式是最快的，2~3天就能到，但价格也是最高的。

快递：快递分为航空快递包裹和汽车运输快递包裹。

货运：货运分为汽车运输和铁路运输等。

（2）不同物流方式的价格，包括如何计价、价格的还价余地等。

（3）不同物流运输方式的特点。

铁路运输：运量大，速度快，且运费较低，受自然因素影响较小，连续性好；其缺点是短途运输成本较高。

公路运输：机动灵活，周转速度快，装卸方便，且适应性强；其缺点是运送量小，耗能多，运费高，一般只适用于短程、量小的货物。

水路运输：运量大，投资少，成本低；其缺点是速度慢，灵活性和连续性差，受水文状况和气象等自然条件影响大。

航空运输：速度快，效率高，是最快捷的现代化运输方式；其缺点是运送量小，耗能大，费用高，一般适用于急需、贵重且数量不大的货物。

（4）了解不同物流方式的联系方式；了解如何查询各种物流方式的网点情况；了解快速公司的联系方式、邮政编码和邮费查询。

（5）了解不同物流方式的包裹撤回、地址更改、状态查询、保价、问题件退回，以及理赔的处理等信息。

（五）顾客的消费心理

网店客服每天都会接待不同类型的顾客，他们的性别、年龄、性格千差万别，需求也不同，那么客服如何才能让顾客购买自家网店的商品呢？客服除了要掌握基本的商品知识、平台规则、交易知识外，还需要从心理学层面去分析顾客，抓住商机后瞄准目标，一击即中。在电子商务竞争日益白热化的时代，抓住了顾客就是抓住了商机。既然顾客是营销的核心，那么懂一点顾客心理学是很有必要的。我们将顾客购买商品的心理学层面的需求概括为以下8个方面，如图8-1-5所示。

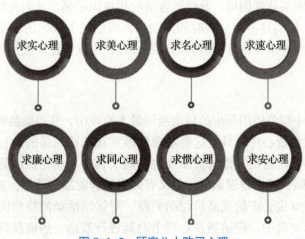

图 8-1-5 顾客八大购买心理

1. 求实心理

求实心理以追求商品的实用性为主要目的，对商品的面料、质地和工艺比较挑剔。这类顾客购物讲究实惠，根据自身的需要选择商品，具有理智的消费行为。针对此类顾客，客服首先要明确这类顾客的消费心理是非常理性的，他们购买商品时需要保证商品有80%～100%的可买性后才会入手。这时，客服应体现自己的专业性，以真诚、专业、求实、耐心的态度获取顾客的好感，增加商品在顾客心中的可买性数值。

2. 求美心理

求美心理的顾客是典型的"外貌协会"，他们以追求商品的美感为主要目的，着重关注商品的款式、色彩及时尚性等艺术欣赏价值。除了关注商品本身的美外，这类顾客还注重广告创意的新颖性等，满足他们对求美心理的需要。这类顾客的心理年龄普遍年轻，对时尚、潮流的理解比较前沿，且以女性居多。客服要注意倾听顾客对于自己所需要商品的描述，如果顾客常常提到"好看""漂亮""时尚"等字眼，那么就可以将其归纳到求美心理的顾客之中。在应对这类顾客时，客服要推荐适合他们的商品，并尽可能展现商品的外在优势，对顾客多一点夸奖和肯定。

3. 求名心理

以表现身份、地位、价值观为主要购买目的，注重品牌、价位、公众知名度的购买心理，我们称之为顾客的求名心理。这类顾客的购买能力和品牌意识非常强，且虚荣心、自尊心也非常强，注重面子，顾客在沟通时会频繁谈及自己购买名牌的经历等话题。在此类顾客中，他们有的确实具备良好的经济条件，会经常购买名牌商品，但也有不少经济条件并不富裕，在选购商品时却趋向于名牌的顾客，他们希望把自己表现得很富有、有品位。客服在应对此类顾客时，要学会顺势而为，即顺着顾客的意愿去完成自己的工作，促成他们的购买。

4. 求速心理

求速心理即以追求快速、方便为主要购买目的，注重购买的时间或效率。此类顾客的时间意识比较强，性格爽快，但性子急，想利用最短的时间、以最简单的方式购买到优质的商品。此类顾客以男性居多，普遍集中在白领阶层，他们不会太在意商品的价格，只要能保证商品的质量和购买速度即可。此类顾客的购买意识很强，他们视时间如珍宝，如果没有90%的购买欲望，他们是不会浪费时间网购的，所以这类顾客的成交量很高。客服在应对此类顾客时，一定要善于抓住这类顾客的购买心理，不仅能保证成交量，还能节约工作时间，何乐而不为呢？

5. 求廉心理

人们在消费过程中都希望用最少的付出换回最大的效用，获得商品更大的使用价值。追求物美价廉是常见的消费心理。具有这类心理的顾客在选购商品的过程中总会选择价格较为低廉的商品，即以获得超值、低价商品为主要购买目的，注重商品的实惠与廉价。此类顾客经济比较拮据，购买能力普遍偏低，但又有购买品牌商品的欲望，对价格比较敏感，精打细算，他们一般很难接受正价或高价位的商品，对促销活动的特价商品情有独钟。客服在与此类顾客的实际交流中，应适当在心理上对其进行鼓励，热情接待，利用更多的优惠办法、礼品留住顾客，在推荐特价商品或折扣优惠较大的商品时，再附加赠送一份小礼品，让其"超值"到底，满意而归。同时，客服还要强调即使商品优惠，品质与服务也能保持一致。

6. 求同心理

在实体店中出现两三个人选购商品的现象并不起眼，但若是店内围了 10 个人，便会有二三十个人甚至更多的人涌现在网店中选择商品。虽然顾客明明知道商品的价格并没有大幅度下降，可还是愿意跟随大众的步伐去购买，这就是顾客购买商品的另一个心理因素——求同心理。

网络平台的开放性让信息的传递更加便利，可以让互不相识、相隔万里的顾客分享自己购物体验。那么，顾客一般会以什么为标准来衡量自己所购商品是否优质呢？当然是看其他顾客对这个商品的评价，尤其是一些名人的使用评价，如×××推荐、×××同款等，它们对顾客的购买有重要影响。面对此类顾客，客服不需要过多地介绍商品、销量和评价便可以让顾客信服，客服的言辞应巧妙地利用"从众"心理，让顾客在心理上得到依靠和安全感。

7. 求惯心理

求惯心理是以满足特殊的爱好而形成的购买心理。顾客往往注重自己偏爱的品牌和款式，对即将购买的商品充满了信任感，他们在选择商品时有特定的购物习惯。应对此类顾客时，客服应及时调出顾客以往的购买记录，了解顾客以往购买商品的款式、颜色喜好，为顾客推荐他们所偏爱的商品。此类顾客大部分是网店 VIP 顾客，他们性格保守、执着，不容易接受新的事物，对品牌或网店的忠诚度极高，而且对网店的长期贡献较大。与此同时，客服还可以利用顾客的消费积分和会员权益等来促进顾客再次购买。

8. 求安心理

求安心理是以追求安全、健康、舒适为购买目的，顾客更加注重商品的安全性、舒适性与无副作用的消费心理。这类购物心理的顾客自我呵护与健康意识极强。应对此类顾客时，客服要善于利用专业知识向顾客强调商品面料、配件的安全性与环保性，借助官方权威的证明，如为顾客播放商品的制作过程和实验流程，让顾客从触觉上亲身体验商品的安全保障。客服还可以主动介绍商品的使用注意事项，专业地普及商品知识。

任务小结

本任务主要对网店客服的工作进行了介绍，包括网店客服的定义和网店客服应具备的知识。

任务 2　售前、售中、售后客服

学习目标

【知识目标】
1. 了解售前、售中、售后客服工作内容。
2. 熟悉在线接待客户的基本流程。

【技能目标】
1. 掌握并熟练运用每一步流程相应的沟通技巧。
2. 能灵活处理各类客户售后投诉,并能妥善解决客户给予网店的中差评。

背景知识

一名金牌客服的成长经历

任务导入

客户是网店的生存之本,营运之基,力量之源。有客户才有市场;没有客户,网店便失去利润的源泉,从而失去存在的意义。因此网店运营必须强调"客户导向",只有深入掌握客户消费心理,快速响应并满足客户多变性、个性化的需求,网店才能在激烈的市场竞争中得以生存和发展。客服在网店里兼具"形象代言""咨询顾问""销售员""调解员""管理员"等多重身份,活动范围涵盖所有与客户接触或相互作用的各方面,旨在满足客户需要,对网店留住客户、发展客户和管理客户有着重要作用。

要从一位网店客服新手快速成长为经验丰富的金牌客服,需要知道网店客服的工作流程和工作职责,一个好的网店客服必备的基本功,掌握客户接待与沟通的基本技能,能对常见交易纠纷进行妥善处理等。

思考:网店客服一般接待流程是如何的?

任务分解与实施

一、客服分类及工作内容

一家网店的引流方式可以有很多种,但成交转化的因素无外乎三种:一是店铺的营销手段是否有吸引力;二是店铺的视觉设计能否让买家觉得舒适;三是销售客服的沟通技巧是否到位,是否能促使客户下单购买。因此，网店客服的在线接待是在线销售中非常关键的临门一脚。

要达到优秀的在线接待客户转化率，需要有一个设计规范合理的接待流程，这样不但可以提高客服的工作效率，尽量减少重复的失误，而且规范的话术可以使接待服务显得更加规范和专业。通常在线接待可以分为9个步骤，具体为：问好——接待咨询——推荐产品——处理异议——促成交易——确认订单——下单发货——礼貌告别——售后服务。

从事网店客服工作的人员包括从事售前工作、售后工作及相关顾客服务工作的人员。网店客服按照销售阶段可以分为售前客服、售中客服和售后客服，其主要工作如下所述。

（1）售前客服：售前客服的主要工作是回答问题、引导顾客、推荐产品、催单、订单备注等。

（2）售中客服：售中客服的主要工作是负责订单的处理，包括对商品详情和收货信息的审单工作，配货单和物流单的打单工作，以及催件、查单、跟单、电话回访、维护评价工作。

（3）售后客服：售后客服的主要工作是退换货、查单、跟单、顾客回访等。

二、客服准备工作

（一）客服的基本要求

客服是店铺最基本的工作岗位，一般商家对客服工作的要求为：

打字速度为60汉字/分；熟悉电商平台的基本操作，反应敏捷；服务贴心、细心、耐心；了解、掌握产品细节；主动了解顾客需求；掌握沟通技巧；巧用快捷键、快捷短语等。

（二）客服子账号的设置

开通/添加客服子账号的步骤如下：

1）申请或购买子账号

按照卖家所属的信用等级，淘宝网会赠送相应个数的子账号。如果获赠的子账号数量不够，可以通过购买获得。领取客服子账号如图8-2-1所示。

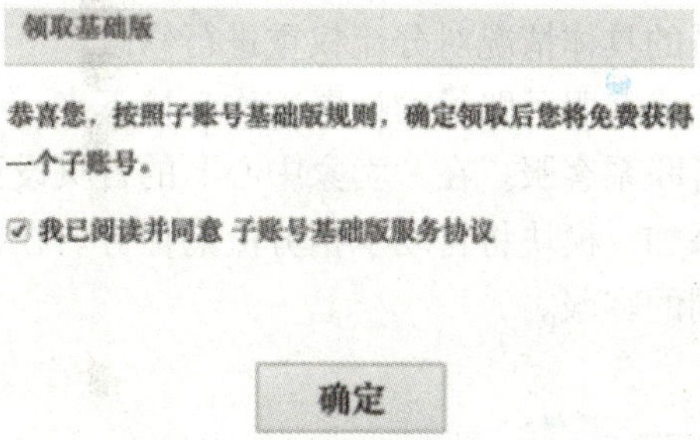

图8-2-1　领取客服子账号

2）设立子账号

登录我的淘宝，依次选择"我是卖家"→"店铺管理"→"子账号管理"。然后选择"员工账号管理"→"员工授权"→"组织管理"→"新建员工"（没有单独新建子账号的入口，只能通过新建员工的方式来建立子账号）。

3）完善子账号的基本信息

单击"新建员工"按钮，开始设置新员工账号名及其他相关信息，包括员工姓名、部门等，如图 8-2-2 所示。

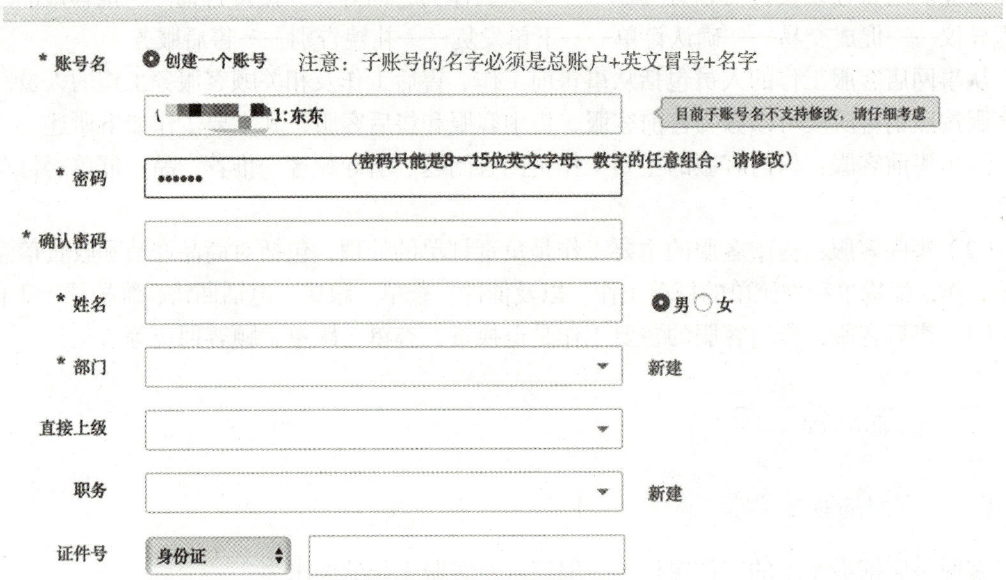

图 8-2-2 客服子账号信息设置

4）设置子账号权限

角色管理可以对子账号进行权限设置，让每个子账号都有一定的权限。具体设置可以根据自己的需求灵活应对。

5）设置旺旺分流方式

分流方式包括平均分流和权重分流两种，现在也有按订单状态分流，可以根据需求进行选择，如图 8-2-3 所示。

6）修改分流权重

企业可以根据客服人员的具体情况对分流权重进行修改。

通过上述操作，即可完成客服子账号的设置工作。接下来，要将设置的客服子账号添加到网店首页中，便于消费者联系客服。在"卖家中心"的首页设计中选择添加模块，然后选择"客服中心"模块进行添加，模块将自动承担分流的任务。在接待买家时，系统会按照设置好的分流权重分流给不同的客服。

三、在线沟通工具——千牛

淘宝网经过多年优化，其客服系统已经由最初的阿里旺旺转化为顾客端的千牛平台，如图 8-2-4 所示。千牛是淘宝卖家客服工作平台，其核心是为卖家整合店铺管理工具、经营资讯消息、商业伙伴关系等。千牛需要下载安装，其下载地址为 https://alimarket.taobao.com/markets/qnww/pc。

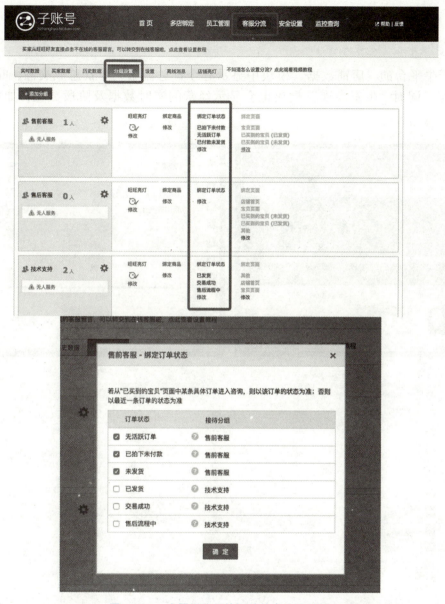

图 8-2-3　客服子账号按订单状态分流设置

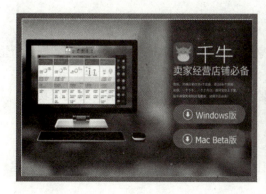 

图 8-2-4　千牛客户端

（一）千牛的主要功能

1. 数据中心（生意参谋）

在千牛平台的"店铺数据"模块中显示有今日总流量、今日总成交额、昨日客单价等数据，同时"生意参谋"模块也会显示经营的实时数据及阶段数据，如图8-2-5所示。

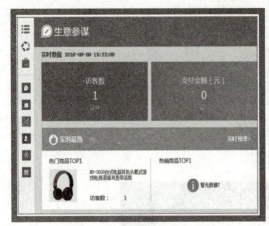
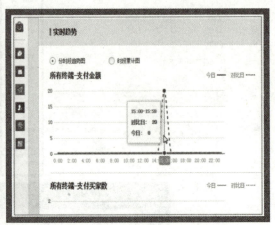
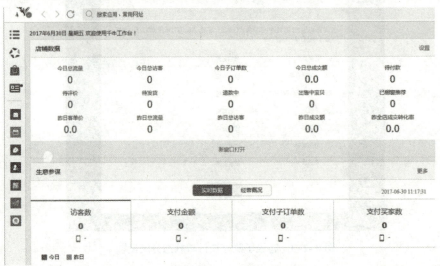

图8-2-5 数据中心

使用生意参谋查看店铺数据，有利于卖家实时掌控店铺销售环境，并根据数据分析情况做出相应决策。

工作台中的智选物流为卖家提供了物流监控、物流绩效监控等功能，通过该功能，卖家可以实时查看和分析物流数据。

2. 任务中心

任务中心主要是围绕着整个交易过程，让卖家可以快速地进行业务任务的实时创建、分派、追踪、处理和反馈，如图8-2-6所示。

图 8-2-6　任务中心

3. 应用中心

应用中心可以为阿里巴巴集团及第三方商家更好地运营提供各类软件服务平台，商家可以根据需求选择需要的软件。

应用中心可以提供包括金融、商品、交易、店铺、数据、营销、供应链、客户、员工等多个领域的服务软件，如图 8-2-7 所示。

图 8-2-7　应用中心

4. 消息中心

消息中心提供店铺的相关信息，包含系统信息和服务信息两大类。其中，系统信息包括旺旺系统消息、交易消息、商品消息、退款消息和任务消息。服务信息需要订阅，主要是淘宝官方发布的相关服务信息。消息中心是日常运营相关信息的核心，是商家必须关注的方面。

（二）千牛平台的功能设置

千牛平台的功能设置主要包括基本设置、消息中心、聊天设置、个性设置、安全设置和客服设置等。在所有的功能设置中，与顾客最相关的设置是个性签名设置和快捷回复设置。

1. 个性签名设置

客服人员要定期根据店铺营销情况设置、更新自己的个性签名，如最近××产品打折中等，如图 8-2-8 所示。

图 8-2-8 个性签名设置界面

通过这些设置，顾客和客服沟通的过程中，可以通过对话框左上角的个性签名第一时间了解店铺营销情况。

2. 快捷回复设置

由于客服在与顾客的沟通中（特别是活动期间）压力比较大，而且有些问题需要不断重复地回答顾客，因此需要设置一些常用的快捷短语，包括问候、产品型号、售后等相关内容，便于日后快速调用，从而提升效率，满足顾客需要，如图 8-2-9 所示。

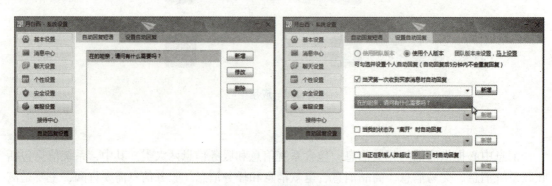

图 8-2-9 快捷回复设置

3. 客服接待量设置和转交顾客

由于客服在工作中有可能会出现同时面临大量顾客咨询的情况，因此需要通过对话框右上角的挂起功能来设置顾客接待量，如图 8-2-10 所示。

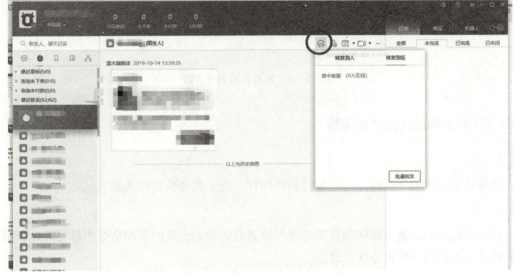

图 8-2-10　挂起与转交顾客设置

对于已经超负荷或者要交班的客服人员，可以通过选择"挂起"功能不在服务。这样如果有新顾客来咨询，系统会自动把顾客分配到在线客服那里。

客服也可以通过转发信息给其他团队成员的功能来缓解自己的工作压力或实现工作交接。

四、售前客服

售前客服是企业在顾客未接触商品之前所开展的一系列刺激顾客购买欲望的服务工作。企业通过开展售前客服，加强双方的了解，为顾客创造购买商品的条件，赢得顾客的支持，赢得市场，提高企业的竞争力。因此，优质的售前客服是商品销售的前提和基础，是提高企业经济效益的关键。

（一）售前客服沟通步骤

售前客服沟通包括招呼、询问、推荐、议价、核实、道别、跟进 7 个步骤，如图 8-2-11

所示。在沟通前，可通过新建分组把顾客分成新顾客、老顾客、未成交顾客等类型，便于第一时间了解顾客信息，方便日后沟通。

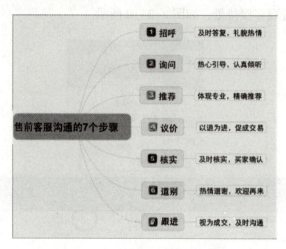

图 8-2-11　售前客服沟通步骤

（二）售前客服常见话术场景

1. 欢迎语

欢迎语是简单的开场白，向顾客打招呼问好，表示欢迎顾客的光临。

2. 对话

简单寒暄过后，通过询问顾客需求或与顾客对话聊天，从顾客的话语中尽可能地获得最多的顾客需求信息与顾客心理信息。

3. 产品介绍（推荐、挑选）

对从与顾客的对话中获得的信息进行分析，总结顾客的喜好与需求，给顾客推荐一两款产品，供顾客挑选。

4. 议价

顾客选好目标商品后，会与客服人员讨价还价。客服人员可以在权限范围内予以处理。当出售的商品不议价时，客服不要生硬拒绝，可采用如下话术进行沟通，如"亲，非常抱歉哦，价格是公司统一规定的，我们客服是没有权利改价的，谢谢亲的理解哦"或"亲，这个价格已经很低了哦，对于初次交易我们都是这个价格的，以后您再来购买，我一定给亲争取最大的优惠"。

5. 支付

交易双方议好价格后，顾客下单付款。在这个过程中，顾客可能会问"手机验证码收不到，我晚点付款可以吧？""我忘记密码了，现在付不了款怎么办？"。客服可以回答"亲，可以的呢，您只需要在今天下午5点前付款，今天就可以给您安排发货的！如果您方便也可以找朋友代付呢"或"亲，支付宝密码忘记了可以通过淘宝客服找回来哦。稍等，我帮您找找淘宝客服电话吧"。

6. 欢送

支付完成后，客服要感谢顾客光临，希望顾客下次再来。可采用"亲，感谢您的光临，我们会尽快为您安排发货！"或"亲，预计明后天您的快递可以到，到时候注意签收哦，有任何问题欢迎随时跟我联系！"结束此次服务。

7. 物流

在顾客付款后，要及时给顾客安排发货。此时顾客可能会提出"我前两天拍下的商品，怎么到现在还没有收到呢？麻烦你帮我查一下好吗？"这类问题，客服应尽快回复"好的，请您稍等"，查询后再次回复"亲，您说的货物我已经帮您查到了，已经到达您所在城市，但快递员还没有配送，可能下午或明天会送到，您要注意查收哦"。

8. 售后介绍

介绍店铺的售后政策的目的是使顾客放心购买。顾客可能会有"我收到货之后如果发现实物与产品图片和描述不符，可以退货吗？来回运费是你们负责吗？"这样的顾虑，客服人员要耐心回复"您好，我们接受无条件退货，由于是网络购物，因此不是质量问题的退换我们是不承担运费的，请您谅解，谢谢"。

五、售中客服

通过售前客服与顾客的交流和沟通，顾客已经在线下单。接下来，在后续的交易过程中，如果交易双方没有异议，客服需要对订单进行确认，否则可能要对订单进行修改、备注甚至关闭交易。

（一）订单确认

客服人员在完成客服账号的基本设置、具备开展售前客服的基础知识及技巧后，就可以根据实际情况促成顾客成交。客服可以根据双方交易流程情况，查询顾客购买进程，在买家购买后付款前修改价格、备注订单、审单、打单、发货，并根据发货情况关注物流进程，延长收货时间及回访顾客、维护评价。

客服可以通过后台"已卖出的宝贝"查看各种交易订单情况，也可以通过快捷搜索有针对性地查看订单情况，如图8-2-12所示。买家如果已拍下物品，在交易后台中会自动显示该买家的订单。打开该订单，可看到交易信息中有订单编号、支付宝交易号、成交时间（以买家拍下时间为准）、付款时间等信息。

（二）修改价格及交易关闭

1. 修改订单价格

根据与顾客售前沟通的情况，商家可为交易买家修改交易价格（这里指的是对已购买未付款的用户可以修改其交易价格，这个交易价格修改后，只有该顾客的该笔订单价格发生变化）。

图 8-2-12 订单列表

2. 关闭交易

如果买家在拍下宝贝后因无法解决的因素不愿购买,客服可通过单击"关闭交易"按钮,在弹出的对话框中选择适当的关闭交易理由,关闭此次交易。

3. 修改收货地址、收货人

有时还会出现买家在下单后,修改收货地址或收货人的情况。遇到这种情况,要根据订单执行状态分别处理。

(1)买家已付款。买家已成功拍下所有宝贝,并付款,处于等待仓储部发货阶段。在这种状态下,客服可通过备注来实现买家的要求。

另外,买家付款后,商家客服人员可以根据顾客的特殊要求对订单进行备注。买家如果对商品、发货地址及联系方式、快递选择、赠品、售后问题等有特殊要求,客服需要对顾客要求进行标注,便于发货人员合理地区分,提升工作效率。

(2)卖家已发货。卖家已经发货,等待买家收货,确认收货信息。在这种状态下,客服无法对订单信息进行修改,但可进行三种操作:单击"详情"按钮,查看买家的收货人信息;单击"查看物流"按钮,查看物流跟踪状态;单击"延长收货时间"按钮,可避免出现顾客还没有收到货,交易在默认的情况下自动成功,损害顾客利益的情况。

六、售后客服

客服确认订单并发货后,等待买家确认收货。买家收货后,由于各种原因还可能会发生退换货的情况,即使交易顺利完成,买家在购后评价时也有可能会给卖家中评或差评,遇到这种情况,客服要及时处理,避免对企业造成严重影响。

（一）中差评处理

交易完成后，交易双方都要对该笔交易进行评价。评价是买卖双方对一笔交易的最终看法，也是衡量买家是否存在潜在购买商品意愿的一个重要参考因素。良好的信用会让买家放心，差评会让买家望而却步。交易结束后要及时做出评价，信用至关重要。不论买家还是卖家都很在意自己的信用度，卖家及时在完成交易后做出评价，可以让其他买家看到自己信用度的变化。

有些买家不像卖家那样能够及时做出评价，卖家可以友善地提醒买家做出如实评价，因为这些评价将成为其他买家购买商品的重要参考。

评价还有一个很重要的解释功能，如果买家对商品做出了错误的、不公正的评价，卖家可以在评价下面及时做出正确、合理的解释，防止其他买家因为错误的评价产生错误理解。

1. 对于不同评价的处理方法

（1）正常好评。客服在顾客收货后，应与其进行沟通，了解顾客收货和使用的情况，对于反映良好的商品，鼓励顾客给予好评甚至晒图好评。

（2）中评或差评。对于声称将要给中差评的顾客，要尽量在顾客评价前与其沟通，进行安抚、协商退款、退货。对于给出差评或中评的顾客，尽量予以抚慰、补偿，与其协商将中评或差评修改为好评。

（3）恶意差评。对于恶意差评的顾客，要争取取证，必要时可以要求平台客服介入。

（二）退换货处理

买家在申请退换货时，要分为卖家未发货和卖家已发货两种情况分别处理。如果是换货，则需要先进行退货，然后重新下单购买其他商品。

任务小结

网店客服是网店运营的一个重要组成部分，它是店铺与顾客之间的纽带和桥梁。其主要工作是与顾客进行有效的沟通，促使有意向的顾客下单并付款；对订单进行有效的管理并做好售后服务跟踪，从而提升店铺业绩和店铺信誉。

最重要的一点，在聊天过程中一定要引导客户，让客户跟着你的思路走，千万不要被客户引导，客户问什么你回答什么，那样你就不是客服了，是机器人。最后，一个优秀的客服或者客服主管应该是一个出色的心理学家。

能力训练

（1）简述网店客服的岗位职责。
（2）简述售后客服应如何处理中差评。
（3）简述售前客服应如何为消费者推荐商品，在推荐之前又应具备哪些方面的知识。

技能拓展

假如你是客服团队的管理人员，你应从哪几个方面制定考核制度？你认为怎样的奖励制度才能激发客服的工作积极性？

单元测试

一、选择题（20分）

1. 以下哪种不属于平台违规行为？（   ）
   A. 虚假交易　　　　　　　　　　B. 侵犯知识产权
   C. 成交不卖　　　　　　　　　　D. 滥发信息

2. 卖家的基本义务是什么？（   ）
   A. 24小时发货义务　　　　　　　B. 无条件退换货义务
   C. 包邮义务　　　　　　　　　　D. 商品如实描述义务

3. 严重违规扣分累计达多少分的，会被处以查封账户的处罚？（   ）
   A. 100分　　　B. 36分　　　C. 48分　　　D. 24分

4. 除了下列哪一项外，发生违规行为后，平台会对他作出的处理？（   ）
   A. 对这次违规行为进行公示　　　B. 对违规的会员进行罚款
   C. 对这次违规行为进行纠正　　　D. 对这次违规行为进行扣分

5. 平台对卖家发布商品的数量有什么限制？（   ）
   A. 信用等级高就没限制了
   B. 完全没限制
   C. 有限制，有些情形可能1件都不能发了
   D. 有限制，但至少可以发100件

6. 以下哪种行为不属于严重违规？（   ）
   A. 骗取他人财物　　　　　　　　B. 泄露他人隐私
   C. 盗用他人账户　　　　　　　　D. 竞拍不买

7. 下列哪类商品不允许在网上出售？（   ）
   A. 箱包　　　B. 鞋帽　　　C. 服装　　　D. 武器

8. 一般违规行为节点处罚里的屏蔽天数为几天？（   ）
   A. 12天　　　B. 15天　　　C. 7天　　　D. 9天

9. 会员名、店铺名或域名中可以包含什么信息？（   ）
   A. 涉嫌侵犯他人权利的信息
   B. 卖家本人已通过工商注册的实体店名
   C. 干扰平台运营秩序等相关信息
   D. 违反国家法律法规的信息

10. 买卖双方在评价中允许出现下列哪种情形？（   ）
    A. 买家在评论内容中称赞卖家发货速度快
    B. 同行竞争者恶意给予中差评
    C. 买家利用中差评恶意向卖家索要额外财物
    D. 买卖双方在评论内容中发布污言秽语

二、名词解释（30分）

1. 网店客服；
2. 求实心理；

3. 淘宝规则；
4. 求美心理；
5. 求同心理；
6. 求惯心理。

三、解答题（40分）
1. 网店客服应具备哪些心理素质？
2. 网店客服的职业素养、具备的知识应该有哪些？
3. 在促成交易时，网店客服的技巧有哪些？
4. 简述客户投诉处理的注意事项。

项目九

营销手段及推广

彩图

任务1　电子商务营销推广概述

学习目标

【知识目标】
了解电子商务营销的特点和发展趋势。
【技能目标】
能够熟练运用操作平台内活动进行营销。

背景知识

随着电子商务领域的竞争日趋激烈，各大商家开始意识到营销推广的重要性。营销推广不仅可以为店铺引流，带来销售额的增长，而且可以增加商品或店铺的知名度，吸引潜在消费者，增强消费者的黏性，助力商家塑造品牌。而随着移动互联网的普及，电子商务营销推广的策略越来越丰富，面对这些策略，如何选择、运用成为商家关注的重点。

任务导入

来自四川的戴小强开了家淘宝店铺，出售自己种的绿植。刚开始店铺的流量非常少，经营状况不太好。一个偶然的机会，戴小强发现当地一家经营土特产的门店在微信上做宣传，他当即受到启发，决定利用微信公众号和朋友圈来为自己的商品做广告。于是他申请了微信公众号，将其命名为"绿植岛"。通过日常公众号推广，配合促销活动，在半年多的时间里，该公众号已有近3万名粉丝，每月为店铺带来近6万元的销售额。为了回馈这些粉丝，戴小强会定期通过微信公众号发放店铺优惠券，进一步刺激消费者消费。

通过微信公众号推广，戴小强的店铺经营逐渐走上了正轨。但近来他的运营遇到一些麻烦，原来一部分消费者收到绿植后，发现实物与商品详情页图片不一致，从而给出了中差评,影响了店铺的评分和声誉。让他感到无奈的是,由于植物商品的特殊性,每株植物都各有差异,因此实物不可能与图片完全一致。就在戴小强无计可施时,越来越红火的淘宝直播营销引起了他的注意。淘宝直播可以对自家花圃进行全面展示,消费者使用手机即可对植物进行挑选,这种方式高度模拟了线下购物的场景,消除了消费者的很多顾虑。同时搭配一系列营销手段,如发放优惠券、开通秒杀等,戴小强成功地提升了店铺的销售业绩。

不论是微信公众号推广还是直播营销,都属于电子商务营销推广策略。本任务将介绍电子商务营销推广的相关知识,帮助商家掌握更多营销推广手段,助力改善店铺经营。

思考: 你知道的电子商务营销推广方法有哪些呢?

任务分解与实施

一、电子商务营销的特点

电子商务营销是基于电子商务完成一系列营销环节,达到营销目标的过程。电子商务营销离不开互联网,可以说电子商务营销与网络营销有着密不可分的关系。与传统的营销手段相比,电子商务营销具有以下6个特点。

(1)范围广:借助互联网,电子商务营销可以超越时间和空间的限制,使消费者通过网络即可查看企业的营销信息,让企业的营销活动不局限于某一个城市,而是覆盖更广阔的地区。

(2)交互性:电子商务营销具有良好的交互性,能够为企业提供更多展示自身的机会,同时消费者也能自主通过网络平台进行信息的查看与搜索,并有机会对商品的设计、包装、定价和服务等问题发表意见。这种双向互动的沟通方式使消费者的参与性和积极性得到有效提升,也使得企业营销策略更具有针对性,有助于实现企业的营销目标。

(3)个性化:电子商务营销是一种由消费者主导的、非强迫性的和循序渐进的低成本与人性化的促销,消费者可以根据自己的需求自由选择,或通过信息主动寻找,并提供需求和反馈,以方便企业提供更加个性化的商品和服务。

(4)高效性:电子商务营销通过计算机储存大量信息,并进行信息的查询与筛选,其信息传送的数量很多,精确度非常高。同时,电子商务营销能根据市场需求及时更新商品或调整价格,以及时了解并满足消费者的需求。

(5)技术性:企业进行电子商务营销必须先具备互联网基础和一定的技术投入与支持,并且还要根据需要改变传统的组织形态,改善企业的内部管理职能,招聘能熟练使用计算机、网络技术和营销手段的复合型人才,这样才能使企业在激烈的市场竞争中保持优势。

(6)传播速度快:电子商务营销的传播速度是毋庸置疑的,这得益于网络社交群体之中信息的高效传输。电子商务营销真正做到了"一传十、十传百"的效果,好的商品和品牌在电子商务营销中能够快速形成口碑传播。

二、电子商务营销的发展趋势

目前,我国电子商务营销的发展较为蓬勃,在各种内容平台的助力之下,电子商务营销已经能对消费者施加较大影响，并呈现出智能化、全域化、内容化的趋势。

1）智能化

与电子商务营销相关的技术逐步升级，将助力电子商务营销实现智能化。电子商务营销过程中所要完成的工作相当繁杂，如在投放广告时需要不断根据实际效果调整投放策略，并将营销信息尽可能地推送给更多的目标消费者。这些工作对相关人员的能力和经验要求很高，一旦出现偏差，就可能无法实现电子商务营销的目标，对营销资金也无法实现充分利用。而利用新的技术使得营销流程的各环节实现智能化，将有效提高电子商务营销过程中操作的便捷度和资金的使用效率。因此，各大商家对电子商务营销的智能化升级都有较为强烈的需求，这一需求将有力推动相关技术的发展。

2）全域化

全域化指电子商务营销信息能通过多平台全域触达消费者。近年来，各类内容平台如雨后春笋般出现，消费者的使用习惯也在不断变化，留给每个平台的时间也相对减少，若还只是利用消费者在电子商务平台上所停留的时间来对消费者施加影响，那么营销效率将不会很高。电子商务营销发展的趋势为多平台同时发力，形成营销矩阵，全面激发消费者的购买欲，可以预见的是，在未来，电子商务平台与其他平台之间的合作关系将会得到进一步加强。

就目前而言，通过电子商务广告联盟将各类平台系统化地整合在一起，是未来各电子商务平台为实现全域化发展而建设的方向。对于如阿里巴巴、京东等已建立电子商务广告联盟的电子商务平台而言，下一步的工作则是吸纳更多类型的合作平台，将消费者在各个平台上留存的数据进行有效整合，提升电子商务营销模式与各类平台的适配度。

3）内容化

随着消费者上网与消费习惯的改变，千篇一律、过于直白的营销方式对于消费者的影响已经大不如前。而借助内容来打动消费者的营销模式越来越被消费者所接受，这也使得电子商务营销不再停留于单纯的商品介绍，而是进一步融合具有可看性、娱乐性的内容。

可以预见的是，在未来的电子商务营销中，具有强大粉丝基础的KOL（Key Opinion Leader，即关键意见领袖）将进一步凸显其流量价值，与KOL合作或培养自己的KOL将成为很多商家的选择。而内容形态较弱的交易型电子商务平台将跟随内容化趋势，进一步加大自身内容板块的建设力度，以分享社区、短视频、直播、资讯等内容模式吸引消费者，从而提升消费者的黏性。

任务小结

本任务主要介绍了电子商务营销的特点，以及电子商务营销的发展趋势。

任务 2　电子商务平台内营销推广

学习目标

【知识目标】
1. 了解电子商务平台内付费推广方式。
2. 熟悉平台内活动营销的相关知识。
3. 熟悉新媒体平台营销推广的相关知识。

【技能目标】
能够熟练操作平台内付费退费、活动营销。

一、电子商务平台付费推广工具

"店内推广和营销"与"站内推广和营销"两者在影响客户的接触点上有所不同，前者一般只有当客户进入店铺后才能接收到推广信息，主要依靠自身网店访问量，存在一定局限性，而后者则能让商品信息走出店铺，被更多的潜在客户发现和接受，并产生新的销售机会。

为了帮助商家提升店铺流量和销售额，电子商务平台为商家提供了很多付费推广工具，如淘宝网的直通车、钻石展位、淘宝客，京东提供的京东快车等。

（一）直通车

直通车是淘宝最常用的推广方式，是一种搜索竞价推广方式。直通车是按点击付费，也是精准的推广手段。直通车不仅可以提高商品的曝光率，还能有效增加店铺的流量，吸引更多的消费者。

1. 直通车的原理

直通车是淘宝网的一种付费推广方式，消费者可通过点击直通车推广展位的商品进入该商品详情页，产生一次甚至多次跳转流量。同时，直通车还给参与商家提供了淘宝网首页热卖单品活动、各个频道热卖单品活动，以及不定期淘宝网各类资源整合的直通车商家专享活动，通过多种方式给商品带来流量。

直通车的推广形式是商家通过设置关键词来推广商品，淘宝网根据消费者搜索的关键词在直通车展位展示相关商品，消费者点击商品产生流量，淘宝网就通过直通车流量的点击数进行收费。当消费者点击直通车展位的商品进入详情页后，将产生一次流量；当消费者通过该次点击继续查看店铺其他商品时，即可产生多次跳转流量，从而形成以点带面的关联效应。此外，直通车可以多维度、全方位地提供各类报表及信息咨询，从而使商家快速、便捷地进行批量操作。商家可根据实际需要，按时间和地域来控制推广费用，精准定位目标消费群体，降低推广成本，提高店铺的整体曝光度和流量，最终达成提高销售额的目的。

2. 直通车的展现位置

因淘宝网平台分为 PC 端和移动端,故直通车的广告展示位在 PC 端和移动端也是不一样的。

如图 9-2-1 所示,PC 端的广告展示位主要是在买家搜索关键词之后的搜索页面中,左侧 1~3 个,右侧竖着的 16 个、底部横着的 5 个,带有"掌柜热卖"标识的推广位置。每页展示 21 个宝贝,右侧展示 1~16 位,下面展示 17~21 位,搜索页面可一页一页往后翻,展示位以此类推。

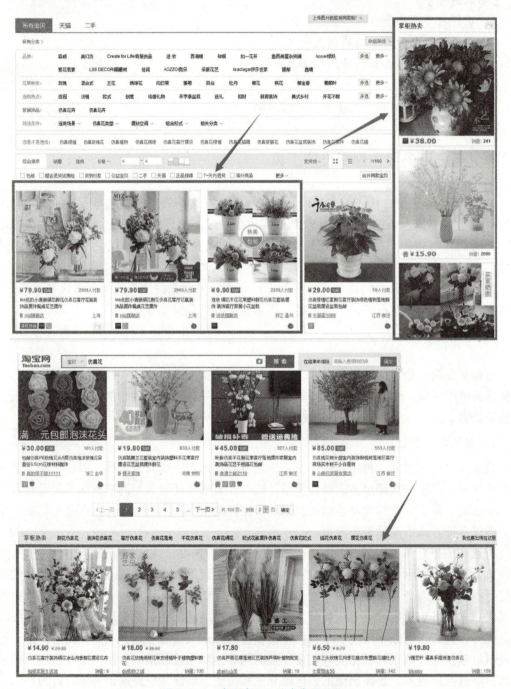

图 9-2-1 直通车 PC 端广告展示位

移动端则是在买家搜索页面每隔5或10个宝贝有1个带有"HOT"标的展示位,如图9-2-2所示。

3. 直通车的收费

直通车拥有多种推广形式的营销产品,它们都是按点击进行计费,只有当买家点击了推广信息后才进行扣费,单次点击产生的费用不会大于商家所设置的出价。

例如:买家搜索一个关键词,商家设置了该关键词的宝贝在直通车的展示位上出现。当买家点击了推广的宝贝时,才会进行扣费,扣费小于或等于商家的关键词出价。

直通车的实际扣费公式为:单次点击扣费 = 下一位的出价 × 下一名的质量得分/商家的质量得分 +0.01。从上述公式中可以看出,质量得分将影响商家的扣费,并且质量得分越好,商家所需付出的费用就越低。

图 9-2-2 直通车移动端广告展示位

4. 创建直通车推广计划

(1)进入"千牛卖家工作台"页面,在"营销中心"栏中单击"我要推广"超链接,在打开的页面中选择"淘宝/天猫直通车"选项。

(2)进入"淘宝/天猫直通车"首页,单击"进入直通车"按钮,进入直通车后台,如图9-2-3所示。

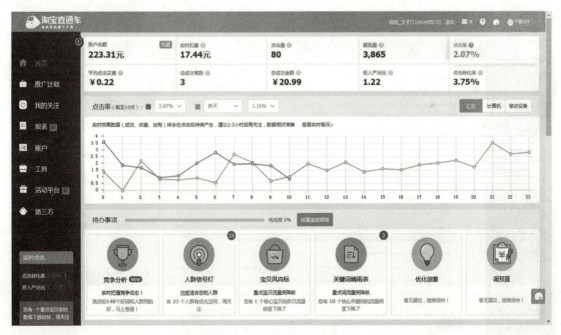

图 9-2-3 直通车后台首页

（3）单击进入"推广计划"。推广计划是根据不同的推广需求分别建立的，一般有4个或8个计划。例如，预热的产品和热卖的产品可以分别放入不同的计划中，不同分类的产品也可以放入不同的计划中，如图9-2-4所示。

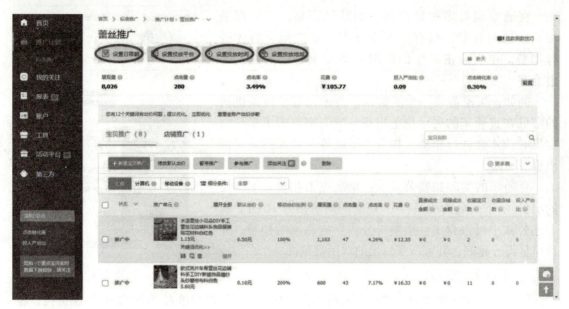

图9-2-4　直通车推广计划设置

（4）设置推广产品前，要先设置日限额、投放平台、投放时间和投放地域。

设置日限额即设置一天的投放费用额度，店铺可以根据预算确定投放额度，如图9-2-5所示。

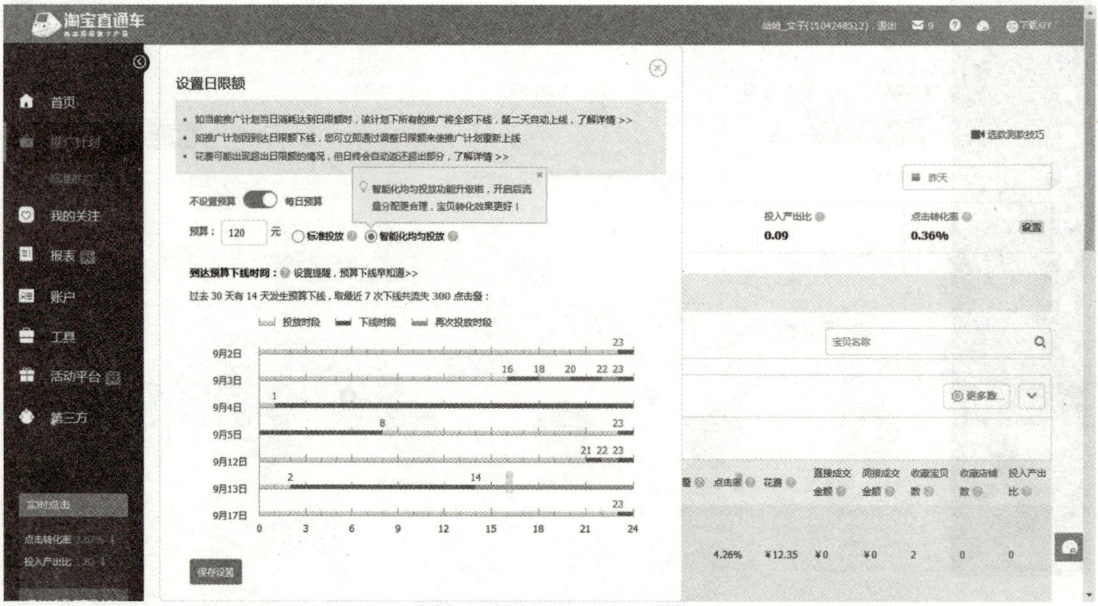

图9-2-5　设置日限额

投放平台可以选择站内和站外及定向推广，前期可以只选 PC 端和移动端，站外和定向可在店铺拥有一定基础销量和顾客积累后进行，如图 9-2-6 所示。

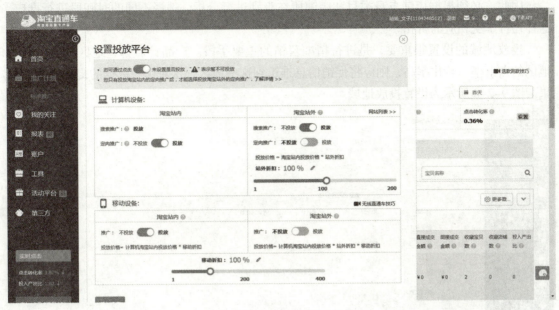

图 9-2-6　设置投放平台

投放时间的设置没有一个统一的规则，要根据商品所在的行业确定，因为行业的不同，顾客的浏览习惯也会有所区别，如图 9-2-7 所示。

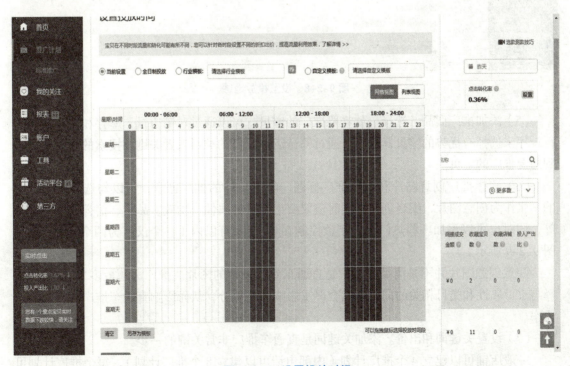

图 9-2-7　设置投放时间

对于大部分类目，每晚 8 点都是浏览高峰，0 点到 6 点的浏览量比较小；但是母婴类目往往白天的浏览量较大，晚上的浏览量较小。

因此，必须根据店铺自身类目和店铺所在级别进行分析，选择不同的时间段进行推广，这样还可享受相应的折扣。

投放地域的设置很重要，是进行精准营销的重要手段。产品针对哪些地区销售，哪些地区的点击率、转化率高，则应将促销信息推送到这些地区，这对销售数据的提升有显著效果。图 9-2-8 所示为设置投放地域。

图 9-2-8　设置投放地域

（5）添加推广商品，选择一款需要推广的宝贝，可以通过对销售量、库存和发布时间进行排序来选择有优势的宝贝，也可以通过筛选店内宝贝的类目或者关键词搜索的方式快速找到想要推广的宝贝。

（6）选择推广创意图片和制作推广标题。编辑宝贝的推广创意，可以勾选 5 张主图中的一张作为创意图片，编辑创意标题时建议突出宝贝的属性、功效、品质、信誉、价格优势等，同时也可以添加一些热门词，字数控制在 40 个字符以内（一个汉字为两个字符），如图 9-2-9 所示。

注意创意图片并不是商品主图，是直通车专门设计的图片。推广标题最多 20 个字，选择与宝贝属性和类目相关的词，不然会严重影响质量得分，从而影响直通车推广的投入产出比率。

（7）设置关键词和出价。添加关键词是直通车推广非常关键的一步。

一般店铺可以建立 4 个推广计划（内部申请可以建立 8 个推广计划），每个推广计划可以添加 200 个关键词。4 个计划最多可以选择 800 个关键词。

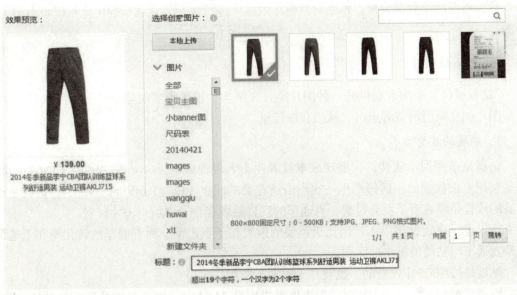

图 9-2-9　编辑推广创意

当然，选择关键词的数量需要根据店铺的推广预算来决定。前期可以推广 20 个左右精准的长尾词。选词的方法有很多，如下拉框、是不是想找、生意参谋、词库等选词方法。关键词的选择不是一次性的工作，要结合店铺数据，特别是直通车宝贝点击转化的数据不断优化。设置关键词和每个关键词价格的方法如图 9-2-10 所示。

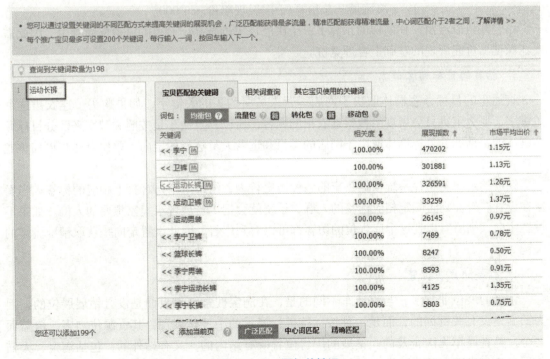

图 9-2-10　添加关键词

提醒：绝大多数店铺会设计两个创意图片，在推广初期，分别测试两个创意的点击率。然后根据活动数据分析，不断对直通车的推广进行优化，直通车的优化是以点击率为根本的。

（二）钻石展位

"钻石展位"是淘宝提供的一种图片类、文字类、视频类实时竞价展示推广工具，主要依靠图片创意吸引消费者点击，从而获取流量。

1. 钻展的收费方式

钻展是按照展示收费的，展现成本或者叫千人展现成本（Cost Per Mille，CPM）；直通车是按照点击收费的，即每产生一次点击所花费的成本（Cost Per Click，CPC）。也就是说，钻展的广告是顾客看了就要付费；直通车的广告是顾客看了之后点击才付费。

所以说，决定钻展投入产出比最重要的因素在于点击率，而直通车的转化率在于选词，这是直通车与钻展最根本的区别。

钻展是按照 CPM 收费的，也就是千次展示费用。

例如，展现量是 274 318 次，千次展现成本是 72.54 元，那么最终的消耗金额的计算公式是：274 318÷1 000×72.54=19 899（元）。

2. 钻展的展现逻辑

钻展广告的呈现按照出价高低顺序展现。系统将各时间段的出价按照竞价高低进行排名，价高者优先展现，出价最高的预算消耗完后，轮到下一位，以此类推，直到该小时流量全部消耗，排在后面的无法展现。

$$总流量 = 总预算/千次展现单价 \times 1\ 000$$

由公式可以看出，在同样的预算下，千次展现单价越高，获得的流量反而越少，因此需要在保证出价能展现的基础上合理竞价。

3. 钻展的目标顾客群体

直通车的目标顾客群体取决于网店运营人员所购买的关键字，如果购买了连衣裙这个关键字，那么宝贝只会展现给搜索连衣裙的顾客，所以，直通车是按照关键字来区分目标顾客群体的。钻展的目标群体取决于网店的类目和运营人员选择的定向，要比直通车更加鱼龙混杂。

钻展的定向就是，系统根据买家的各种历史行为，给每一个访客打上相应的标签。当卖家在设置广告计划时圈定相应标签的人群，系统就会把广告展现给卖家想要的人群。如果不设置定向，则所有来到这个广告位的访客都可以看到广告。因此设置定向是获取精准流量的关键。

4. 钻展的广告位置

钻展的展位非常多，与直通车不同的是，在淘宝搜索结果页面是没有钻展展位的，因为钻展是没有关键词的，而是一种按标签进行展示的个性化展现，其资源位之多，覆盖面之全，是直通车无法企及的。钻展的广告位置既有站内的，又有站外的，包括淘宝、天猫首页，各个频道大尺寸展位、淘宝无线端 App 以及搜索引擎、视频网站、新浪微博、腾讯、优酷等各大优势媒体等多个站外媒体展位。

在钻展后台查看，一共分为 19 个行业，"网上购物"是站内的资源展位，其他为全网资源。一般中、小卖家选择站内的展位即可。对于大卖家来讲，站内的流量不能满足需求，还需要购买站外的流量。

最典型的钻展资源位是 PC 首页和手淘首页的焦点图，其次是手淘猜你喜欢等比较优质的资源位，具体有哪些资源位，可以进入钻展后台，点击导航条"资源位"进行查看。如图 9-2-11 所示，在钻展后台资源里可以看到所有可以投放的资源位。

5. 钻展的推广计划

钻展的推广计划和直通车推广计划一样，需要卖家根据实际情况进行新建和设置。具体流程如下：

1）建立计划

单击"新建推广计划"按钮，一般先选择"展示网络"计划进行创建，如图 9-2-12 所示。

2）计划基本信息设置

首先选择推广场景（为店铺引流或者为宝贝引流），再设置计划的详情。

填写计划名称和预算：计划名称一般是以广告位置命名的。

图 9-2-11　钻展广告位

图 9-2-12　钻展创建计划

选择投放时间和地域：在"高级设置"里选择投放地域和时间，时间地域根据店铺顾客的地域分布和成交高峰来选择。

投放方式：尽快投放——合适流量预算集中投放；均匀投放——全天预算平滑投放。如一天预算为 300 元，投放时间选择了 10 个小时，那么选择尽快投放就是 300 元有可能在第一个小时内消耗完，如果选择均匀投放则是一个小时大约投放 30 元，因此一般建议选择均匀投放。

3）填写推广单元信息——设置定向和出价

一个计划可以设置多个单元，单元的命名最好是按照定向来命名。定向和出价的设置直接关系到点击率高低，点击单价 5 元还是 0.5 元，新手一般建议先学习再投放，省钱高效。

(三)淘宝客

淘宝客的推广是一种按成交计费(CPS)的推广模式,由淘宝客帮助推广商品,买家通过推广链接进入完成交易后,卖家支付一定比例的佣金给对应的淘宝客,提升店铺成交机会。淘宝客推广成交后才计算推广费用,是对商家最有利的付费推广方式。

淘宝客是推广商选择商家的产品或店铺进行推广,商家的自主余地相对较小,因此,淘宝客的推广相对运营来说简单一些,如图9-2-13所示。

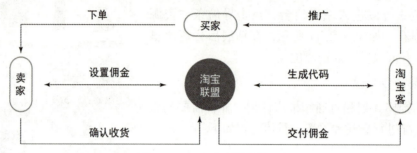

图 9-2-13 淘宝客推广模式

1. 淘宝客创建计划

登录"卖家中心",选择左边菜单栏"营销中心"下面的子菜单"我要推广",进入推广页面,单击"开始拓展"按钮进入淘宝客的主界面。

1)新建定向计划

单击定向计划下"新建定向计划"选项,进入"新建定向计划"页面。

2)填写基本信息

在"新建定向计划"页面中填写计划名称、计划类型、审核方式等基本内容。首先确定推广计划名称,计划类型选择"公开",审核方式选择"自动审核"。

3)计划选项的设置与描述

计划选项设置包括时间选择、佣金设置和计划描述等。时间可以选择得长一点,如20~30天。佣金可以设置得比默认值高一点,可以参考行业平均值。计划描述主要是说明计划推广的目标及商品的种类、亮点等。

2. 淘宝客的计费

如果有成交扣除佣金,佣金在淘客订单确认收货时从店铺对应支付宝中扣除。具体计算公式如下:支付佣金 = 宝贝实际成交金额(运费不计算)× 卖家设置的佣金比例。

(四)京东快车

京东快车是基于京东平台的站内推广,按点击付费(CPC)的实时竞价类广告营销推广工具。通过对搜索关键词或推荐广告位出价,将卖家的推广商品、活动或店铺展示在京东站内丰富的广告位上。

1. 京东快车的优势

京东快车的优势有以下三点:

（1）精准投放：根据用户购物行为、区域信息、类目属性、用户具象行为等维度进行精准定向，快速触达目标用户，有效提高转化率。

（2）多维数据：准确预估类目及关键词出价，并支持多维度查看展现与点击等指标的实时数据以及丰富的效果分析数据。

（3）智能推荐：根据卖家的关键词需求，智能推荐行业热词及其相似商品关键词，并提供否定词管理功能，便于卖家多维度选择关键词。同时，系统会根据未购买的用户搜索词进行智能匹配，保证卖家的广告展现。

2. 京东快车的竞价逻辑

京东快车决定排名的主要因素包括但不限于出价、点击率（影响点击率的主要因素是定向设置和素材制作质量）、转化率（影响转化率的主要因素是商品详情页、活动等）。

根据推广出价和质量分实时竞价，免费曝光；点击价格是由卖家和竞价排序在卖家下一位的客户推广结果的价格和质量度共同决定的（广义第二价格拍卖），在触达目标用户的基础上，更节省成本。

3. 京东快车的广告位

1）京东快车—普通计划—商品推广

PC端：搜索结果页——左侧"商品精选"；底部"商品精选"；右侧商品列表原生广告，每页最多展现6个广告，如图9-2-14所示。

推荐位：三级类目列表页——顶部"热卖推荐"；左侧"商品精选"；底部"商品精选"；右侧商品列表原生广告，每页最多展现6个广告，如图9-2-15所示。

无线端：搜索结果页——京东App关键词搜索结果、微信及手机QQ购物、M关键词搜索结果页都包含信息流广告，搜索结果每页默认为11个SKU，其中包含1个广告位，右下角标注"广告"字样。

推荐位：京东App首页底部"分类"选项，进入类目对应商品列表页，每页包含2个广告位，右下角标注"广告"字样。京东App首页底部、商品详情页、我的京东、购物车——"猜你喜欢"/"为你推荐"。

2）京东快车—普通计划—活动推广

PC端：搜索结果页——左下侧"商家精选"。三级类目列表页——左下侧"商家精选"；商品详情页，页面左侧底部。

3）京东快车—普通计划—店铺推广

App端：App搜索结果页中穿插，第20个位置，展现机制为自动抓取近半年内店铺销售额较高的三个SKU，第一个单品SKU为默认跟单SKU。

二、电子商务平台内活动营销

电子商务平台通常会安排一系列的营销活动来刺激消费者的购物欲，如淘宝网的聚划算、淘金币，拼多多的9.9元竞价活动，京东的秒杀活动等。对于商家而言，参加电子商务平台内的营销活动可以为店铺带来更多的流量，是一种非常有效的营销手段。只要满足活动要求，商家即可报名参加活动或竞争活动名额。不同的活动具有不同的针对性，所带来的推广效果也不相同。

图 9-2-14 搜索推广的位置

一般而言，在正式开始营销活动前，商家要对以下 5 个方面进行策划。

（1）选择营销时机：商家应选择一个合适的营销时机，这样不仅能减少竞争压力，还能最大限度地获取利润。在选择营销时机时，通常有两种方式：一种是在节日进行促销，即借助节假日，如"双 11""618"等引入更多的客流；另一种是按照商品季节周期进行促销，对于季节性的商品，可以在商品销售旺季安排营销活动。

图 9-2-15　推荐推广的位置

（2）设计营销活动时长：营销活动时长最好设计在 2~5 天，营销活动的关键在于给消费者制造种紧迫感，促进商品的销售。

（3）确定营销活动频率：不少商家都有跟风开展营销活动的习惯，其实这是不对的。开展营销活动一定要把握一个合理的度，过于频繁的营销会让消费者怀疑商品的品质，降低商品的档次，不利于塑造品牌形象。

（4）策划营销活动力度：营销活动需要在价格上给予折扣或付出推广成本，因此商家不可一味追求活动力度,要确定参与活动商品的数量、商品降价幅度等,提前做好活动预算。

(5)选择参加营销活动的商品:参加营销活动的目的是增加商品销量,提高销售额。但进行营销的商品必须具备好的质量,同时还应该具有以下5项必备要素,即利润空间大,销量转化较好;热销潜力比较大,评价比较好;货源比较稳定,不会出现断货、缺货的情况,最好不缺码、缺色;尺码标准,颜色主流,容易被大众接受;商品应季,符合当前流行趋势。做好准备工作后,商家就可以报名参加营销活动了。

三、移动端营销

移动电子商务环境下,消费者的习惯和需求逐渐发生变化——消费者希望能够随时随地精准地享受到各项个性化服务,这就需要更加精准的营销定位和更加完善的移动营销手段。随着移动端网购逐渐成为消费者的购物习惯,移动端营销的重要性也日益凸显。各大电子商务平台对于移动端营销也颇为重视,为商家提供了很多移动端营销手段,如淘宝网的微淘、淘宝群、淘宝直播、京东的直播等。相对于 PC 端营销,移动端营销具有如下特征。

(1)高度的便携性。移动端具有极高的便携性,消费者可以随时查看商家发布的相关内容。而蓬勃发展的移动通信技术让更多的营销手段成为可能,如移动网络速度的提升使消费者能够随时随地观看直播。

(2)高度的精准性。大数据技术和移动定位服务使得商家可以更加精准地将营销信息推送给目标人群,如经营鲜花的店铺通过移动定位服务将线上、线下渠道打通,为线下实体店附近的消费者推送自己的营销信息,将其引导到自己的实体店中。

(3)成本相对低廉。目前电子商务行业的流量成本逐渐上涨,如对于直通车而言,商家往往需要支付较高的推广费用才能占据较好的推广位置。而在移动端营销中,商家可以利用有价值的内容吸引消费者的关注,以相对较低的成本获得更好的推广效果。

任务小结

本任务主要对电子商务平台内的营销推广工具进行了介绍,包括平台付费推广工具、平台内活动营销以及移动端营销;其中付费推广工具有直通车、钻石展位、淘宝客、京东快车。

任务 3 新媒体平台营销推广

学习目标

【知识目标】

熟悉新媒体平台营销推广的相关知识。

【技能目标】

能够运用微信公众号、微博、抖音进行推广营销设计。

随着新媒体对人们生活的改变，越来越多的商家开始意识到必须利用新媒体强大的引流能力来为自己的店铺做推广。于是，当下热门的微信、微博、抖音等平台成了新的营销阵地。

一、微信推广

微信对于大家而言并不陌生，它是基于智能移动设备而产生的主流即时通信软件，也是一个可以及时与消费者互动的交流平台，可以实现一对一的互动交流。微信的渗透率高、覆盖率广，能够渗透到人们生活和工作的方方面面，因此微信拥有巨大的流量。流量对于电子商务的重要性不言而喻，商家要想在电子商务领域内有所作为，必须把握好微信这个营销渠道。

商家利用微信进行推广，主要是在微信平台开设账号、发布内容并引导消费者点击商品或店铺网址，甚至主动搜索店铺或品牌名称。在微信上进行的营销推广不受时间和地点限制，相对于传统广告来说成本更低，互动性更强，因此微信已经成为主要的站外推广平台之一。

通过微信进行推广有两种常用的方法，即微信朋友圈推广和微信公众号推广，下面分别进行介绍。

（一）微信朋友圈推广

微信朋友圈推广是指商家通过微信个人朋友圈发布一些碎片化、及时性的状态来传达店铺或商品的信息，通过朋友圈的频繁互动来拉近与消费者的距离。这种方式可以为目标人群提供更持续、更精准的服务，并在服务基础上做一定程度的口碑传播。

在当下，微信朋友圈已经成为大众日常生活必不可少的一部分，每天浏览朋友圈已经成了很多人的生活习惯。商家通过微信个人账号进行朋友圈营销，可以提升店铺销售业绩。

商家首先应该积累微信好友，有了一定数量的好友后，就可以在朋友圈发布状态进行营销推广。朋友圈比较私人化，在朋友圈中进行营销要注意策略，切忌发布刷屏广告，发布的朋友圈状态既要有可看性，又要实现推广的目的，这就需要商家掌握如下技巧。

1. 适度发布商品信息

对于商家来说，发布朋友圈的主要目的还是进行推广，所以可以适当地在朋友圈中晒一晒自己的商品上新信息、商品详情信息、促销活动、发货情况等内容。但是不能太频繁，一天一两次或两天一次最佳，这样的分享会刺激一些潜在消费者产生购买冲动，如图 9-3-1 所示。

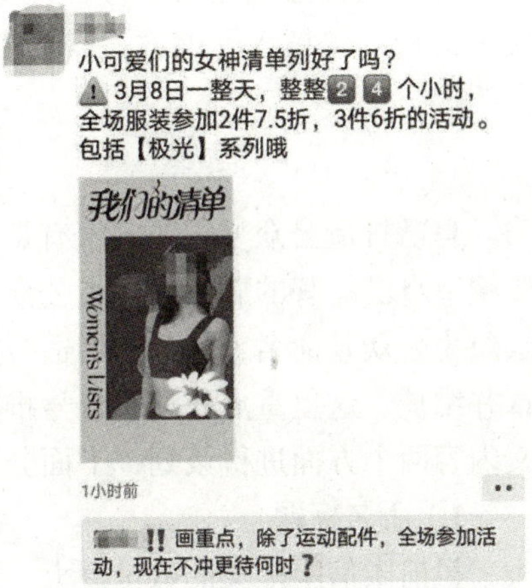

2. 生活分享中植入广告

朋友圈是一个分享个人信息的平台，硬推广这种方式虽然可以直观地推广自己的商品，但也很可能造成好友的反感。一般来说，商家微信个人账号的好友数量往往非常多，有些可能根本就不认识，此时采用生活分享的方式来进行商品或店铺的推广，会给微信好友一种亲切、自然的感受，让他们在不知不觉中认可你所分享的信息，达到软推广的目的；同时有利于

图 9-3-1　直接发布店铺促销信息

树立账号拥有者的形象,让好友觉得你是个有生活情调的人。发布生活分享类朋友圈状态并不复杂,只要写出自己生活中的趣事,然后将需要推广的信息自然而然地融入其中,让微信好友在真实的生活场景中感受和了解到推广信息即可。图 9-3-2 所示为一个经营手机商品的商家发布的一条融合商品的朋友圈状态,说是朋友聚会,晒出美景和自拍,实则是分享自家的手机商品。这种表达方式比较倾向于软推广,往往可以起到意想不到的效果。

3. 分组发布广告信息

进行营销时,商家往往关注引流的效果。一般而言,流量的大小往往不是最重要的,稍小但更精准的流量反而有助于提高店铺的转化率。因此,对于商家而言,不要抱着密集投放的传统营销思维,而要做好

图 9-3-2 生活分享中植入手机广告

信息的分组发布。分组发布有两种思路:一是根据好友的类型分组,二是将好友按照熟悉程度进行分组。前者主要表现为根据好友的类型进行推广,如某一条广告比较幽默诙谐,包含了很多网络现象和词汇,可以设置给指定分组的年轻人群。后者主要表现为根据商家与好友的熟悉程度进行推广,如对于刚添加不久的好友,可以推广一些客单价不高的商品;对于有了信任基础或交易记录的消费者,可以进一步推广客单价更高的商品等。

(二)微信公众号推广

相较于微信个人朋友圈状态,微信公众号推文所能辐射的范围更大,能吸引的潜在消费者更多,推广效果更好。微信公众号主要通过推送一定篇幅的文章来进行推广,呈现内容更详细,呈现形式更多样,具有更强的感染力。

目前商家在进行微信公众号推广时主要有两种策略:一种是自己打造公众号,这样推广成本相对较低,也有助于形成自己的品牌,但需要较长的时间才能产生明显效果;另一种是与一些较为成熟的、符合自身店铺定位的公众号合作,合作的方式主要是在公众号推文中进行广告植入。该方式需要支付一定的推广费,但很快就能见到效果。下面分别进行介绍。

1. 自己打造公众号

自己打造公众号需要商家有足够的精力和资源来运营公众号,因此比较适合有实力、想要塑造自己品牌的店铺。打造公众号的流程大致为首先申请开通公众号,包括根据自身店铺定位为公众号命名,然后选用适合的图片作为头像等一系列步骤,申请成功后再定期推送文章并维护。这里重点介绍公众号推文的写作技巧。在写推文时,商家要从命名标题、写作正文内容两个方面进行策划,下面分别进行介绍。

1)命名标题

目前微信上推文的数量巨大,要想让自己的推文脱颖而出,标题一定要能够迅速抓住消费者眼球,即具有吸引力。标题吸引力的大小常常决定了该推文的点击率和传播度的高低。

如果标题取得比较恰当,将会对推文的传播与商品的引流效果予以数倍"放大"的效果。因此在推文创作中,标题是十分重要的,下面对标题的命名方法进行介绍。

(1)宣事式标题。宣事式标题是指直接点明商品宣传意图的标题,这种标题常会开门见山地宣告某事项,或直接告诉消费者他会获得哪些利益或服务,让消费者一看标题就知道这篇文章的主题是什么。很多关于店铺促销活动、商品上新以及抽奖活动的推文就常用这种标题,它们直接在标题上显示关键信息,让人对推文的内容一目了然,从而激发消费者前往店铺进行购买的欲望,例如《××全球首发!699元起!现在来店抢购还送500元大礼包!》。

(2)提问式标题。提问式标题是指用提问的方式来引起消费者注意,使他们去思考问题,并想要读完全文,一探究竟。但值得注意的是,在考虑要提的问题时,商家应从消费者关心的利益点出发,同时要与所推商品相关,如女装店铺就可以把问题集中在穿搭时尚等方面,这样才能吸引到精准的流量。提问式标题可以是反问、设问,也可以是疑问。例如,《你的手机经得起热量测试吗?》《月入500元,如何穿得像月薪50 000元》。

(3)对比式标题。对比式标题是将当前事物的某个特性同与之相反的或性质截然不同的事物进行对比,并通过这种强烈的对比引起消费者注意的标题。此类标题常通过与行业不同品牌同质商品进行比较,借助二者之间的差异来突出所推广商品的性能和特点,引导有这类需求的消费者点击文章,从而为店铺引流。例如,《A手机测评:B手机的劲敌表现如何》。

(4)证明式标题。证明式标题是以见证人的身份阐释商品或品牌好处的标题,既可是自证,也可是他证,以此增强消费者的信任感,使其在有相关需求时首先想到你的品牌或商品。该类型标题常使用口述的形式传递信息,语言自然通俗。例如,《这可能是我用过最好用的洗面奶之一》。

(5)号召式标题。号召式标题一般以动词开头,同时结合店铺优惠券、打折等福利,吸引消费者前往店铺。但在写作时要注意用语委婉,避免语气强硬,给消费者居高临下之感。例如,《关注这个彩妆店铺,让你的夏天美出新高度》《收藏并转发到朋友圈,领取×××个月的使用权》。

(6)悬念式标题。悬念式标题侧重于借助某个点来引起人们的好奇和思考,让消费者带着思考去阅读,在推文中探索答案。注意这类标题中一定要带上品牌或商品的关键字,以加深消费者印象,例如《百度搜索了××品牌汉服,竟然……》。

(7)话题式标题。话题式标题需要紧跟时尚热点,且必须具备时效性。构思这类标题时要注意结合商品特性和品牌风格,如《春风十里,不如××丝巾陪你》这个标题就使用了"春风十里"这个流行语。同时,春风这个词让人联想到柔软、舒服等感觉,从侧面突出所推广商品的特性。

2)写作正文

在通过标题引起消费者的关注后,商家还要用优质的正文内容来增强推文的吸引力。下面介绍一些微信公众号推文正文写作的策略。

首先,内容要满足目标人群的需求。要想依靠微信公众号的内容吸引目标人群阅读甚至产生转化效果,就应当从目标人群的需求入手进行内容的策划与定位,从不同角度挑选出合适的选题。如经营儿童食品的店铺目标人群一般为年轻的父母,其关心的话题是孩子的健康与教育，商家就应该发布与该话题相关的推文，以此吸引目标人群，并促使其自动转发给身边的年轻父母，为公众号吸引更多属性相同的粉丝。

其次，配图要适当。在微信公众号推文里，图片和文字必不可少，一般以文字为主、图片为辅，二者相辅相成。

最后，排版要美观。一篇吸引人的微信公众号推文依靠的不仅是夺人眼球的标题，还有整体美观度。推文的美观度不仅可以增加其可读性，还能形成个人风格，与其他公众号产生区别。商家可以通过排版和配色增强推文的美观度，提升公众号在消费者心中的好感度。

如果微信公众号推文给人简单、大气、美观的感觉，就更容易引起消费者的关注。一般情况下，微信公众号推文的排版应遵循以下原则：

①行间距为行高的 50%。

②推文边缘对齐，合理调整段落宽度、间距。

③推文字体控制在 2~3 种，颜色最好不超过 3 种，以淡色调为主，使用同色系颜色。

④最好不要为推文添加视觉特效（特殊商品除外）。

⑤段首不必缩进，大段文字的段落间应空一行。

⑥将字体、形状等需要强调的内容放大，适当地搭配相应色彩。

⑦推文版面不花哨，排版主次分明，结构层次清晰。

2. 与成熟公众号合作

长期维护一个公众号需要花费大量的时间，效果也不一定好，因此一些中小商家可以采用与成熟公众号合作的方式来为店铺引流。成熟的公众号一方面拥有相当的关注人数和点击量，另一方面在推文创作能力、资源获取能力方面也要远远强于新设立的公众号，因此这种方式目前被许多商家所采用。

当然，与成熟公众号合作是需要支付一定广告费的，因此出于成本效益的考虑，广告投放的效果就至关重要了。怎样从众多公众号中选择适合自己的合作对象，成了每一个想要选择这种方式进行推广引流的商家必须考虑的问题。下面就针对商家如何寻找适合投放广告的公众号这个问题进行讲解。

（1）根据自身定位确定公众号类型。目前的公众号数量众多，且各种类型都有。如果随便找家人气高的公众号投放广告，即便能带来一定流量，也会由于流量不精准而导致并不能提高店铺的转化率。因此，公众号的粉丝群体要与店铺目标消费群体高度相关。如商家经营的是服饰鞋包，则应该在穿搭类公众号中寻找合作对象。

（2）提取关键字搜索公众号。商家首先根据所售商品提取关键字，如"数码""美妆""养生"等，然后在微信中搜索该关键字，就可以看到一系列相关的微信公众号。

（3）查看公众号的自我定位、阅读量。

在搜索出来的公众号里选择一个点击进入，在页面上方可以看到该公众号头像、自我介绍、原创推文数量以及关注该公众号的好友数量，从中可以了解该公众号的内容定位、点赞数、能力等，如图 9-3-3 所示。然后点击该公众号的近期推文，拉到文末查看其阅读量、点赞数，如图 9-3-4 所示。综合各篇推文考查这两项数据，尤其是阅读量，商家可以直观地了解该公众号的影响力，行业内通常用 "10 万+"（阅读量超过 10 万人次）来作为公众号爆款文的标准。

图 9-3-3 了解定位　　　　　　　　　图 9-3-4 查看阅读量

（4）查看该公众号的广告推文。浏览该公众号的近期推文，观察其是否为其他商品写过推文。如果有，说明该公众号有承接广告的业务，点击查看该推文的内容、呈现方式、阅读量以及下面的留言反馈，然后点击文中商品链接查看其推广商品的近期销量。如果各方面情况都比较理想，就说明该公众号有一定的推广引流能力。

二、微博推广

微博是一个即时信息传播平台，在信息传播和分享的过程中，可以为用户提供更短的路径，让用户快速、准确地获取有价值的内容。在微博平台上，用户既可以作为读者浏览自己感兴趣的信息，也可以作为发布者发布内容供其他用户浏览。微博蛛网式的传播方式给了流量运营很大的发挥空间，因此微博上也有很多商家运用各种手段为店铺做推广。

（一）微博推广的常见方式

微博推广是一种基于粉丝基础进行的营销方式，商家要注重价值的传递、内容的互动、系统的布局和定位的准确。商家可以通过微博向粉丝传播品牌信息、商品信息，树立良好的店铺形象，提升品牌影响力。对于利用微博进行推广的商家而言，微博推广技巧有以下几点。

1. 利用微博热搜

微博热搜聚集了大量的流量，且大都具有很强的话题性，因此商家可以利用讨论热搜话题、在热搜微博下留言等方式来增加曝光率，植入商品广告。在讨论热搜话题时，内容应以"#热搜关键词#"的形式开头，然后对该热门话题发表意见，并植入商品地址。这样当消费者查看这个热搜关键词时，就可以搜索到这条微博。在热搜微博下留言时，留言量一般会很多，所以商家应掌握好时机进行多次操作。

2. 利用关键词搜索

与利用微博热搜类似，这种方式也是通过在微博中嵌入关键词来加大被其他消费者看到的概率。商家也可以搜索与店铺商品相关的关键词来定位目标消费者，比如经营五谷杂粮的商家就可以搜索关键词"养生"，查看哪些消费者发布过含有该关键词的微博。这些消费者一般是关注过该话题的，与店铺消费群体高度吻合，属于精准流量，商家可以主动与其联系，介绍自己的商品。

3. 发布内容

运营微博最重要的还是内容，通过发布内容来增加商品曝光率，以优质的内容吸引粉丝关注、转发、传播，是目前微博推广的主要手段。相对于其他方式，内容运营能带来持久稳定的流量，更有利于塑造店铺形象，体现店铺自身的特色和个性，提升品牌价值。

（二）发布微博内容进行推广

和微信相比，微博是一个公共资讯传播平台，更加开放，消息的传播速度也更快。微博拥有几亿的用户，每天产生的信息数量非常庞大，每位用户几乎都只会关注自己感兴趣的信息。在微博引流的各种方式中，发布内容引流是较为重要且有长期价值的一种形式。相较于公众号推文而言，微博更加碎片化。如何写出既能为店铺做推广又能留住粉丝的微博，对于商家来说是一个难题。通过对五花八门的电子商务营销微博进行分析，可以归纳出其内容主要分为以下5类。

1. 发布店内优惠或上新信息

此类微博旨在将店铺促销、新品上架等信息直接传达给消费者，通过商品自身的品质以及促销活动的刺激来吸引消费者查看商品，达到为店铺引流的效果。这类微博操作门槛较低，写作起来相对简单，只需要将店内商品详情页使用的文案加以筛选提炼，再配以高品质的商品图片，最后附上店铺网址或商品链接即可，如图9-3-5所示。但要注意的是，此类微博趣味性不强，一个账号如果长期发布这样直白的促销微博，很难获得良好的运营效果。因此，最好将此类微博与其他形式的微博进行一定比例的搭配，提升所发布内容的可看性和趣味性。

2. 开展有奖互动活动

微博具有很强的互动性，如果只把微博当成一个单向发布的账号，是无法真正拉近自身与粉丝之间的距离的。因此，商家要将自己的微博账号拟人化，使冷冰冰的网络账号变成亲切活泼的"小伙伴"，充分体现账号的亲和力。所以互动是非常重要的，商家除了日常回复、转发粉丝留言等，还可以经常发起一些粉丝比较关注的话题或投票，然后许诺参与互动有奖。至于获奖规则，可以灵活多样，如第10层、第20层回复有奖，转发抽奖，最高赞有奖等。图9-3-6所示的微博就发动粉丝为新品投票，凡参与者均有店铺优惠券奖励，能够刺激大家的参与热情。这样操作既可以与粉丝互动，为店铺引流，又可以宣传自己的新品，并及时获取消费群体的反馈，一举多得。

图9-3-5　店内上新

图9-3-6　发动投票

3. 发布买家秀

消费者一般比较信赖其他消费者的评价，尤其是在购买服饰鞋包时。因此，商家可以充分利用优质买家秀的强大说服力，时常发布效果好的买家秀图片或视频，让消费者帮店铺做推广。为了使其更具说服力，商家还可以发动粉丝发布买家秀微博，然后自己进行转发，并附上充满赞赏或惊叹语气的评价，以达到更好的效果。图9-3-7所示为转发优质买家秀的微博。

4. 发布商品测评

这类微博写作门槛较高，适合具备较多专业知识的商家。特别是对于护肤品、数码商品等一些大众不太了解其功效原理、使用效果的商品，消费者在购买前通常都会参考网上的相关测评。如果商家能利用好自身具备的商品专业知识，深度分析商品的功能、质量、使用感受等，同时与其他同类商品进行比较，突显自家商品优势，最后写出既有见解又通俗易懂的文章，就很容易获得较高的收藏量和转发量，为微博账号带来更多粉丝。图9-3-8所示为商品测评类微博。

图 9-3-7　转发优质买家秀

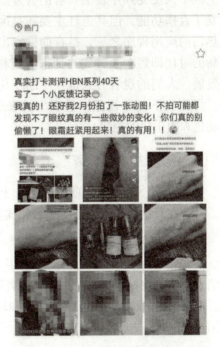

图 9-3-8　商品测评类微博

5. 分享知识

一般来说，生活、工作、健康、理财等方面的小知识和小技巧是比较适合商家在微博账户中进行分享的。首先，这类知识实用性较强，贴近生活，容易获得消费者的转发和收藏；其次，这些内容写作门槛不高，商家只要日常收集一些相关的素材就可以了，不需要花费太多精力；同时，知识分享类微博能塑造账号的形象，如定位为美妆类的微博博主，就可以长期分享护肤方面的知识，获得有这方面需求的消费者的长期关注与认同，如图9-3-9所示。在写作这类微博时，商家首先要做好定位，分享与自己商品有关联的知识、技巧，不能做成大杂烩。其次要注意使用通俗明了的语言,并通过表情包、语气词和口语化的表达拉近与粉丝之间的距离,不能给人一种严肃冰冷、直接摘抄的感觉。在积累一定数量且忠诚度较高的粉丝后,商家就可以顺势推广自己的店铺而不显得突兀。

三、抖音推广

近年来,各大短视频平台开始走红,聚集了巨大的流量。在这些平台中,抖音是比较有代表性的。抖音于2016年9月上线,上线之初是一个专注于服务年轻人的音乐短视频社区。凭借多元的音乐风格、酷炫的视觉编辑功能、个性化的分发机制以及良好的社区氛围,抖音在上线不久便受到年轻消费者的喜爱。虽然抖音后来也开发了直播功能,但其走红主要还是因短视频。作为当下热门的应用程序之一,抖音的横空出世似乎昭示着一个新的时代即短视频时代的到来。随着互联网技术的不断发展,人们的观看方式也在不断变化,由微博、朋友圈,再到当下的短视频,呈现出越来越直观、碎片化、移动化和娱乐化的趋势。

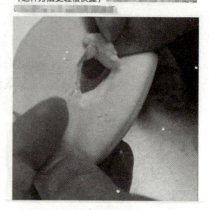

图 9-3-9 知识分享

(一)抖音推广的优势

抖音推广,顾名思义就是在抖音上为自己的店铺或商品进行推广。由于短视频的特殊性,抖音在营销效果上与传统平台相比具有以下五大优势。

1. 成长快,消费者数量多

抖音于2016年9月上线,2017年3月开始广泛传播。截至2018年6月,其国内日活跃消费者数量突破1.5亿人,月活跃消费者数量超过3亿人,平均每位消费者的日使用时间超过20分钟。如此大的消费者数量和较长的消费者使用时间,无疑表示其中存在着巨大的营销空间。

2. 流量优质

根据巨量算数发布的报告显示,抖音的消费者偏年轻化,"90后""00后"人群占比达43%,主要来自北、上、广、深、成、渝等一二线城市,女性消费者占比较高。这些消费者的消费观念比较前卫,消费能力较强,喜欢追逐时尚,对生活品质有一定要求,后期引流转化率比较高。

3. 内容直观

短视频拥有比图文更强大的信息承载和展示能力,消费者在观看视频时获得的信息更丰富,效果也更直观、生动。因此,在展示整体效果、商品细节、使用体验等方面,短视频无疑比文字、图片更具有优势。同时,短视频相对来说趣味性更强,既能避免文字的枯燥单调,又不像图片那样局限于静态表现,对消费者具有更强的吸引力。

4. 商业营销性强

首先,相对于微博、微信平台,消费者使用抖音的目的不再是希望获取多元、及时的信息或了解朋友的动态,而只是消遣娱乐。这种娱乐化的平台更能够贴合购物需求的使用场景。其次,抖音的商品设计更加简洁轻便,其"傻瓜式"的商品弹窗功能也大大降低了消费者从观看到购买这一步转化的操作难度和门槛。最后,抖音是社区化运营,信息从点到面进行扩散。如某一首歌曲或某一项技能先是在小部分人内部传播,然后通过挑战和智能推荐扩大成为一个挑战社区,最后通过分享被传播到微信群、朋友圈、微博等,实现全网扩散。这种短视频内若有一些广告植入,往往会起到难以想象的营销效果。

5. 整合电子商务功能

更重要的是,阿里巴巴已经入股抖音,这意味着抖音将成为新的电子商务流量入口。抖音目前已经拥有电子商务功能,发布者可以在短视频内添加淘宝网链接,为店铺引流,如图 9-3-10 所示。

图 9-3-10　抖音中的淘宝网流量入口

(二)抖音推广的前期准备及账号定位

抖音上有大量的短视频,内容丰富多样,百花齐放。要想通过抖音做营销推广,商家就必须对这些看似五花八门的内容进行归纳、分类,找出热门视频的共同点,有针对性地发布有影响的内容。

1. 了解抖音内容分类

抖音短视频的发布者和观看者大多为年轻人,因此其内容基本上偏向于娱乐、社交、时尚等方面。大体来看,可以将抖音短视频分为以下 10 类。

(1)生活类。生活类短视频多为旅游、个人自拍等和生活相关的内容,一般只有具有一定粉丝基数和有一定特色的抖音账号拥有者或明星发布此类短视频才会获得大量的点赞和关注。

(2)舞蹈类。舞蹈类短视频多为一些年轻人拍摄,可以是跳舞机、街舞、钢管舞等,其主要受关注的点在于舞蹈者的衣着、身材以及舞姿。

(3)趣闻类。趣闻类短视频主要是生活中遇到的有趣事件、场景、搞笑段子等,此类视频主要通过夸张搞怪的效果来吸引人们的关注。

(4)美妆/穿搭类。美妆/穿搭类短视频内容多为护肤化妆的技巧展示或服饰鞋包的搭配展示,通过潜移默化的方式向用户推销商品或品牌。创作者多为网络红人,拥有多变的造型和前卫的性格，容易受到喜欢新鲜事物的年轻群体的追随和模仿。

（5）搞怪音乐类/影视剧情重现类。创作者通常会配合搞笑或有意思的音乐做出夸张的肢体动作，或是和一些经典的影视剧情对口型或让场景重现。此类视频将生活中的戏剧性情形通过创意加工后演绎出来，往往能够起到出人意料的效果。

（6）儿童/萌宠类。儿童/萌宠类短视频通常是家中孩子或宠物日常生活的有趣或搞笑片段，以其可爱、活泼来打动人，主要消费者通常为一些年轻父母或喜爱宠物的人群。

（7）情感共鸣类。情感共鸣类短视频通常通过一个简单的场景，将生活中大家都非常珍视的感情，如高中同学的友谊，以视频的方式重新演绎，配上煽情的文案，引起消费者的情感共鸣。

（8）实用知识类。实用知识类短视频主要分享一些生活小窍门、美食制作方法等内容，如快速清理掉粘在裤子上的口香糖的方法，简单去除毛衣上的毛球的妙招等，既直观又实用，能够获得许多消费者的收藏与转发。

（9）时事热点类。时事热点类短视频主要是紧跟当前热点，拍摄一些与热点有关的内容，如对某事件的评论或模仿。

（10）开箱测评类。开箱测评类短视频多为一些网络达人站在消费者的角度，从拆开快递包裹开始，逐步向消费者展示商品外观，介绍商品特点，简单试用商品并对商品做出正面评价，以激发消费者的购买需求。

2. 做好账号定位

在了解了抖音内容的分类后，商家就需要对自身的账号进行定位了。如果营销账号没有一个明确的定位，后期发布的内容就会杂乱无章，即便短时间内吸引了一些流量，但长期来看既无法为自身的品牌和店铺形象加分，也很难吸引垂直领域的粉丝。账号定位可以从以下三个方面入手。

1）行业定位

行业定位是指根据要推广的商家所属的行业来确定账号发布的内容，也就是店铺商品属于哪个行业领域，就要发布跟哪个领域相关的内容。如一个美妆类店铺要开设抖音营销账号，就应该将作品内容定位到美容护肤领域。

在分析行业定位时，商家可以关注同行业的其他竞争对手是如何做抖音营销的，找出其中的佼佼者，认真分析其成功的关键因素并加以模仿。商家还要分析自身商品与同行之间的差异，找出自身的优势，后期在发布内容时加以凸显。如主打天然植物配方的护肤品牌，商家就可以在视频中强调商品安全、温和适合敏感皮肤等特点。

2）商品定位

商品定位是指商家通过分析自身商品形态来选择合适的表现方式。例如，对于服饰鞋帽类商品，商家可以将视频内容定位为以穿搭示范为主；对于数码类商品，商家可以选择开箱测评类的方式来呈现；而知识付费、课件教程等虚拟商品由于没有实体，则可以通过展示讲解来表现自己的专业水准。图9-3-11所示为一段介绍美妆护肤的视频，其中植入了对应的美妆商品广告，由于视频内容与商品之间的高度关联性，广告植入显得非常自然。

3）人群定位

人群定位是指商家根据店铺主要消费人群的喜好来确定账号发布的内容。例如，一个经营厨房用具的店铺，其消费者主要是美食爱好者，他们通常都对美食制作非常感兴趣，因此在做抖音营销时商家就可以发布一些与美食制作相关的视频，如图9-3-12所示。

图 9-3-11　植入美妆商品广告

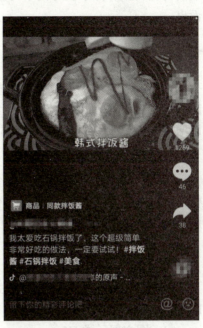

图 9-3-12　与美食制作相关的视频

四、H5 推广

随着互联网技术的不断发展，移动设备及智能手机的广泛应用和高普及度，不断增多的网名群体数量，各种移动推广工具也深受企业重视。H5就是移动互联网时代的运营和推广利器，其可以为企业提供开发、运营、推广等一体化的服务，同时还可以与微信等结合，吸引更多的"粉丝"，促进企业的产品销售。

（一）认识 H5

H5这个词，来自"HTML5"。所谓"HTML5"，是指"HTML"的第5个版本，而"HTML"，则是指描述网页的标准语言。因此，HTML5是第5个版本的"描述网页的标准语言"。通俗来讲，H5是一个网页，就像一个很大的容器，里面可以放文本、图片、音视频等基本的流媒体格式文件。一般所说的H5就是广告的一种表现形式，大多是在微信上宣传营销使用的。

（二）H5 的作用

H5的作用是非常多的，不管是在宣传还是增加曝光度，好的H5的作用是不可忽视的，H5的作用一般有以下几种。

1. 吸引用户主动分享，帮助企业快速吸粉

既然属于宣传式的 H5 页面，就意味着 H5 中或多或少都会带有企业的品牌信息，如产品信息、企业公众号、企业文化等，将带这些内容的 H5 页面制作成微传单后，在移动端的每次转发和分享就等同于对企业信息的宣传，可以帮助企业轻松地在营销大军中突围而出。

2. 增加企业的曝光率

相对传统的文字和图片来说，H5 页面在传播性上往往会因为其形式更加新颖，并且具有互动的特点，使得传播分享的概率大大提升，特别是配合 H5 页面制作工具点击跳转功能，用户在 H5 页面里点击品牌或者产品元素，就能跳转到相应的链接页面，如此的方式可以增加企业信息在移动端的曝光率。

3. 增强用户的活跃度和黏性

H5 宣传页面的链接可以放到企业的公众号菜单中，这样用户只要在公众号相应的菜单栏目就可以快速浏览到企业 H5 宣传页面，这样在增加企业公众号特色的同时，还可以增强用户的活跃度以及黏性。

（三）H5 的类型

H5 的类型，根据内容呈现形式主要分为图文展示类 H5、活动营销类 H5、游戏营销类 H5 以及趣味营销类 H5。

（1）图文展示类 H5。

邀请函、祝福贺卡、照片海报等都是简简单单的图文展示，是最基础的 H5 页面。例如开各种招商会议、高峰论坛等，就需要一支邀请函 H5 作为会议通知，或者是招生海报、人才招聘以及工作汇报这些场景，也会使用图文展示类的简单 H5 制作。图文展示 H5 示例如图 9-3-13 所示。

图 9-3-13　图文展示 H5 示例

（2）活动营销类 H5。

这一类 H5 比较多，如答题、投票、测试、抽奖、红包、砍价、拼团等。一般都是使用在产品促销、品牌推广等场景，互动功能强大，与以往的传统促销方式不同，能够带来比较新奇的营销效果，如图 9-3-14 所示。

图 9-3-14　活动营销类 H5

（3）游戏营销类 H5。

通过 H5 小游戏做营销也是可以的，如节假日制作一个应时应景的小游戏，游戏内加入一些软广做宣传，现在 H5 小游戏也是比较普遍的，如图 9-3-15 所示。

图 9-3-15　游戏营销类 H5

（4）趣味营销类 H5。

主要是趣味互动类型的 H5，如 VR 全景（图 9-3-16）、模拟微信、快闪、一镜到底等。有着强大的互动功能，但比起普通的活动营销，又有着有趣、创意、新鲜等优势，可以和其他营销功能搭配起来使用，效果是很不错的，给人一种眼前一亮的感觉。

图 9-3-16　VR 全景 H5

根据营销功能，H5 又可以概括为以下三种类型：

（1）品牌传播型 H5。一般是为品牌进行宣传，让更多的人知道和了解这个品牌；等同于一个品牌的微官网，更倾向于品牌形象塑造，向用户传达品牌的精神态度。在内容上倡导一种态度、一个主旨，在设计上则需要运用符合品牌气质的视觉语言，让用户对品牌留下深刻印象。

（2）活动推广型 H5。形式一般是小游戏、抽奖，或者邀请函、活动介绍等；活动运营页需要有更强的互动、更高的质量、更具话题性的设计来促成用户分享传播，形成爆炸式的传播效应。其具体分为活动推广之贺卡邀请型、活动推广之游戏互动型、活动推广之答题有礼型等。

（3）商品展示型 H5。一般是展示商家的产品，特别突出产品的某些好处，吸引人们的眼球。聚焦于产品功能介绍，运用 H5 的互动技术优势尽情展示产品特性，吸引用户购买。

（四）H5 制作工具

随着互联网的发展，H5 技术的普及，对人力成本的控制和对开发效率的要求，萌生出一堆 H5 工具，下面对常用的 H5 制作工具进行简单介绍。

1. MAKA

MAKA 是一款简单、强大的免费 H5 页面、微场景、微信海报制作平台。主要用户群体是设计师，操作体验较优，功能较少。海量 H5 模板、海报随心挑选，无须 Photoshop 轻松搞定电子邀请函、场景定制推广,更有创意海报、电子相册、节日贺卡制作等。

2. 易企秀

易企秀是一款早期发展起来的免费 H5 页面制作工具。易企秀定位简单翻页模板 H5,面向普通用户,用户可以发布模板,模板数量较多。

3. 兔展

兔展定位普通用户,操作体验佳,兔展专注 H5 技术实现,是微信 H5 页面、微场景、微页、微杂志、微信邀请函、场景应用的专业制作平台。

4. 人人秀

人人秀定位傻瓜级操作体验,除了能够制作简单的翻页 H5,还支持各种互动插件,轻松创建微信红包活动、抽奖活动、投票活动、抽奖红包、口令红包、照片投票、大转盘抽奖、活动报名、H5 游戏、VR、微杂志等。

5. 意派 Epub360

Epub360 的定位是一款专业级 H5 制作工具,灵活度超高,几乎一个人就可以完成以前需要一个团队制作的 H5 项目,企业用户较多,很多功能需要开通年度 VIP 才可以使用,全面满足个性化需求,无须编程即可轻松制作专业微杂志、微信邀请函、H5 小游戏等营销互动 H5,并可直接用微信发布。

任务小结

本任务主要介绍了新媒体平台营销推广的相关知识,包括微信推广、微博推广、抖音推广、H5 推广。

能力训练

(1)简述电子商务营销的特点。

(2)根据你的经验,说说电子商务营销的发展趋势。

(3)简述微信朋友圈引流应掌握的技巧。

技能拓展

(1)假如你是一家淘宝网店铺的店主,建立了淘宝群来增强消费者黏性,那么在店铺活动期间,你应该怎样利用淘宝群进行营销?

(2)观看淘宝网上的热门直播,说说这些主播采用了哪些手段与消费者互动?其效果如何?这些主播是如何引导消费者前往店铺查看商品,为店铺引流的?

(3)寻找粉丝数量多、粉丝忠诚度高的商家微博,对其微博推文加以分析,分析其是如何发布微博内容来为店铺引流的。

单元测试

一、选择题

1. 电子商务营销的特点是( )。

A. 范围广 B. 交互性

C. 个性化   D. 高效性

2. 电子商务的发展趋势是（　　）。

A. 智能化   B. 全域化

C. 内容化

3. 下列微博推广的常见方式有（　　）。

A. 利用热搜   B. 利用关键词搜索

C. 发布内容

二、名词解释

1. 电子商务营销；
2. 平台内活动营销；
3. 新媒体平台营销推广；
4. 微博。

三、解答题

1. 抖音推广的优势有哪些？
2. 简述利用微博推广的技巧。
3. 简述微信公众号推广的方式。

电子商务物流及配送

【学习目标】
1. 了解物流的定义及物流发展。
2. 熟悉物流的 7 个基本功能。
3. 掌握电子商务配送的基本流程。
4. 熟悉电子商务环境下的供应链管理。

【能力目标】
1. 能够阐述电子商务下物流的功能及特点。
2. 掌握电子商务下物流配送的运作模式。
3. 能够举例分析电子商务环境下供应链管理的发展方向。

案例导入

京东快递，如何变革"最后一公里"？

随着电子商务和移动电子商务的进一步发展，物流对有形电子商务的活动运营，对电子商务的作业日益突出。在发达国家，物流的发展历经百年，物流在美国的发展自 1915 年至今已有 100 多年的历史。在网络通信为基础的电子商务时代，其电子商务物流也应随其发展，物流是电子商务的信息流、资金流和物流的主要部分。在我国，物流起步较晚，水平较低。

任务 1　电子商务下的物流概述

一、电子商务下物流业的发展趋势

电子商务时代，由于企业销售范围的扩大，企业和商业销售方式及最终消费者购买方式的转变，使得送货上门等业务成为一项极为重要的服务业务，促使了物流行业的兴起。物流行业即能完整提供物流机能服务，以及运输配送、仓储保管、分装包装、流通加工等以收取报偿为基本特点的行业电子商务物流。它主要涉及仓储企业、运输企业、装卸搬运、配送企业、流通加工业等。信息化、全球化、多功能化和一流的服务水平，已成为电子商务下物流企业追求的目标。

1. 多功能化——物流业发展的方向

在电子商务时代，物流发展到集约化阶段，一体化的配送中心不单单提供仓储和运输服务，还必须开展配货、配送和各种提高附加值的流通加工服务项目，也可按客户的需要提供其他服务。现代供应链管理即通过从供应者到消费者供应链的综合运作，使物流达到最优化。企业追求全面的系统的综合效果，而不是单一的、孤立的片面观点。作为一种战略概念，供应链也是一种产品，而且是可增值的产品，其目的不仅仅是降低成本，更重要的是提供用户期望以外的增值服务，以产生和保持竞争优势。从某种意义上讲，供应链是物流系统的充分延伸，是产品与信息从原料到最终消费者之间的增值服务。在经营形式上，采取合同型物流。这种配送中心与公用配送中心不同，它是通过签订合同，为一家或数家企业（客户）提供长期服务，而不是为所有客户服务。这种配送中心有由公用配送中心来进行管理的，也有自行管理的，但主要是提供服务；也有可能所有权属于生产厂家，交专门的物流公司进行管理。供应链系统物流完全适应了流通业经营理念的全面更新。因为以往商品经由制造、批发、仓储、零售各环节间的多层复杂途径，最终到消费者手里。而现代流通业已简化为由制造经配送中心而送到各零售点。它使未来的产业分工更加精细，产销分工日趋专业化，大大提高了社会的整体生产力和经济效益，使流通业成为整个国民经济活动的中心。另外，在这个阶段有许多新技术，例如准时制工作法（Just in Time），又如销售时点信息管理系统（Point of Sale），商店将销售情况及时反馈给工厂的配送中心，有利于厂商按照市场调整生产，以及同配送中心调整配送计划，使企业的经营效益跨上一个新台阶。

2. 一流的服务——物流企业的追求

在电子商务下，物流业是介于供货方和购货方之间的第三方，以服务作为第一宗旨。从当前物流的现状来看，物流企业不仅要为本地区服务，而且要进行长距离的服务。因为客户不但希望得到很好的服务，而且希望服务点不是一处，而是多处。因此，如何提供高质量的服务成为物流企业管理的中心课题。应该看到，配送中心离客户最近，联系最密切，商品都是通过它送到客户手中。美、日等国物流企业成功的要诀，就在于他们都十分重视客户服务的研究。首先，在概念上变革，由"推"到"拉"。配送中心应更多地考虑"客户要我提供哪些服务"，从这层意义讲，它是"拉"（Pull），而不是仅仅考虑"我能为客户提供哪些服务",即"推"(Push)。如有的配送中心起初提供的是区域性的物流服务,以后发展到提供长距离服务,而且能提供越来越多的服务项目。又如配送中心派人到生产厂家"驻点",直接为客户发货。越来越多的生产厂家把所有物流工作全部委托配货中心去干,从根本意义上讲,配送中心的工作已延伸到生产厂里去了。优质和系统的服务使物流企业与货主企业结成战略伙伴关系(或称策略联盟),一方面有助于货主企业的产品迅速进入市场,提高竞争力;另一方面则使物流企业有稳定的资源,对物流企业而言,服务质量和服务水平正逐渐成为比价格更为重要的选择因素。

3. 信息化——现代物流业的必由之路

在电子商务时代,要提供最佳的服务,物流系统必须有良好的信息处理和传输系统。美国洛杉矶西海报关公司与码头、机场、海关信息联网,当货从世界各地起运时,客户便可以从该公司获得到达时间、到泊(岸)的准确位置,使收货人与各仓储、运输公司等做好准备,使商品在几乎不停留的情况下快速流动、直达目的地。良好的信息系统能提供极好的信息服务,以赢得客户的信赖。在大型配送公司中,往往建立了 ECR 和 JIT 系统。所谓 ECR (Efficient Customer Response),即有效客户信息反馈,它是至关重要的。有了它,就可做到客户要什么就生产什么,而不是生产出东西等顾客来买。仓库商品的周转次数每年达 20 次左右,若利用客户信息反馈这种有效手段,可增加到 24 次。这样,可使仓库的吞吐量大大增加。通过 JIT 系统,可从零售商店很快得到销售反馈信息。配送不仅实现了内部的信息网络化,而且增加了配送货物的跟踪信息,从而大大提高了物流企业的服务水平,降低了成本。成本一低,竞争力便增强了。欧洲某配送公司通过远距离的数据传输,将若干家客户的订单汇总起来,在配送中心中采用计算机系统编制出"一笔划"式的路径最佳化"组配拣选单"。配货人员只需到仓库转一次,即可配好订单上的全部要货。在电子商务环境下,由于全球经济的一体化趋势,当前的物流业正向全球化、信息化、一体化发展。商品与生产要素在全球范围内以空前的速度自由流动。可以说,没有现代化的信息管理,就没有现代化的物流。

4. 全球化——物流企业竞争的趋势

20 世纪 90 年代早期,电子商务的出现加速了全球经济的一体化,致使物流企业的发展达到多国化。它从许多不同的国家收集所需资源,再加工后向各国出口。全球化的物流模式,使企业面临着新的问题,例如,当北美自由贸易区协议达成后,其物流配送系统已不是仅仅从东部到西部的问题,还有从北部到南部的问题。其中有仓库建设问题,也有运输问题。又如从加拿大到墨西哥,如何来运送货物,又如何设计合适的配送中心,还有如何提供良好服务的问题。另外一个困难是较难找到素质较好、水平较高的管理人员。因为有大量牵涉到合作伙伴的贸易问题,如日本在美国开设了很多分公司,而两国存在着不小的差异,势必会碰到如何管理的问题。还有一个信息共享问题,很多企业有不少企业内部秘密,物流企业很难与之打交道。因此,如何建立信息处理系统,以及时获得必要的信息,对物流企业来说是个难题。同时在将来的物流系统中,能否做到尽快将货物送到客户手里,是提供优质服务的关键之一。全球化战略的趋势,使物流企业和生产企业更紧密地联系在一起,形成了社会大分工。生产厂集中精力制造产品、降低成本、创造价值;物流企业则花费大量时间、精力从事物流服务。物流企业的满足需求系统比原来更进一步。例如,在配送中心中,对进口商品的代理报关业务、暂时储存、搬运和配送，必要的流通加工，从商品进口到送交消费者手中的服务实现一条龙。

二、电子商务环境下物流的实现模式

电子商务与物流之间具有非常密切的关系，电子商务的"三流"关系中提到"信息流、资金流、物流"。物流是电子商务中的关键一环，也是电子商务中商品和服务的最终体现。同时，电子商务的发展也推动物流向更先进的方向发展。

电子商务时代的兴起为全球物流带来了新的发展，使物流具备一系列特点。

（1）信息化。现代社会已步入信息时代，物流信息化是社会信息化的必然要求和重要组成部分。它是现代物流发展的基础，没有信息化，任何先进的技术装备都无法顺畅地使用，信息技术的应用将会彻底改变世界物流的面貌，更多新的信息技术在未来物流作业中将得到普遍采用。物流不再仅仅传输产品，同时也在传输信息，例如物流中心的聚散功能除针对实物之外，还要完成对各种信息的采集和传输，各种信息被聚集在那里，经过加工、处理、使用，再传播出去供社会使用。

（2）网络化。网络化是指物流系统的组织网络和信息网络体系。从组织上来讲，它是供应链成员间的物理联系和业务体系，国际电信联盟（ITU）将射频识别技术（RFID）、传感器技术、纳米技术、智能嵌入技术等列为物联网的关键技术，这个过程需要有高效的物流网络支持。而信息网络是供应链上企业之间的业务运作通过互联网实现信息的传递和共享，并运用电子方式完成操作。例如配送中心向供应商发放订单就可以利用网上的电子订货系统通过互联网来实现，对下游分销商的送货通知也可通过网上的分销系统，甚至是移动手持设备来实现，等等。

（3）自动化。物流自动化的基础是信息化，核心是机电一体化，其外在表现是无人化，效果是省力化。此外，它还能扩大物流能力、提高劳动生产率、减少物流作业的差错等。物流自动化的技术很多，如射频自动识别、自动化立体仓库、自动存取、自动分拣、自动导向和自动定位、货物自动跟踪等技术。这些技术在经济发达国家已普遍用于物流作业中，在我国，虽然某些技术已被采用，但达到普遍应用还需要相当长的时间。

（4）电子化。电子化是指物流作业中的电子商务。它也是以信息化和网络化为基础。它具体表现为：业务流程的步骤实现电子化和无纸化；商务的货币实现数字化和电子化；交易商品实现符号化和数字化；业务处理实现全程自动化和透明化；交易场所和市场空间实现虚拟化；消费行为实现个性化；企业或供应链之间实现无边界化；市场结构实现网络化和全球化。

（5）共享化。供应链管理强调链上成员的协作和社会整体资源的高效利用，以最优化的资源最大化地满足整体市场的需求。企业只有在建立共赢伙伴关系的基础上，才能实现业务过程间的高度协作和资源的高效利用，通过资源、信息、技术、知识、业务流程等的共享，才能实现社会资源优化配置和物流业务的优势互补，快速对市场需求作出响应。近年来，一些新型的供应链管理策略，如 VMI、JIT II、CPFR、第四方物流、RSP 与 DI 等都实现了信息、技术、知识、客户和市场等资源的共享化。

（6）协同化。市场需求的瞬息万变、竞争环境的日益激烈都要求企业具有与上下游进行实时业务沟通的协同能力。企业不仅要及时掌握客户的需求，更快地响应、跟踪和满足需求，还要使供应商对自己的需求具有可预见能力，并能把握好供应商的供应能力，使其能为自己提供更好的供给。

（7）集成化。物流业务是由多个成员与环节组成的，全球化和协同化的物流运作要求物流业中成员之间的业务衔接更加紧密，因此要对业务信息进行高度集成，实现供应链的整体化和集成化运作，缩短供应链的相对长度，使物流作业更流畅、更高效、更快速，更加接近客户和需求。集成化的基础是业务流程的优化和信息系统的集成，二者都需要有完善的信息系统支持，实现系统、信息、业务、流程和资源等的集成。同时，集成化也是共享化和协同化的基础，没有集成化，就无法实现共享化和协同化。

（8）智能化。智能化是自动化、信息化的一种高层次应用。物流涉及大量的运筹和决策，例如物流网络的设计优化、运输（搬运）路径和每次运输装载量的选择，多货物的拼装优化、运输工具的排程和调度、库存水平的确定与补货策略的选择、有限资源的调配、配送策略的选择等优化处理，都需要借助智能的优化工具来解决。智能化已经成为物流发展的一个新趋势，智能化还是实现物联网优化运作的一个不可缺少的前提条件。

（9）移动化。移动化是指物流业务的信息与业务的处理移动化，它是现代移动信息技术发展的必然选择。由于物流作业更多地体现在载体与载物的移动，除了暂时静态的存储环节外全都处于移动状态，因此移动化对物流业具有更加重要和深远的意义。应用现代移动信息技术（通信、计算机、互联网、GPS、GIS、RFID、传感、智能等技术）能够在物流作业中实现移动数据采集、移动信息传输、移动办公、移动跟踪、移动查询、移动业务处理、移动沟通、移动导航控制、移动检测、移动支付、移动服务等，并将这些业务与物体形成闭环的网络系统，在真正意义上实现物联网。它不仅使物流作业降低成本、加速响应、提高效率、增加盈利，而且还使其更加环保、节能和安全。

（10）标准化。标准化是现代物流技术的一个显著特征和发展趋势，也是实现现代物流的根本保证。货物的运输配送、存储保管、装卸搬运、分类包装、流通加工等作业与信息技术的应用，都要求有科学的标准。例如，物流设施、设备及商品包装、信息传输等的标准化等。只有实现了物流系统各个环节的标准化，才能真正实现物流技术的信息化、自动化、网络化、智能化等。特别是在经济贸易全球化的新世纪中，如果没有标准化，就无法实现高效的全球化物流运作，这将阻碍经济全球化的发展进程。

（11）柔性化。柔性化是20世纪90年代由生产领域提出的，为了更好地满足消费者的个性化需求，实现多品种、小批量以及灵活易变的生产方式，国际制造业推出柔性制造系统（Flexible Manufacturing System，FMS），实行柔性化生产。随后，柔性化又扩展到流通领域，根据供应链末端市场需求组织生产和安排物流活动。物流作业的柔性化是生产领域柔性化的进一步延长，它可以帮助物流企业更好地适应消费需求的"多品种、小批量、多批次、短周期"趋势，灵活地组织和完成物流作业，为客户提供定制化的物流服务以满足他们的个性化需求。

（12）社会化。物流社会化也是今后物流发展的方向，它一方面是为了满足企业物流活动社会化要求所形成的，另一方面又为企业的物流活动提供了社会保障。而第三方、第四方乃至未来发展可能出现的更多服务方式是物流业发展的必然产物，是物流过程产业化和专业化的一种形式。人们预测下阶段的物流将向虚拟物流和第N方物流发展，物流管理和其他服务也将逐渐被外包出去。这将使物流业告别"小而全、大而全"的纵向一体化运作模式，转变为新型的横向一体化的物流运作模式。

（13）全球化。为了实现资源和商品在国际间的高效流动与交换，促进区域经济的发展和全球资源优化配置的要求，物流运作必须向全球化的方向发展。在全球化趋势下，物流目标是为国际贸易和跨国经营提供服务，选择最佳的方式与路径，以最低的费用和最小的风险，保质、保量、准时地将货物从某国的供方运到另一国的需方，使各国物流系统相互"接轨"，它代表物流发展的更高阶段。

任务 2　电子商务配送

案例导入

京东快递，如何变革"最后一公里"？

一、电子商务配送的概述

在电子商务交易过程中，无论由谁来担任物流任务，都必须以最快的速度把货物或服务送到消费者手中。电子商务配送的操作流程如图 10-2-1 所示。

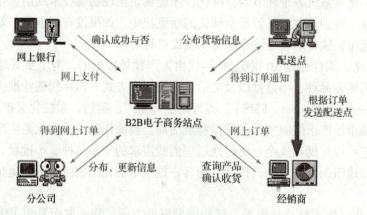

图 10-2-1　电子商务配送的操作流程

电子商务配送是信息化、现代化和社会化的物流配送，它是指物流配送企业采用网络的计算机技术和现代化的硬件设备、软件系统及先进的管理手段，针对社会需求，采用 5R 原则，按照消费者的要求开展一系列分类、编配、整理、加工、组配等工作，定时、定点、定量地将货物交给消费者，满足其对货物或服务的要求。电子商务配送代表现代物流市场的发展方向。

二、电子商务的物流配送流程

电子商务环境下物流配送流程主要包括采购作业流程、仓储作业流程、配送作业流程、退货及后续处理作业流程。

物流配送作业的优化不仅仅是企业降低成本的要求，而且是整个物流产业发展的关键。

（一）采购作业流程

采购作业流程处于准备配送货物的阶段，也可以是备货阶段，是配送中心运转的基本环节，物流配送中心根据消费者的要求及库存情况通过电子商务中心向供应商发出采购单，供应商收到采购订单并加以确认后向业务部门发出供货通知，业务部门再向仓储中心发出接货信息，仓储中心则根据货物情况准备适当的库存空间存放货物，最后供应商将发货单通过互联网向仓储中心发货，货物则通过各种运输方式送到仓储中心。

（二）仓储作业流程

仓储作业流程可归纳为订单处理作业、采购作业、入库作业、盘点作业、拣货作业、出库作业和配送作业7个环节。

（1）订单处理作业。仓库的业务归根结底来源于客户的订单，它始于客户的询价、业务部门的报价，然后接收客户订单，业务部门了解库存状况、装卸能力、流通加工能力、包装能力和配送能力等，以满足客户需求。

（2）采购作业。采购作业环节一是将仓库的存货控制在一个可接受的水平，二是寻求订货批量、时间和价格的合理关系。

（3）入库作业。仓库发出采购订单后，库房管理员即可根据采购单上预定入库日期进行作业安排，在商品入库当日，进行入库商品资料查核、商品检验，当质量或数量与订单不符时，应进行准确的记录，及时向采购部门反馈信息。

（4）盘点作业。仓储盘点是仓库定期对仓库在库货品实际数量与账面数量进行核查。通过盘点，掌握仓库真实的货品数量，为财务核算、存货控制提供依据。

（5）拣货作业。根据客户订单的品种及数量进行商品的拣选，拣选可以按路线拣选也可以按单一订单拣选。拣选工作包括拣取作业、补充作业的货品移动安排和人员调度。

（6）出货作业。出货作业是完成商品拣选及流通加工作业之后，送货之前的准备工作。出货作业包括准备送货文件、为客户打印出货单据、准备发票、制订出货调度计划、决定货品在车上的摆放方式、打印装车单等工作。

（7）配送作业。配送作业包括送货路线规划、车辆调度、司机安排、与客户及时联系、商品在途的信息跟踪、意外情况处理及文件处理等工作。

三、电子商务物流配送中心

电子商务物流配送中心是指从事配送业务的物流场所或组织。电子商务物流配送中心应基本符合下列要求：主要为特定的客户服务，配送功能健全，辐射范围小，多品种、小批量、多批次、短周期，主要为末端客户提供配送服务。

鉴于配送中心的概念，对配送中心可以从以下角度进一步理解：

（1）配送中心的"配送"工作是其主要独特的工作，是全部由配送中心完成的。

（2）配送中心为了实现配送，要进行必备的货物储备。

（3）配送中心可以按一定的配送辐射范围完成自行承担送货，也可以利用社会运输企业完成送货，配送中心是配送的组织者。

（4）配送中心利用配送信息网络实现其配送活动，将配送活动与销售或供应等经营组织活动相结合，因为不是单纯地从事物流配送活动。

（5）在配送中心中，为了能更好地进行送货组织，必须进行零星集货、批量进货等种种资源搜集工作和对货物的分拣配送等工作，因此它具有集货中心、分货中心的职能。为了更有效地配送，配送中心往往还有比较强的流通加工能力。配送中心实际上是集货中心、分货中心、加工中心的综合。

（6）配送中心是"现代流通设施"，在这个流通设施中，以现代装备和工艺为基础，不但处理商流，而且处理物流，配送中心是兼有商流、物流全功能的流通设施。由此可见，配送中心是从供应者手里接收多种大量的货物进行倒装、分类、保管、流通加工和情报处理等作业，然后按照众多需求者的订货要求备齐货物，针对特定的用户，以令人满意的服务水平进行配送的设施。

（7）配送中心是在物流领域中社会分工、专业分工进一步细化的产物。配送中心现在不但要承担起物流节点的功能，还要衔接不同的运输方式和不同规模的运输功能配送中心的类型。

四、将配送中心按照不同的标准分类

1. 按经营主体划分

（1）厂商主导型配送中心：以生产企业为主体建立的配送中心。

（2）批发商主导型配送中心：以批发企业为主体建立的配送中心。

（3）零售商主导型配送中心：指零售企业（包括不同业态的连锁企业和大型零售业）为了减少流通环节，降低物流成本，把来自不同进货者的货物在配送中心集中分拣、加工等，然后按其所属的店铺进行配送的配送中心。

（4）物流企业主导型配送中心：由物流企业建设的面向货主企业提供配送服务的配送中心。

（5）共同型配送中心：用来开展共同配送的中心。

2. 按服务对象划分

（1）面向最终消费者的配送中心：在商物分离的交易模式下，消费者在店铺看样品挑选购买后物品由配送中心直接送达消费者手中。

(2)面向制造企业的配送中心。
(3)面向零售商的配送中心。

3. 按配送物品的性质划分

(1)商业物品配送中心:与商流活动直接联系的,伴随着商流活动发生的物品配送中心。
(2)非商业物品配送中心:非商业物品配送中心以非商业物品为对象。

4. 按社会化程度划分

(1)个别企业的配送中心:为满足企业自身经营的需要建设的配送中心,如大型零售企业的配送中心。
(2)公共配送中心:为货主企业或物流企业从事物品配送业务提供物流设施及有关服务的配送中心。

5. 按配送中心的功能划分

(1)专业型配送中心:专业型配送中心大体上有两个含义,一是配送对象、配送技术属于某一专业范畴,即在某一专业范畴对具有一定综合性、专业性的多种物资进行配送,如多数制造业的销售配送中心;二是以配送为专业化职能基本不从事经营的服务型配送中心。
(2)柔性配送中心:柔性配送中心是在某种程度上与专业型配送中心对立的一种配送中心类型。
(3)供应型配送中心:供应型配送中心是专门为某个或某些用户组织物料和商品等供应的配送中心。
(4)销售型配送中心:销售型配送中心是以销售经营为目的以配送为手段的配送中心。建立销售型配送中心大体有三种情况:第一种是生产企业为将自身的产品直接销售给消费者而建立的配送中心;第二种是流通企业作为自身经营的一种方式建立配送中心,以扩大销售的范围,我国目前拟建的配送中心大多属于这种类型;第三种是流通企业和生产企业综合建立的协作性配送中心。

五、电子商务物流配送的特点

(1)物流配送服务系统化。电子商务下新型物流配送服务功能除了传统的储存、运输、包装、流通、加工等服务外,还在外延上扩展至市场调查与预测,采购及订单处理向下延伸至物流配送咨询、物流配送方案的选择与规划、库存控制策略建议、货款回收与结算、教育培训等增值服务。
(2)物流配送反应速度快。电子商务下新型物流配送服务的反应速度越来越快,前置时间越来越短,配送时间越来越短,物流配送速度越来越快,物品周转次数越来越多,物流配送功能越来越集成化。
(3)物流配送目标系统化。新型物流配送从系统角度统筹规划一个公司整体的物流配送活动,不求单个活动的最优化但求整体活动的最优化。
(4)物流配送作业规范化。电子商务下的新型物流配送强调功能作业流程,作业运作的标准化和程序化使复杂的作业变成简单的易于推广与考核的运作。
(5)物流配送手段现代化。电子商务下的新型物流配送使用先进的技术设备与管理为销售提供服务生产流通，销售规模越大，范围越广，物流配送技术设备及管理越现代化。

（6）物流配送组织网络化。新型物流配送有完善健全的物流配送网络体系，网络上点与点之间的物流配送活动保持系统性、一致性。这样可以保证整个物流配送网络有最优的库存总水平及库存分布，运输与配送快捷机动。

（7）物流配送经营市场化。新型物流配送的具体经营采用市场机制，无论是企业自己组织物流配送，还是委托社会化物流配送企业承担物流配送任务，都以"服务—成本"的最佳配送为目标。

知识拓展

任务3　电子商务环境下的供应链管理

一、供应链管理概念

供应链是指围绕核心企业，从配套零件开始，制成中间产品以及最终产品，最后由销售网络把产品送到消费者手中，将供应商、制造商、分销商直到最终用户连成一个整体的功能网链结构。供应链管理的经营理念是从消费者的角度，通过企业间的协作，谋求供应链整体最佳化。成功的供应链管理能够协调并整合供应链中所有的活动，最终成为无缝连接的一体化过程。

供应链的概念是从扩大生产概念发展来的，它将企业的生产活动进行了前伸和后延。日本丰田公司的精益协作方式中就将供应商的活动视为生产活动的有机组成部分而加以控制和协调。因此，供应链就是通过计划（Plan）、获得（Obtain）、存储（Store）、分销（Distribute）、服务（Serve）等这样一些活动而在顾客和供应商之间形成的一种衔接（Interface），从而使企业能满足内外部顾客的需求。

有效的供应链管理可以帮助实现四项目标：缩短现金周转时间；降低企业面临的风险；实现盈利增长；提供可预测收入。

二、电子商务下供应链管理的主要功能

1. 在线订货

企业通过ERP将产品目录及价格发布在订货平台上，经销商通过在线订货平台直接订货并跟踪订单后续处理状态，通过可视化订货处理过程，实现购销双方订货业务协同，提高

订货处理效率及数据准确性。企业接收经销商提交的网上订单，依据价格政策、信用政策、存货库存情况对订单进行审核确认，以及后续的发货及结算。

2. 经销商库存

通过经销商网上确认收货，自动增加经销商库存，减少信息的重复录入；提升了经销商数据的及时性和准确性；通过经销商定期维护出库信息，帮助经销商和企业掌握准确的渠道库存信息，消除牛鞭效应，辅助企业业务决策。

3. 在线退货

企业通过在线订货平台，接收经销商提交的网上退货申请，依据销售政策、退货类型等对申请进行审核确认，经销商通过订单平台，实时查看退货申请的审批状态，帮助企业提高退货处理效率。

4. 在线对账

通过定期从ERP系统自动取数生成对账单，批量将对账单发布在网上，经销商上网即可查看和确认对账单，帮助企业提高对账效率，减少对账过程的分歧，加快资金的良性循环。

三、电子商务环境下供应链管理的主要内容

（一）订单处理

订单处理是指通过电子商务系统进行订单分析和订单运作管理，当收到客户订单时，网上商店要及时分析所需产品的性能要求，判断是否能达到客户订单的技术指标。在能够达到要求的条件下进一步分析订单中产品的质量、成本、数量和收益，若能够从该订单中获利，协商后与客户谈判签订订货合同，然后查询现有库存，若库存中存有能满足订单需求的产品，便立即发货，否则及时组织采购生产。借助电子商务平台的处理，供应链可以急剧减少订单成本和订单的出错率，缩短订单的提前期，提高电子商务的运作效率。

（二）采购管理

通过电子商务系统，可有效地实现与供应链信息共享传递，首先，通过Internet、Intranet等网络提供给供应商有关需求信息和商品召回情况，同时获得供应商的报价、商品类别、查询回执，从而形成稳定、高效的采购体系。其次，通过网上采购招标等手段，利用集成采购招标和互联网的优势，扩大采购资源选择范围，使采购工作合理化，大大减少采购人员，有效降低采购成本。最后，使电商企业和供应商的协同合作更加紧密，实现共享信息、共担风险、共同获利的三共原则。

（三）生产组织管理

一般而言，生产组织是供应链中最难管理的环节，但利用电子商务平台可以改善供应商、核心企业和顾客之间的信息来往可有效降低生产组织的困难程度。电商核心企业使用电子商务系统时，协调与供应商的准时沟通，与多个供应商之间协调生产计划。另外，由于在

订单处理中可以提供电子商务企业有关产品销售和服务的实时信息，因此能在一定程度上提高销售预测的准确性，同时也大大改善了生产组织的运作管理。

（四）电子商务下的运输与配送管理

通过电子商务协调对配送中心的发货情况进行监管，对货物运至仓库的过程进行跟踪，同时实现对备货、拣货、补货、配货及送货等作业的有效管理，使配送的整个作业流程实现一体化的管理模式。此外，通过对运输资源、运输方式、运输路径和运输环节等优化管理，对运输任务进行有效的组织调度，从而降低运输成本，并实现对运输事项的有效跟踪管理，最终确保指定的货物能在指定时间内送到指定地点，满足客户的个性化要求。

（五）库存管理

根据外界对库存的要求和企业订购的特点，预测、计划和执行一种补充库存的行为，并对这种行为进行控制，重点在于确定如何订货，订购多少，何时订货。库存管理系统是生产、计划和控制的基础。本系统通过对仓库、货位等账务管理及入/出库类型、入/出库单据的管理，及时反映各种物资的仓储、流向情况，为生产管理和成本核算提供依据。通过库存分析，为管理及决策人员提供库存资金占用情况、物资积压情况、短缺/超储情况、ABC分类情况等不同的统计分析信息，通过对批号的跟踪，实现专批专管，保证质量跟踪的贯通。

（六）客户管理

应用电子商务平台系统，核心企业的客户通过Internet可以非常方便地沟通有关服务的问题，通知并要求解决所发生的任何服务问题，而核心企业则通过Internet接收客户投诉，向客户提供技术服务支持，与客户互发紧急通知，这样一来可以大大缩短对客户服务的响应时间，改善与客户之间的双向交流，在保留老客户的同时吸引更多的新客户到供应链管理中来。

（七）支付管理

通过电子商务系统与网上银行紧密相连，并利用电子支付方式代替原来的传统支付方式，用信用卡方式代替现金支付方式，这样可以大大降低支付费用，又可以加速货款周转，提高资金使用效率。同时利用SSL和SET安全支付协议，保证电子商务交易的安全，消除对网上交易的后顾之忧。

拓展阅读

京东商城的送货流程

知识巩固与技能训练

一、名词解释

1. 物流；
2. 电子商务配送；
3. 供应链；
4. 供应链管理。

二、单选题

1. 物流的三大效用不包括（   ）。
   A. 空间效用   B. 时间效用
   C. 附加加工效用   D. 配送效用
2. 物流的基本功能不包括（   ）。
   A. 运输   B. 仓储
   C. 增值服务   D. 配送
3. 电子商务下物流仓储管理的出库原则是（   ）。
   A. 先进先出   B. 大不压小
   C. 重不压轻   D. 硬不压软
4. 生产企业出售商品时，物品在供方与需方之间的实体流动称为（   ）。
   A. 采购物流   B. 企业内物流
   C. 销售物流   D. 退货物流
5. 配送是面向（   ）的服务。
   A. 终点用户   B. 中间用户
   C. 始点厂家   D. 中间厂家
6. 下列选项中不是配送的功能要素的是（   ）。
   A. 送货   B. 包装
   C. 分拣   D. 配货
7. 不属于物流增值服务功能的是（   ）。
   A. 加快反应速度   B. 业务延伸
   C. 订货   D. 增加便利性
8. 最具灵活性的运输方式是（   ）。
   A. 公路运输   B. 铁路运输
   C. 航空运输   D. 远洋运输
9. 不适合航空运输货物的是（   ）。
   A. 高附加值产品   B. 紧急救援物资
   C. 生鲜食品   D. 大宗低值物品
10. （   ）是指将部分废旧物料通过收集、分类、加工、供应等环节转化成新的产品，重新投入到生产或消费领域的过程。
    A. 回收物流   B. 废弃物流
    C. 供应物流   D. 场内物流

三、简答题

1. 简述物流的七大功能。
2. 按照物流性质可把物流分为哪几类？
3. 简述电子商务下的配送流程。
4. 简述配送的作用。
5. 简述电子商务下供应链管理的功能。

四、技能题

1. "物流"概念自20世纪80年代被引入我国后就逐渐成为广大学者和企业管理层所共同关注和研究的一个热点问题。特别是进入21世纪后，随着经济全球化和信息化发展速度的不断加快，企业生产经营活动已经由国内市场转向国际市场发展。我国对外实施的"全方位、多层次"的开放政策、国务院出台的《物流业调整与振兴规划》等政策为现代物流业在我国的发展提供了良好的环境。但是，随着现代物流业的蓬勃发展，其在经营和管理过程中的一系列问题也接踵而至，严重影响了物流业的发展速度和深度。从物流配送的发展过程来看，在企业经历了以自我服务为目的的企业内部配送中心的发展阶段后，政府、社会、零售业、批发业以及生产厂商都积极投身于物流配送中心的建设。专业化、社会化、国际化的物流配送中心显示了巨大优势，有着强大的生命力，代表了现代物流配送的发展方向，新型物流配送中心将是未来物流配送中心发展的必然趋势。

根据上述材料以及所学知识，请回答：

（1）什么是配送中心？其基本要求有哪些？

（2）配送中心的基本功能有哪些？

2. 小李最近在网上开了一家销售自家生产产品的服装店，并且能接受客户在网上个性化的设计服务，在订单履行时，小李在物流方面有些困惑，如何按时生产服装，并将客户所订产品及时送到客户手中，成为小李面临的难题，请根据所学相关知识，为小李设计一个订单履行的流程，包括服装的生产和组织、送货方式等。

电子商务前沿与展望

电子商务（简称电商）是未来的发展趋势，然而未来电商的趋势又是什么？从近几年在各个领域中不断引入电商来看，电商在众多领域都有了一些突破，类似移动电商、跨境电商、旅游电商、农村电商、医药电商、金融电商、康养电商、生鲜电商、汽车电商等领域都在试水电商。科技是第一生产力，在近几年，电商技术不断呈现出新技术，例如新零售、物联网、云计算、大数据、移动支付、5G、H5等技术都在不断植入到电商中来。

21世纪谁掌握了信息，谁就掌握了财富，不会玩创新的电商不是好电商，因此呈现出很多新电商模式，如场景电商、知识付费、产业电商、粉丝经济、共享经济、直播带货、网络红人、互联网+等模式和手段的创新。我国电商发展到现在已经有20多年，从最初的1.0时代发展到现在的4.0时代。

任务1　领域前沿

学习目标

【知识目标】

1. 能清晰描述移动电商、跨境电商、旅游电商、农村电商、医药电商、金融电商、康养电商、生鲜电商、汽车电商等概念知识。
2. 了解移动电商、跨境电商、旅游电商、农村电商、医药电商、金融电商、康养电商、生鲜电商、汽车电商等各领域的知识。

【技能目标】

1. 熟练应用分析电商领域前沿的方法。
2. 掌握分析电商领域前沿的思路。

任务导入

电商走向市场细分

2005年是中国电商市场复苏的一年。如今的电商市场细分市场，寻求更加稳定的个性化需求，小处着眼，成为如今电商发展的一大看点，现在的电商企业已经开始走向更加理智和成熟的道路。

日前，北京八佰拜（800buy）互动技术有限公司不失时机地进入了电商市场的高端领域，开通了中国首家在网上以专业销售名牌钻石、翡翠和铂金等顶级珠宝饰品为主的电商网站——"800buy珠宝新天地"（www.800buy.com）。而他们的目标人群就是20~35岁之间比较成功的年轻人士。

在众多电商网站大搞"一元起拍"的今天，"800buy珠宝新天地"为什么会想到逆流而上，在网上销售名贵珠宝和手表呢？"在我看来，中国的市场非常大，只要有自己的特色就能取得一定的地位。"八佰拜CEO张毅女士解释道。"在中国的互联网发展过程中，一些先驱用户是以学生为主体的，伴随着最近5~7年互联网的发展以及经济的发展，这部分人群已经进入他们收入的鼎盛时期。这部分中产阶级的快速成长，说明中国电商的高端消费时代已经到来。"

据了解，800buy珠宝新天地在推出1个月以来运营的情况非常好，每月的营业额在1 000万元以上，仅仅在网站开通15天内就产生了一次消费达到3.2万元的消费用户，这在B2C网站纯粹个人消费历史上尚属首例。

思考： 电商市场细分为哪些主要的领域？

任务分解与实施

一、移动商务

移动商务（Mobile Business，MB）是指通过无线通信来进行网上商务活动。移动商务是电子商务的一条分支，是指通过移动通信网络进行数据传输，并且利用移动信息终端参与各种商业经营活动的一种新电子商务模式，它是新技术条件与新市场环境下的新电子商务形态。

移动商务发展体现在以下几个方面：
（1）构建创新性平台。
（2）促进移动应用基础设施的发展。
（3）提供创新的新机遇。
（4）为客户提供便捷完备的服务。
（5）关注行业和企业等垂直市场应用解决方案。

思考： 目前在电商领域中，请列举1~2个利用移动电商，同时给你印象最深刻的成功例子。

二、跨境电商

跨境电商是指分属不同关境的交易主体，通过电商平台达成交易，进行支付结算，并通过跨境物流送达商品、完成交易的电商平台和在线交易平台。跨境电商与跨境物流高度正相关，二者存在长期稳定的均衡关系，且互为因果关系。从长期来看，跨境电商与跨境物流的关系主要表现为相互正向促进作用，但也存在一定的相互抑制关系，且跨境电商对跨境物流的长期依赖性要强于跨境物流对跨境电商的依赖。

近几年，我国多个省份推动跨境电商人才社会化培养；考核并认证企业、平台、培训机构为跨境电商人才社会培训基地；定期开设跨境电商师资培训班。例如青海是中欧班列的物流必经通道，作为"一带一路"的重要支点和商贸物流枢纽，大力发展跨境电商为构建新时代全面开放新格局增添动能、提供保障。2020年6月13日，中国海关总署对外发布公告，决定在北京、天津、广州等10个地方海关开展跨境电商企业对企业（B2B）出口监管试点。规定明确，增列海关监管方式代码"9710"，简称"跨境电商B2B直接出口"，适用于跨境电商B2B直接出口的货物；增列海关监管方式代码"9810"，简称"跨境电商出口海外仓"，适用于跨境电商出口海外仓的货物。

思考：跨境电商有哪些类型或者模式？

案例分析

Shopee 是东南亚及中国台湾地区的电商平台。2015年于新加坡成立并设立总部，随后拓展至马来西亚、泰国、中国台湾地区、印度尼西亚、越南及菲律宾共7大市场。Shopee 拥有商品种类，包括电子消费品、家居、美容保健、母婴、服饰及健身器材等。

Shopee 社群媒体粉丝数量超3 000万人，拥有700万活跃卖家，员工超8 000人，遍布东南亚及中国，是东南亚发展最快的电商平台，是国货出海东南亚首选平台。

Shopee 自成立起，一直保持成长。2018年，Shopee GMV 达到103亿美元，同比增长149.9%。2019年第一季度，Shopee 季度 GMV 同比增长81.8%，总订单数同比增长82.7%，App 下载量超过2亿次。App Annie《2019移动市场》显示，2018年 Shopee 在全球 C2C 购物类 App 中下载量排名第一；iPrice Group 2019 Q1 报告显示，Shopee 凭借 PC 端和移动端共1.84亿次访问，成为2019年第一季度东南亚地区访问量最大，且唯一流量呈正增长的电商平台。

Shopee 于2016年在深圳和中国香港设立办公室，开展跨境业务，为中国跨境卖家打造一站式跨境解决方案，提供流量、物流、孵化、语言、支付和 ERP 支持。2017年设上海办公室，服务华东市场。2019年与厦门市战略合作，于厦门落成全国首个 Shopee 跨境孵化中心，增设福建转运仓。同年，与杭州跨境电商综试区签署合作备忘录，达成战略合作，发布区域基建、人才发展及产业集群构建等战略合作举措。Shopee 母公司 Sea 是首间于纽交所上市的东南亚互联网企业。

思考：
1. 除了 Shopee 外，跨境电商主流平台还有哪些？
2. Shopee 属于哪种类型的跨境电商？

三、旅游电商

旅游电商就是通过先进的信息技术手段改进旅游机构内部和对外的连通性，即改进旅游企业之间、旅游企业与供应商之间、旅游企业与旅游者之间的交流与交易，改进企业内部流程，增进知识共享。

1. 旅游电商的内涵

从技术基础角度来看，旅游电商是采用数字化电子方式进行旅游信息数据交换和开展旅游商务活动。如果将"现代信息技术"看成一个集合，"旅游商务活动"看成另一个集合，旅游电商无疑是这两个集合的交集，是现代信息技术与旅游商务活动的结合，是旅游商务流程的信息化和电子化。

从应用层次来看，旅游电商是面向市场，以市场活动为中心，包括促成旅游交易实现的各种商业行为和实现旅游交易的电子贸易活动。旅游电商是利用网络重组和整合旅游企业内部的经营管理活动，实现旅游企业内部电子商务，包括旅游企业建设内联网，利用饭店客户管理系统、旅行社业务管理系统、客户关系管理系统等实现旅游企业内部管理信息化。

2. 旅游电商的类型

1）B2B 交易形式

在旅游电商中，B2B 交易形式主要包括旅游企业之间的产品代理，如旅行社代订机票与饭店客房，旅游代理商代售旅游批发商组织的旅游线路产品；组团社之间相互拼团，也就是当两家或多家组团旅行社经营同一条旅游线路，并且出团时间相近，而每家旅行社只拉到为数较少的客人时，旅行社征得游客同意后可将客源合并，交给其中一家旅行社操作，以实现规模运作的成本降低。旅游地接社可以批量订购当地旅游饭店客房、景区门票。

2）B2E 交易模式

此处，B2E（Business to Enterprise）中的 E，指旅游企业与之有频繁业务联系，或为之提供商务旅行管理服务的非旅游类企业、机构、机关。大型企业经常需要处理大量的公务出差、会议展览、奖励旅游事务。他们常会选择和专业的旅行社合作，由旅行社提供专业的商务旅行预算和旅行方案咨询，开展商务旅行全程代理，从而节省时间和财务的成本。另一些企业则与特定机票代理商、旅游饭店保持比较固定的业务关系，由此享受优惠价格。

3）B2C 交易模式

B2C 旅游电商交易模式，也就是电子旅游零售。交易时，旅游散客先通过网络获取旅游目的地信息，然后在网上自主设计旅游活动日程表，预定旅游饭店客房、车船机票等，或报名参加旅行团。对旅游业这样一个旅客高度地域分散的行业来说，旅游 B2C 电商方便旅游者远程搜寻、预定旅游产品，克服距离带来的信息不对称。通过旅游电商网站订房、订票，是当今世界应用最为广泛的电子商务形式之一。另外，旅游 B2C 电商还包括旅游企业对旅游者拍卖旅游产品，由旅游电商网站提供中介服务等。

4）C2B 交易模式

C2B 交易模式是由旅游者提出需求，然后由企业通过竞争满足旅游者的需求，或者是由旅游者通过网络接成群体与旅游企业讨价还价。旅游 C2B 电子商务主要通过电子中间商（专业旅游网站、门户网站旅游频道）进行。这类电子中间商提供一个虚拟开放的网上中介市场，提供一个信息交互的平台。上网的旅游者可以直接发布需求信息，旅游企业查询后双方通过交流自愿达成交易。

思考： 旅游电商主流平台有哪些？

四、农村电商

农村电商是指通过网络平台嫁接各种服务于农村的资源，拓展农村信息服务业务、服务领域，使之兼而成为遍布县、镇、村的三农信息服务站。作为农村电商平台的实体终端直接扎根于农村服务于三农，真正使三农服务落地，使农民成为平台的最大受益者。农村电商平台配合密集的乡村连锁网点，以数字化、信息化的手段，通过集约化管理、市场化运作、成体系的跨区域跨行业联合，构筑紧凑而有序的商业联合体，降低农村商业成本，扩大农村商业领域，使农民成为平台的最大获利者，使商家获得新的利润增长。

案例分析

农村电商的发展

2016 年 2 月 17 日，中华人民共和国国家发展的改革委员会（简称国家发展改革委）与阿里巴巴集团在京签署结合返乡创业试点发展农村电商战略合作协议。未来三年，双方将共同支持 300 余试点县（市、区）结合返乡创业试点发展农村电商。

根据协议，未来三年，国家发展改革委将加强统筹规划、综合协调，不断改善试点地区创业环境，并组织试点地区对接阿里巴巴。阿里巴巴则提供包括农村淘宝在内的农村电商项目落地支持，对接试点地区，实现项目落地生根。对于国家级贫困县，阿里巴巴将结合当地实际情况辅以重点资源倾斜。

协议约定，国家发展改革委将整合资源，推动、引导试点地区先行与阿里巴巴农村淘宝项目合作。同时，鼓励试点地区开展针对政府相关服务人员、农村淘宝合伙人、淘帮手等农村电商服务体系参与人员的培训活动，做好宣传、引导等相关工作。

另据介绍，此次合作一方面助力试点地区发展农村电商；另一方面还能通过发展农村电商进一步吸纳更多农民工等人员返乡创业、就业。届时，随着生态链和生态圈的发展，将会吸纳更多人员返乡创业、就业。

启发思考： 随着国家的重视，不断推出一些利好的政策，请思考并讨论如何利用政策，在农村电商领域进行创新。

农村电商多种多样，我们可以在网上农贸市场、特色旅游、特色经济、数字农家乐和招商引资等内容方面加强服务创新。

（1）网上农贸市场。迅速传递农、林、渔、牧业供求信息，帮助外商出入属地市场和属地农民开拓国内市场，走向国际市场。进行农产品市场行情和动态快递、商业机会撮合、产品信息发布等内容。

（2）特色旅游。依托当地旅游资源，通过宣传推介来扩大对外知名度和影响力，从而全方位介绍属地旅游线路和旅游特色产品及企业等信息，发展属地旅游经济。

（3）特色经济。通过宣传、介绍各个地区的特色经济、特色产业和相关的名优企业、产品等，扩大产品销售通路，加快地区特色经济、名优企业的迅猛发展。

（4）数字农家乐。为属地的农家乐（有地方风情的各种餐饮娱乐设施或单元）提供网上展示和宣传的渠道。通过运用地理信息系统技术，制作全市农家乐分布情况的电子地图，同时采集农家乐基本信息，使其风景、饮食、娱乐等各方面的特色尽在其中，一目了然。既方便城市百姓的出行，又让农家乐获得广泛的客源，实现城市与农村的互动，促进当地农民增收。

（5）招商引资。搭建各级政府部门招商引资平台，介绍政府规划发展的开发区、生产基地、投资环境和招商信息，更好地吸引投资者到各地区进行投资生产经营活动。

思考： 探讨农村消费增长的原因。

五、医药电商

医药电商是指医疗机构、医药公司、银行、医药生产商、医药信息服务提供商、第三方机构等以营利为目的的市场经济主体，凭借计算机和网络技术（主要是互联网）等现代信息技术，进行医药产品交换及提供相关服务的行为。医药行业是国家的特殊行业之一，直接关系到人们的身体健康和生命安全，决定了它具有以下特征：

（1）交易过程全部或部分在网络环境下完成，但交易主体必须通过权威机构实名认证。

（2）交易双方必须具备符合法律法规要求之资质。

（3）交易范围、交易行为与方式等均必须完全符合法律法规要求。

目前，医药健康网站以平均每个月开通5个综合站点的速度发展，已上网的国内医药企业约10 000家。随着海外资本的迅速涌入，一些网站的实际资本已经开始不断扩张，投资规模从数千万元到上亿元不等。其中很多平台已呈逐渐上升趋势，如e药网、金药网、1药网、上海医贸网等平台。

讨论： 请查找资料分析1药网的优势，并针对平台存在问题提出如何改进。

做一做： 请查找资料理解金融电商、康养电商、生鲜电商、汽车电商等的概念和理念。

任务小结

归纳与提高

本任务介绍了什么是移动电商、跨境电商、旅游电商、农村电商、医药电商等领域前沿概念，以及其主要的特征，并总结概括了电商行业应用与创新服务等内容。

建议读者学习电商时注意以下几点：电子商务本身并不是高新技术，它只是对高新技术的应用；电商的本质是商务，而非技术；电商不仅是建网站，它是一个事关企业发展全局的战略问题；电商是改良而非革命；电商不是泡沫。

能力训练：实训案例

湖南省推进农村电商

2015年6月17日，工商银行省分行与省供销合作总社在长沙共同签署了业务合作框架协议。在此基础上，省分行指定株洲分行作为合作项目的试点分行。为加快推动该项目的合作进程，积极推动农村电商建设和市场拓展，确保完成试点工作和保证项目的顺利实施。

湖南省供销合作总社以信息技术为手段，以行业资源为依托，在全国供销系统中率先打造新型农村电商平台——网上供销社。这次工商银行与供销合作总社的业务合作，是为了发挥各自优势，拓宽合作领域，建立长期、战略合作，实现双方共同发展。对此，株洲分行非常重视该项工作，也十分珍惜这次难得的机会，组织召开了会议，对项目的组织开展进行了认真部署。

启发思考：加快农村电商的对策有哪些？

技能拓展

1. 列举有哪些较好的移动商务平台。
2. 列举有哪些较好的跨境电商主流平台。
3. 列举有哪些较好的旅游电商主流平台。
4. 探讨农村消费增长的原因。
5. e药网、金药网、1药网这几个平台的共同优势是什么？

任务2　技术前沿

学习目标

【知识目标】

1. 能清晰描述物联网、AR、VR、IR、云计算、大数据、移动支付、LBS、5G技术、H5、二维码、人脸识别、语音识别、指纹识别等概念知识。
2. 了解物联网、AR、VR、IR、云计算、大数据、移动支付、LBS、5G技术、H5、二维码、人脸识别、语音识别、指纹识别等各种技术知识。

【技能目标】

熟练应用电商前沿技术。

任务导入

较为简单的云计算技术已经普遍服务于现如今的互联网服务中，最为常见的就是网络搜索引擎和网络邮箱。搜索引擎大家最为熟悉的莫过于谷歌和百度了，在任何时刻，只要用过移动终端就可以在搜索引擎上搜索任何自己想要的资源,通过云端共享数据资源。而网络邮箱也是如此,在过去,寄写一封邮件是一件比较麻烦的事情,同时也是很慢的过程,而在云计算技术和网络技术的推动下,电子邮箱成为社会生活中的一部分,只要在网络环境下就可以实现实时的邮件寄发。其实云计算技术已经融入现今的社会生活中了。

思考:互联网除了云计算新技术外,还有哪些目前在互联网领域广泛推广和普及的新技术?

任务分解与实施

一、物联网

(一)物联网的概念与特征

物联网的叫法最早出现于比尔·盖茨1995年所著的《未来之路》一书中。1999年,美国 Auto-ID 首先提出了物联网的概念,主要是建立在物品编码、射频识别技术的基础上和信联盟发布了《ITU 互联网报告2005:物联网》,正式提出了物联网的概念。根据国际电信联盟的描述,物联网是指通过为商品嵌入一种短距离的移动收发器,使人类在信息与通信世界里获得一个新的沟通维度,从任何时间、任何地点的人与人之间的沟通连接扩展到物与物之间的连接,实现维度上的扩展。

> ❖ **小贴士(视野扩展)**:
>
> 射频识别(Radio Frequency Identification,RFID)技术也叫作电子标签或者无线射频识别技术,是一种通信技术,该技术可以通过无线电信号识别特定目标并读写相关数据,而不用在识别系统与特定目标之间建立机械或者光学接触。
>
> 物联网具有物联化、网络化、自动化、互联化、智能化的特征。
>
> **思考**:讨论以下体现了物联网的哪些特征?
>
>  老大,这车连着物联网,偷不得!

(二)物联网的主要技术

从物联网的体系结构来看,物联网产业链可以细分为物体标识、感知、处理和信息传递4个部分,其主要技术包括射频识别技术、传感器技术、网络通信技术和定位技术等。

1. 射频识别技术

射频识别技术是物联网中非常重要的技术。射频识别技术是一种非接触式的自动识别技术,通过射频信号自动识别目标并获取相关数据,识别工作无须人工干预,可工作于各种恶劣环境下。射频识别技术可识别高速运动物体并可同时识别多个标签,操作快捷方便,简单易懂。

一套完整的射频识别系统是由阅读器、电子标签以及应用软件三部分组成。其工作原理是阅读器发射某一特定频率的无线电波给电子标签,用以驱动电子标签将内部的数据传输出来，之后阅读器便接收、解读数据，并传送给应用软件进行相应的处理。射频识别技术可应用于社会各个领域，比如安防、防伪、物流、仓储、医疗、教育、旅游等领域，主要用于实现产品的识别、追踪和溯源等。

2. 传感器技术

传感器是一种检测装置，能检测到被测量的信息，并能将检测到的信息按一定规律变换成电信号或其他所需形式输出，以满足信息的传输、处理、存储、记录和控制等要求。目前，传感器技术已经渗透到科学和国民经济的各个领域，在工农业生产、科研及人民生活等方面起到了越来越重要的作用。

案例分析

传感器及卫星定位技术的应用

天津百利种苗培育有限公司运用物联网技术开展育苗生产，该公司的物联网信息系统通过在温室中安装相关传感器，可实时收集温室中的温度、湿度、土地酸碱度等信息，并通过无线网络将这些信息传送到数据终端，这样工人足不出户就可以第一时间了解种苗的生长状况，就像育苗温室里的"电子保姆"。

育苗对温湿度有较严格的要求，以前，工人们要24小时不间断地在每个温室里来回巡查，凭经验对温室的温湿度进行调整，现在有了这个"电子保姆"，工人完全可以按照设定值在计算机上观察种苗的成长情况，一旦哪个数值超出了正常值，就能马上收到警告信息，很方便。"通过使用物联网，大大减轻了技术人员和操作人员的劳动强度，使他们在办公室或宿舍里就能获得很多数据，不像原来还得跑到棚室里看温度，一天看四五回。这样能保证及时开启温室风口，保证温室里温湿度适宜，使种苗长得旺盛、健康。"该公司负责人说。

启发思考：
1. 本案例中，育苗生产是如何运用物联网技术降低工人劳动强度的？
2. 描述一下传感器是如何进行"电子保姆"作业的？

3. 网络通信技术

传感器依托网络通信技术实现感知信息的传递。传感器的网络通信技术可分为两种短距离网络通信技术和中长距离网络通信技术。在中长距离网络通信技术方面，互联网、4G移动通信、5G移动通信、卫星通信技术等实现了信息的远程传输。尤其是以Ipv6为核心的下一代互联网的发展，使为每个传感器分配IP地址成为可能，为物联网的发展创造了良好的网络基础。

4. 定位技术

目前，定位技术主要有卫星定位、基站定位、WiFi定位和蓝牙定位等。

（1）卫星定位。美国全球定位系统（GPS）是最早投入使用的，是在民间使用最广泛的卫星定位系统。我国的北斗卫星导航系统（BDS）的服务范围在2018年年底由区域扩展到全球。卫星定位是最常见的定位技术，在生活中随处可见，比如汽车车载导航和手机App百度地图、高德地图、腾讯地图等都使用了卫星定位技术。

思考讨论： 目前全球比较成熟的四大卫星定位系统有哪些？

（2）基站定位。
（3）WiFi定位。
（4）蓝牙定位。

> **小贴士**
>
> 基于位置的服务（Location Based Services，LBS），是利用各类型的定位技术来获取定位设备当前的所在位置，通过移动互联网向定位设备提供信息资源和基础服务。用户可先利用定位技术确定自身的空间位置，随后便可通过移动互联网来获取与位置相关的资源和信息。LBS服务中融合了移动通信、互联网络、空间定位、位置信息、大数据等多种信息技术，利用移动互联网络服务平台进行数据更新和交互，使用户可以通过空间定位来获取相应的服务。

（三）物联网的应用

目前，我国的物联网行业处于稳步发展阶段，初步具备了一定的技术，形成了一定的产业，并具有应用基础，呈现出良好的发展态势。据前瞻产业研究院分布的《2018—2023年中国物联网行业细分市场需求与投资机会分析报告》，我国物联网行业发展规模2018年达到21 075亿元，到2023年将接近10万亿元。

物联网的应用主要包括智能家居、智能穿戴、智能交通、智能医疗和智慧城市等。今天的物联网，已经每时每刻充斥在我们的生活中，国内比较成功的物联网在个人生活中的应用主要有列车车厢管理、第二代身份证、大部分高校的学生证、校园一卡通、高速公路ETC系统等。

二、云计算

云计算（Cloud Computing）是分布式计算的一种，指的是通过网络"云"将巨大的数据计算处理程序分解成无数个小程序，然后，通过多部服务器组成的系统进行处理和分析这些小程序得到结果并返回给用户。云计算早期，简单地说，就是简单的分布式计算，解决任务分发，并进行计算结果的合并。因而，云计算又称为网格计算。通过这项技术，可以在很短的时间内完成对数以万计的数据的处理，从而达到强大的网络服务。

> **小贴士**
>
> 1. 云计算服务类型
>
> 通常云计算的服务类型分为三类，即基础设施即服务（IaaS）、平台即服务（PaaS）和软件即服务（SaaS）。
>
> 2. 云计算实现形式
>
> 云计算是建立在先进互联网技术基础之上的，其实现形式众多，主要通过以下形式完成：
>
> （1）软件即服务。通常用户发出服务需求，云系统通过浏览器向用户提供资源和程序等。值得一提的是，利用浏览器应用传递服务信息不花费任何费用，供应商亦是如此，只要做好应用程序的维护工作即可。

（2）网络服务。开发者能够在 API 的基础上不断改进、开发出新的应用产品，大大提高单机程序中的操作性能。

（3）平台服务。一般服务于开发环境，协助中间商对程序进行升级与研发，同时完善用户下载功能，用户可通过互联网下载，具有快捷、高效的特点。

（4）互联网整合。利用互联网发出指令时，也许同类服务众多，云系统会根据终端用户需求匹配相适应的服务。

（5）商业服务平台。构建商业服务平台的目的是给用户和提供商提供一个沟通平台，从而需要管理服务和软件即服务搭配应用。

（6）管理服务提供商。此种应用模式并不陌生，常服务于 IT 行业，常见服务内容有扫描邮件病毒、监控应用程序环境等。

3．云计算的应用

随着云计算技术产品、解决方案的不断成熟，云计算理念迅速得以推广和普及，云计算机在虚度领域被大规模应用，如云教育、云医疗、云社交和云政务等。其中比较有代表的是以下四种云。

1）存储云

存储云又称云存储，是在云计算技术上发展起来的一个新的存储技术。云存储是一个以数据存储和管理为核心的云计算系统。用户可以将本地的资源上传至云端，可以在任何地方连入互联网来获取云上的资源。大家所熟知的谷歌、微软等大型网络公司均有云存储的服务，在国内，百度云和微云则是市场占有量最大的存储云。存储云向用户提供了存储容器服务、备份服务、归档服务和记录管理服务等，大大方便了使用者对资源的管理。

2）医疗云

医疗云，是指在云计算、移动技术、多媒体、4G 通信、大数据以及物联网等新技术基础上，结合医疗技术，使用"云计算"来创建医疗健康服务云平台，实现了医疗资源的共享和医疗范围的扩大。因为云计算技术的运用与结合，医疗云提高了医疗机构的效率，方便居民就医。像现在医院的预约挂号、电子病历、医保等都是云计算与医疗领域结合的产物，医疗云还具有数据安全、信息共享、动态扩展、布局全国的优势。

3）金融云

金融云，是指利用云计算的模型，将信息、金融和服务等功能分散到庞大分支机构构成的互联网"云"中，旨在为银行、保险和基金等金融机构提供互联网处理和运行服务，同时共享互联网资源，从而解决现有问题并且达到高效、低成本的目标。2013 年 11 月 27 日，阿里云整合阿里巴巴旗下资源并推出阿里金融云服务。其实，这就是现在基本普及了的快捷支付，因为金融与云计算的结合，现在只需要在手机上简单操作，就可以完成银行存款、购买保险和基金买卖。现在，不仅仅阿里巴巴推出了金融云服务，像苏宁金融、腾讯等企业均推出了自己的金融云服务。

4）教育云

教育云，实质上是指教育信息化的一种发展。具体的，教育云可以将所需要的任何教育硬件资源虚拟化，然后将其传入互联网中，以向教育机构和学生、老师提供一个方便快捷的平台。现在流行的慕课就是教育云的一种应用。慕课 MOOC，指的是大规模开放的在线课程。现阶段慕课的三大优秀平台为 Coursera、edX 以及 Udacity，在国内，中国大学 MOOC 也是非常好的平台。2013 年 10 月 10 日，清华大学推出 MOOC 平台——学堂在线，许多大学现已使用学堂在线开设了一些课程的 MOOC。

案例分析

云计算的应用

云教育从信息技术的应用方面打破了传统教育的垄断和固有边界。云计算能够在校园系统、远程教育、公开课 MOOC、数据归档、协同教学等多种教育场景中得到应用，从而降低教育成本，实现教育资源的共享和及时更新。

医药企业与医疗单位一直是国内信息化水平较高的行业用户，在"新医改"政策的推动下，医药企业与医疗单位将对自身信息化体系进行优化升级，以便适应医改业务调整的需求，在此影响下，以"云信息平台"为核心的信息化集中应用模式应运而生，从而提高医药企业的内部信息共享能力与医疗信息公共平台的整体服务能力。

云社交是一种虚拟社交应用。它以资源分享作为主要目标，将物联网、云计算和移动互联网相结合，通过其交互作用创造新型社交方式。云社交把社会资源进行测试、分类和集成，并向有需求的用户提供相应的服务。用户流量越大，云社交的价值就越大。

启发思考：列举云计算还有哪些应用。

三、大数据

大数据（Big Data），IT 行业术语，是指无法在一定时间范围内用常规软件工具进行捕捉、管理和处理的数据集合，是需要新处理模式才能具有更强的决策力、洞察发现力和流程优化能力的海量、高增长率和多样化的信息资产。

1. 大数据的特征

IBM 提出大数据的 5V 特征：Volume（大量）、Velocity（高速）、Variety（多样）、Value（低价值密度）、Veracity（真实性）。分别体现在：

（1）容量（Volume）：数据的大小决定所考虑的数据的价值和潜在的信息。

（2）速度（Velocity）：指获得数据的速度。

（3）种类（Variety）：数据类型的多样性。

（4）价值（Value）：合理运用大数据，以低成本创造高价值。

（5）真实性（Veracity）：数据的质量。

2. 大数据的应用

大数据已被广泛应用于各行业，包括金融、汽车、餐饮、电信、物流、交通等在内的方方面面都已经与大数据密切融合。例如洛杉矶警察局和加利福尼亚大学合作利用大数据预测犯罪的发生；Google 流感趋势（Google Flu Trends）利用搜索关键词预测禽流感的散布；统计学家内特·西尔弗（Nate Silver）利用大数据预测 2012 美国选举结果；麻省理工学院利用手机定位数据和交通数据建立城市规划;梅西百货的实时定价机制。根据需求和库存的情况,该公司基于 SAS 的系统对多达 7 300 万种货品进行实时调价。

> ❖ 小贴士(视野扩展):
> 2018 年 12 月 18 日,第十六届中国互联网经济论坛在北京举行,创略科技解决方案副总裁在现场发表主题演讲。她认为互联网是一个数字生态圈,在这个时代,从不缺数据,缺的是"智慧的数据","智慧的数据"指的是将大数据和人工智能进行结合,人工智能的预测能使海量的数据变成有用的预测性信息,未来这种预测性信息将会被越来越多的企业应用到不同的营销场景中。比如医疗行业早就遇到了海量数据和非结构化数据的挑战,而近年来很多国家都在积极推进医疗信息化发展,这使得很多医疗机构有资金来做大数据分析。

四、人工智能

人工智能(Artificial Intelligence),英文缩写为 AI。它是研究、开发用于模拟、延伸和扩展人的智能的理论、方法、技术及应用系统的一门新的技术科学。

人工智能具有广阔的应用前景,目前"AI+"已经成为发展趋势,下面是人工智能应用最多的几大领域:

(1)智能家居。智能家居主要是指基于物联网技术,通过智能硬件、软件系统、云计算平台构成一套完整的家居生态圈。用户可以对设备进行远程控制,设备之间可以互联互通,并进行自我学习等。智能家居系统能整体优化家居环境。

(2)智能零售。人工智能在零售领域的应用已经十分广泛,无人便利店、重力感应无人售货机、自助结算、情绪识别系统、人脸识别系统已经逐步引用于新零售中。智能零售正在一点一滴地改变着人们的生活。

(3)智能交通。智能交通系统是人工智能、物联网、云计算及大数据在交通系统中集成应用的产物。目前我国主要是通过对交通中的车辆流量、形成速度进行采集分析,对交通实时监控和调度,有效提高通过能力和效率。

(4)智能医疗。医疗方面是人工智能应用的一大领域。智能医疗在辅助诊疗、疾病预测、医疗影像辅助诊断、药物开发等方面已经在发挥重要作用。目前比较流行的可穿戴设备,如智能手环、手表等,具有心血管检测、血压监测、睡眠监测、运动计数等多种功能,对于个人的疾病预防和医疗保健具有辅助作用。

(5)智能教育。智能教育通过图像识别,可以进行机器批改试卷、识题答题等;通过语音识别可以纠正及改进发音;而人机交互可以用来进行在线答疑解惑等。人工智能和教育的结合可以从工具层面给学生提供更有效率的学习方式。

(6)智能物流。物流行业利用智能搜索、计算机视觉以及智能机器人等技术在运输、仓储、配送、装卸等流程上进行了自动化改造,基本能够实现无人操作。目前物流行业大部分人力分布在"最后一公里"的配送上,京东、苏宁、菜鸟、顺丰争先研发无人车、无人机、无人仓等,都是在力求抢占市场先机。

案例分析

京东智慧物流

2018年12月22日，浙江国际智慧交通产业博览会期间，京东物流作为科技物流企业代表参展，现场展示了无人车、无人机、无人仓、京东地图、智能空间物流等物流"黑科技"。

在博览会现场，京东物流新一代无人车、无人机、无人仓、配送机器人等智能物流设备一一亮相，让人大开眼界，其中X1无人机和Y3无人机成为与会者关注的焦点，它们不仅可往返20公里送货，而且能全自主定点悬停抛货，自动卸货并返航。

截止到2018年12月底，京东物流无人机已经在多个城市实现了常态化运营。除了无人机，京东物流的无人车、无人仓同样吸睛无数，京东无人仓强大的仓储系统，连同多种系列的自动驾驶技术产品，从上铺入库、存储到包装、分拣，真正实现了全流程、全系统的智能化、无人化。

启发思考：京东的无人机、无人车、无人仓等技术对电商的物流环节有什么影响？

（7）智能安防。中国安防监控行业发展迅猛，视频监控数量飞速增长，实现了对公共区域的监控。在一线城市，视频监控已经实现了全方面覆盖，人工智能监控设备的出现成为打击犯罪的一大利器。

> ❖ **小贴士**：
> 人工智能实际应用，包括机器视觉、指纹识别、人脸识别、视网膜识别、虹膜识别、掌纹识别、专家系统、自动规划、智能搜索、定理证明、博弈、自动程序设计、智能控制、机器人学、语言和图像理解、遗传编程等。

思考：请分析一下特斯拉是什么类型的企业。

任务小结

本任务主要围绕实施电子商务所需的前沿技术展开学习，介绍了物联网技术、云计算、大数据、人工智能的概念，以及其主要特征及主要技术，并对其应用进行了总结概括。这些技术是相互交叉，相互支撑的，电子商务是一种技术含量很高的商务活动，需要各参与方的配合和共同努力，才能真正体现技术应用的价值。

能力训练：实训案例

腾讯与贵阳将在云计算、AI和区块链等领域进行深度合作

腾讯与贵阳市人民政府于2019年1月签署了深化合作协议，两方将发展数字经济，打造"数智贵阳"，腾讯将提供云计算、大数据、区块链、人工智能等领域的技术和经验，合作设计数字政府、社会治理、产业发展等多个方面。

贵阳市将依托腾讯"数字政府"工具箱的理念，以及腾讯政务云领域的技术与经验，提高政务服务质量，实现政务服务数字化转型升级，双方共同打造的微政务服务体系，将实现居民、企业在贵阳市办事"一门进，一网办，一次办"，通过手机端刷脸验证身份可办理驾驶证、居住证等电子证照和电子凭证，动动手指即可完成社保缴纳、住房公积金查询等民生

业务。

腾讯云还同步为"数智贵阳"提供底层区块链技术,打造贵阳"网络身份链凭证中心",该中心建成后,将实现居民身份信息一经上链,在个人、企业授权的情况下即可多处使用,快速验证。

在社会治理方面,政府也让群众参与到社会治理中来,比如群众可通过微信小程序进行在线举报,从而构建多元参与到社会治理体系中。

在产业经济发展方面,腾讯将在贵阳落地腾讯云创新基地,联合本地高校,共建人工智能学院,此外双方合作还设计智能制造、教育、医疗等领域。

思考讨论:人工智能、云计算、大数据和区块链这几种技术是不是独立存在的?为什么?

技能拓展

1. 设想一下物联网还有哪些技术或者领域方面可以突破。
2. 云计算最主要的服务类型有哪几种?每种请举例说明。
3. 大胆探讨大数据的应用。
4. 请分析一下特斯拉是纯粹的车企吗,为什么?

任务3 模式前沿

学习目标

【知识目标】

1. 能清晰描述粉丝经济、共享经济、场景电商、知识付费、产业电商、直播带货、互联网+、生态链、社交社区电商等概念知识。
2. 了解粉丝经济、共享经济、场景电商、知识付费、产业电商、直播带货、互联网+、生态链、社交社区电商等各种创新模式知识。

【技能目标】

1. 熟练模式创新的分析应用技能。
2. 掌握模式创新的应用技能。

任务导入

时间碎片大杀器之"众媒营销"

案例目标:案例是移动互联网时代,搜狗针对今日头条制定的传播方案。借助搜狗网盟成功汇聚数以万计优质的移动媒体资源,实现今日头条的营销传播和提升App下载量的目标。

行业竞争：今日头条作为新闻App中的佼佼者，通过独有的内容优势，占据了超过一亿的手机界面，然而面对转型移动互联网的老牌新闻门户资源广、用户群体稳定、市场推广预算充足的局面，今日头条需要运用低于竞争对手预算，拓展更多的营销渠道来不断地提升自身影响力和用户量。

受众洞察：移动互联网时代，"低头族"每天花费在移动端的时间达到2.5个小时，几乎每6分钟就会翻看一次手机，每天翻看超过20个以上的App，网民行为较PC端有明显的分散和琐碎，面对用户碎片化的时间，无所不在的需求，每一个碎片时间、每一个媒体均富有黄金般的意义。

品牌个性：今日头条诞生于移动互联网时代，作为新闻App中的佼佼者，与老牌新闻门户相比更具移动互联网个性。

核心创意：首先，通过对人群属性和行为进行深度分析，有效聚焦网民个人喜好，根据兴趣特点将网民分为新闻、娱乐、军事等不同类别；其次，筛选与目标人群喜好匹配的优质媒体组成众媒网络，有针对性地覆盖目标网民的移动生活。最后，以个人兴趣为基点，配合多维媒体资源有效覆盖网民的各个移动时间，通过众媒营销策略建立起无缝连接，做到随时随地今日头条皆现的营销效果。

营销效果：结合移动互联网网民的上网习惯，通过搜狗网盟挖掘符合推广需求的人群，定制不同群体的传播内容及传播渠道，最后通过网盟的海量优质资源，将指定内容高精准投递给网民，使之产生下载转化。通过"众媒营销"策略，今日头条内容日均精准触达人群超过1 000万，同时App下载成本只有1.5元。

思考：电商营销模式不断创新，不仅众媒营销效果不错，同时其他创新模式都会取得不错的效果，讨论电商领域有哪些创新模式。

任务分解与实施

一、粉丝经济

粉丝经济泛指架构在粉丝和被关注者关系之上的经营性创收行为，是一种通过提升用户黏性并以口碑营销形式获取经济利益与社会效益的商业运作模式。以前被关注者多为明星、偶像和行业名人等，比如，在音乐产业中的粉丝购买歌星专辑、演唱会门票，以及明星所喜欢或代言的商品等。现在互联网突破了时间、空间上的束缚，粉丝经济被宽泛地应用于文化娱乐、销售商品、提供服务等多领域。商家借助一定的平台，通过某个兴趣点聚集朋友圈、粉丝圈，给粉丝用户提供多样化、个性化的商品和服务，最终转化成消费，实现盈利。

◆ **小贴士**

粉丝产业大致可包括以下几个方面：

（1）"粉丝"们购买明星演唱、演出的音乐带、录像带、电视剧VCD等，这是最为基本的"粉丝"消费行为。

（2）"粉丝"们还会购买明星们所喜欢或代言的商品，如某种品牌的手机、电脑、饮料、化妆品等。明星的广告效应也正来自"粉丝"们的支持。

（3）购买与明星相关的东西，比如明星们出的书籍，明星们喜欢吃的、穿的、用的等，印有明星头像的衣物等，这些未必就是明星代言的商品。但"粉丝"们爱屋及乌，也就一起消费了与明星相关的商品。

案例分析

知识付费的现象主要指知识的接收者为所阅览知识付出资金的现象。知识付费让知识的获得者间接向知识的传播者与筛选者给予报酬，而不是让参与知识传播链条的人通过流量或广告等其他方式获得收益。

2016年被称为"知识付费元年"。随着"得到App""知乎live""分答"等不同模式的知识付费类产品开始在市场上崭露头角，知识付费成为一种重要的发展趋势，与之相关的内容创业成为风口。

从2016年开始，一系列标志性的事件让知识付费渐渐成为时尚。2016年5月15日，付费语音问答平台"分答"上线。通过这一平台，你可以快速地找到能给自己提供帮助的那个人，用一分钟时间为你答疑解惑，很多名人和各领域的专家也都加入"分答"付费问答模式。随后，罗辑思维创始人罗振宇全力打造"得到App"，喜马拉雅FM创办知识付费节"123知识狂欢节"，知乎上线"知乎live"，等等。进入2017年，这一趋势丝毫没有减速的迹象。3月7日，豆瓣网推出了首款付费产品"豆瓣时间"；随后腾讯CEO马化腾表示，"微信公众号"正加快上线付费订阅。2018年6月，创客匠人知识付费系统2.0版上线；2019年12月30日知识付费技术服务商"创客匠人"新三板挂牌上市。2020年12月2日知识付费技术服务商"创客匠人"荣获腾讯教育年度盛典"2020年度影响力教育品牌服务商"。

启发思考：知识付费平台有哪些？有哪些模式？

二、共享经济

共享经济是指拥有闲置资源的机构或个人，将资源使用权有偿让渡给他人，让渡者获取回报，分享者通过分享他人的闲置资源创造价值。在共享经济中，闲置资源是第一要素，也是最关键的要素。它是资源拥有方和资源使用方实现资源共享的基础。共享经济概念下的闲置资源可以理解为：该资源原本为个人或组织自身使用，在没有处于使用状态或被占用的状态时，即闲置资源。

共享经济的5个要素分别是闲置资源、使用权、连接、信息、流动性。共享经济关键在于如何实现最优匹配，实现零边际成本，要解决技术和制度问题。共享经济的本质——整合线下的闲散物品或服务者，让他们以较低的价格提供产品或服务。对于供给方来说，通过在特定时间内让渡物品的使用权或提供服务，来获得一定的金钱回报；对需求方而言，不直接拥有物品的所有权，而是通过租、借等共享的方式使用物品。除了闲置资源外，较低价格、特定时间、所有权、使用权、让渡等也是共享经济的关键词。

共享经济的发展呈现去中介化和再中介化的过程。去中介化：共享经济的出现打破了劳动者对商业组织的依附，他们可以直接向最终用户提供服务或产品；再中介化：个体服务者虽然脱离商业组织，但为了更广泛地接触需求方，他们接入互联网的共享经济平台。比起在欧洲市场 Uber 和 Airbnb 的如火如荼，中国市场的共享经济热潮却又显得不那么真实。从 O2O 到共享经济，在险象丛生的中国市场似乎一切新兴模式都离不开"烧钱"二字。对"有形资产"的执念成为制约中国共享经济的一道无形之锁，在中国市场，共享经济的热潮从"无形商品"开始。

> ❖ **小贴士：**
>
> 　　在北京、广州、杭州等多个城市，继共享单车、共享汽车之后，共享充电宝、共享篮球、共享雨伞等共享经济新形态不断涌现，并成为新一轮资本蜂拥的"风口"。仅以共享充电宝为例，短短 40 天时间就获得 11 笔融资，近 35 家机构介入，融资金额约 12 亿元。
> 　　共享经济将激活金融业。"钱"的共享可以促进社会财富流动，提高社会财富的循环效率，扩大人们的消费需求，满足更多人的利益。在这样的前提下，提供金融服务的专业持牌机构，需要转型为基于互联网的信息提供平台。就是消除资金提供方与资金需求方之间冗长的中介环节，让双方最直接地交易。共享经济将成为社会服务行业内最重要的一股力量。在住宿、交通、教育服务以及生活服务及旅游领域，优秀的共享经纪公司不断涌现：从宠物寄养共享、车位共享到专家共享、社区服务共享及导游共享，甚至移动互联网需求的 WiFi 共享。新模式层出不穷，在供给端整合线下资源，在需求端不断为用户提供更优质的体验。

> ❖ **小贴士：**
>
> 　　共享 WiFi 的代表必虎 WiFi，共享出行的代表 Uber、滴滴打车；共享空间的代表 Airbnb，共享度假的代表 VaShare，共享游戏的代表 steam、AUV，面向全球的在线工作平台 AAwork，共享资金价值的代表 Prosper，共享饮食的代表 Eatwith 等。

三、场景电商

　　场景电商是指基于场景需求而促成的线上交易。要理解场景电商，首先要理解场景一词。场景一词来源于电影术语，在电影的拍摄和制作过程中，经常被使用和描述，即指在电影拍摄过程中的某个连续画面。后来因为罗伯特·斯考伯的著书《即将到来的场景时代》的流行，使场景一词在互联网行业中被赋予了新的定义。
　　在互联网行业中的场景泛指生活中的画面，即利用大数据、移动设备、社交媒体、传感器和定位系统这 5 种力量来重构生活画面。通过对原有生活场景的改造，制造新场景会成为所有新技术、新企业发展的巨大动力和发展的契机。例如，滴滴、Uber 改造了出行的场景，淘宝改造了购物场景。由此而知，场景电商是基于原有生活场景为轴心展开的线上交易平台。具有典型代表性的有，"礼物说"——基于购买礼物场景而生的电商平台，"贝贝"——基于育儿场景而生的电商平台，"益划"——基于线下消费场景而生的交易平台。"KEEP"基于跑步场景而生，"喜马拉雅"基于开车一族而生。
　　未来，场景将不再只是商家的展示平台，而是系统、服务、数据等多功能的集合，以此来看，场景电商仍是云来场景应用"简易连接，极致体验"理念的延续。基于云来场景完成销售、服务、管理，打通 O2O 商业闭环，是传统企业实现"互联网+"转型最有效的方式之一。

四、直播带货

直播带货是指直播娱乐行业在直播的同时带货，其形式在不断变化，出现直播带货的原因是电商的兴起，引起一些娱乐行业的人跟进所致及演化而来。商务部新闻发言人高峰说，"直播带货"可以帮助消费者提升消费体验，为许多质量有保证、服务有保障的产品打开销路，但是网络直播必须符合有关法律法规。

五、互联网+

互联网+是指在创新2.0（信息时代、知识社会的创新形态）推动下由互联网发展的新业态，也是在知识社会创新2.0推动下由互联网形态演进、催生的经济社会发展新形态。"互联网+"简单地说就是"互联网+传统行业"，随着科学技术的发展，利用信息和互联网平台，使得互联网与传统行业进行融合，利用互联网具备的优势特点，创造新的发展机会。

> ◆ 小贴士：
>
> 2015年7月4日，国务院印发《国务院关于积极推进"互联网+"行动的指导意见》。2020年5月22日，国务院总理李克强在发布的2020年国务院政府工作报告中提出，全面推进"互联网+"，打造数字经济新优势。

任务小结

本任务主要围绕创新模式展开学习，介绍了其场景电商、知识付费、产业电商、粉丝经济、共享经济、直播带货、互联网+等的概念，并对其应用进行了总结概括。这些技术是相互交叉、相互支撑的，电子商务是一种技术含量很高的商务活动，需要各参与方的配合和共同努力，才能真正体现技术应用的价值。

能力训练：实训案例

直播带货……零售业寻找下一个"风口"

根据各家电商提供的数据显示，在新冠肺炎疫情发生后，"宅"经济逐渐火热。京东集团的数据证实了疫情发生带动了部分消费品类线上消费增长。春节期间，京东旗下生鲜成交额增长215%，其中蔬菜成交额同比增长近450%。药品、数字内容、生鲜等成为最为热卖的一级品类。第一季度，超过700家国内外知名品牌持续入驻京东，涉及汽车、房产、健康等行业。

"宅经济"活跃发展，新业态带来新增长。在新冠肺炎疫情影响下，各种新消费场景正在"云端"火热进行，无接触消费模式渐受欢迎，"宅经济"成为市场热点，一些新业态、新模式正加速成型，有望成为新的消费增长点。直播正在成为零售企业营销新模式。记者了解到，随着仓储、配送、海外通关等零售基础设施和配套政策的持续完善，新的媒介交流方式不断推出，线上、线下的消费模式正在出现快速蝶变，消费者的消费接口更加多元。

疫情发生后，随着线下消费需求减弱，多家零售企业甚至生产厂商开始加速直播布局，如京东、苏宁易购、拼多多等平台持续发展直播带货模式。王府井百货、翠微百货等传统零售企业也试水直播带货模式。网红主播、基层干部、明星、电视主持人等进入直播间，以

"花式组合"形式一次次引发网络热点话题。

商务部大数据监测显示,一季度,电商直播超过400万场,家居用品、厨具、健身器材等受到消费者青睐,同比增长超过40%;笔记本电脑、打印机、键盘等居家办公用品销量也呈现10%以上的增长。

小众化社群电商模式突起。多家零售企业表示,在疫情影响下,消费者活动范围被限制在社区等狭小空间内,为零售企业提供新的发展空间。"疫情期间,我们开设了100多个微信群,主要针对商场消费黏性较高的会员,推销员进行小范围营销,仅一个护肤品牌,1小时的销售额就达到9万多元。"一家零售企业负责人说。

启发思考:直播带货能否成为零售业下一个"风口"?

技能拓展

1. 谈谈粉丝经济在各领域的现象。
2. 探讨共享经济5个要素中最突出的是哪个要素。
3. 目前场景电商有哪些是比较火的?
4. 试着谈谈互联网+还可以加什么?

任务4 电商时代

学习目标

【知识目标】

1. 能清晰描述电商1.0、电商2.0、电商3.0、电商4.0等概念知识。
2. 了解电商1.0、电商2.0、电商3.0、电商4.0等特征时代发展知识。

【技能目标】

1. 熟练电商时代的发展案例分析。
2. 掌握电商时代的发展思路。

任务导入

不会玩创新的电商不是好电商。

回想一下十年前你是怎么购物的。

你去哪里买衣服?你是怎么买到杂货的?当需要买新床垫时,你是怎么做的?

十年后的今天,床垫被装在箱子里送到门口,试穿衣服然后免费邮寄到家。

创新的电商企业改变了今天的购物方式,并重新定义了我们所谓的"可能"。

在过去的十年里,美国零售销售中来自电商的比例增长了近300%,从3.3%增长到9.7%。但即使有这些增长,电商在所有零售销售中所占的比例也不到10%。

对于那些选择创新的人来说,未来还有很多机会。

如今创新的创业者比以往任何时候都更容易实现自己的想法。每年，我们都会看到很多创新企业取代传统企业。

尽管许多工具都是新的，而且正在迅速改进，但规则没有改变。如果你想要创新并打破预期，你需要了解你的商业模式，并定义你将如何实现创新的步骤。

本任务将讨论电商的核心商业模式，一些创新企业的例子，以及电子商务中的核心关键词。

任务分解与实施

一、电商 1.0

传统零售第一次接触互联网，将自己的生意搬到互联网上面，开设自己的网站，主要作为信息传递跟产品展现，不具备完善销售功能，模式以 B2C 和 C2C 为主。这个阶段属于初期的 PC 互联网时代企业信息化第一步，也就是传统意义上的电商 1.0 时代。

> **小贴士**
>
> 电子商务 1.0 的共同特点体现在"我和你，到他的地方去做买卖。"

电子商务 1.0 的特点：

在电子商务 1.0 时代中，电子商务的特点主要体现在：

（1）一个人卖，所有人买，就是 Amzon 带来的 B2C 浪潮。其特点是：一个企业在网上试图销售"所有"的消费品。实践证明这个模式取得了巨大的成功，而且对电子商务事业起到了巨大的启蒙作用。可是，更多的中小企业无法分享它的成功。

（2）很多人卖（或者提供信息），很多人买（或者接收信息），以 Ebay 和 Alibaba 等带来的 C2C 或者 B2B 浪潮为标志。它也取得了很大的成功，可是，由于这些交易或者信息交流是在别人的平台上进行的，参与其中的中小企业无法独立拥有自主管理自己的核心商务，无法满足大量成长型、成熟型企业的需求。

二、电商 2.0

平台电商的大时代，聚合式电商平台，我们称为电商 2.0 时代。这个业态复制的是传统零售里面的大卖场，所有品牌入驻卖场，都需要交上架费、广告费，才能被展示在消费者面前。

电商 2.0 不重视品牌，只重视卖货；不重视体验，只在乎价格。所有品牌从讨好客户变成讨好平台，研究平台的规则，研究广告的方式，研究怎么降低价格讨好平台，以及如何通过恶性竞争将对手消灭。

> **小贴士**
>
> 电子商务 2.0 是互联网的下一个热点和支撑，正在进入新的阶段，或者说进入了电子商务 2.0 时代。电子商务已从消费互联网转入产业互联网时代。

电子商务 2.0 的特点：

所有企业用自己的商务活动，比如卖商品，提供信息，都是直接参与互联网，在自己完全独立的网站上进行。一切核心商务及管理，以及参与网络商务活动的方式不仅可以选择 B2B 也可以选择 B2C；价格方面可以采用标价也可以采用拍卖的方式；在获取信息方面可以主动获取信息也可以被动接收信息；在对待访问者方面可以主动进行筛选，同时可以决定给不给某些用户特权或者特惠待遇，充分满足企业的需求；同时又可以与面对消费者、买家或者信息需求者的门户无缝连接，以独立的自我分享网络的繁荣。

> ❖ **小贴士：**
>
> 以 BLOG、RSS 等为话题的所谓电子商务 2.0，其特点是使网络从以门户、社区、搜索这些"集约型服务"为中心，转移到以独立自我为中心，围绕独立个体的需求开发技术、设计新的服务与商业模式。如果说独立个体能量的释放将引爆新的网络门户时代，那么大量中小企业独立、自主地参与电子商务，才将是电子商务产业能量真正爆发的时刻。

三、电商 3.0

电商 3.0 时代的一个重要特征就是让企业的买卖不再冰冷，让社会的氛围更加温暖。新的电商时代，会让企业的电商不再是简单的买卖电商，而是把人的愿景与产业升级、社会的和谐完美结合起来。

电商 3.0 时代的特点：

电商 3.0 可以创造社会的和谐，依托数字孪生，预测未来；依靠价值孪生，创造现实幸福未来。任何的商品都孪生为成本和价值两个系统，成本用于支持必要的生产，而积分则用于支持社会各种公益活动。未来的产业都在进行产业升级，升级的方向就是打造生态圈，生态圈可以实现跨界融合，生态圈的产业可以实现生态共享，生态圈内的企业和个人互为主体，整体多利，利益趋同，则可以集合一群人干一件了不起的事。电商 3.0 时代是将传统品牌代理机制搬到移动互联网上，大量微商应运而生。

> ❖ **小贴士（视野扩展）：**
>
> 微商的模式。将线下品牌招商代理模式搬到移动互联网，通过层级分销建立多级别分销商制度，并且收取大量的加盟费作为整个业态的收入。货本身已经不重要，能否吸引一帮人来付加盟费才更重要，由此导致大量的货堆积在代理层级中，没法到达终端消费者手上。这个模式通过熟人营销，消耗朋友间的信任，易造成信任危机。

四、电商 4.0

所谓电商 4.0 时代，是指将一切技术忘掉，一切造假欺诈忘掉，回归到商业的最本质。它强调品牌电商时代，一个具备工匠精神的品牌，应专注做好产品，剩下的其他环节通过众筹、众包、众利等模式。从聚合式竞争思维，进入分布式思维；从掠夺式占有资源，变成去中心化共享核心资源。

近年来，随着消费和硬件的不断升级，电商行业呈现出飞速发展的趋势，单纯的卖货思维已经很难继续支撑下去，电商行业必须不断向更加细分的领域以及产品高品质化的方向发展。毋庸置疑，以诚信为核心、回归商业本质的电商4.0时代的到来是必然的，也极其重要。

1. 电商4.0时代的内涵

电商4.0时代的内涵涉及三个核心理念，分别为：

（1）三众模型，众筹、众包、众利（取代传统供产销价值链模型）。

（2）去中心化思维，社群经济学、无店营销学，以人为核心（取代传统电商中心化思维，以平台为核心思维）。

（3）成本转嫁思维，羊毛出在猪身上，狗买单。

电商4.0时代采用F2C（Factory to Customers，原厂直达消费者）模式，这种模式可以真正杜绝假货，让消费者买到真正的诚信商品。

2. 电商4.0时代的商业模式

电商4.0时代不仅采用了F2C模式，同时熟练地与"互联网+"战略、"双创"战略充分结合，利用互联网的开放属性，以诚信为核心，通过众筹、众包、众利模式，集众智汇众力，共享核心资源，形成一个人人都是品牌合伙人、都是诚信建设者、都是品牌推广者的新型生态。在这个生态里，商品销售应去中心化、去平台化，即能化整为零，都能平等地获取商品、工具和创意，形成人人为我、我为人人的利益共同体。

3. 电商4.0时代的关键词

1）品牌电商取代平台电商

一个品牌就是一个电商平台。通过共享核心品牌资源，让几百万微小个体（品牌代言人）成为品牌推广员，所有产品由品牌直发消费者（F2C模式），去除所有中间环节，免掉房租、人员工资、广告营销费用，利用省下来的利润，让消费者以更优惠的价格获得原厂最优质的产品。同时也赋予了几百万微小个体极大的品牌价值（个体赋能），降低个人创业成本。利用移动互联网跟社会化媒体，将最好的产品直接跟最终端消费者连接起来。

2）去中心化，去平台化

在电商4.0时代，没有中心平台，每个个体都是一个品牌中心（品牌合伙人），通过共享经济，品牌赋能给予个体极大的品牌资源，让全中国各地的小个体成为品牌的中心。每个人都有自己的社交圈子，当几百万人分别影响了身边几十人时，为品牌带来的就是几千万的终端精准消费者。整个获得精准用户的过程，没有房租费用，没有人员工资，没有广告费，也没有层层的代理成本，所有省下来的成本都回馈给品牌合伙人以及终端消费者，形成长久的品牌习惯。

3）共享经济

在电商4.0时代，所有过去传统电商所霸占的资源都会被开放共享。软件系统开放共享，专业知识开放共享，品牌商标开放共享，总经销价格开放共享。基本上，任何可规模化的资源都会被开放共享。品牌获利模式从拥有专享资源收高额费用，变成免费共享专享资源给几百万人，然后当这几百万人收益后才从他们身上赚取10%的收益。过去，传统品牌招总经销商，省代理，开门店，投广告，都是用传统思维在做生意。在电商 4.0 时代，最好的总经销商、最好的店面，维护所有这些只需要通过移动互联网工具，而所有工具都是通过共享经济免费共享的。

共享经济是互联网背景下的新型应用。共享经济是指以获得一定报酬为主要目的，基于陌生人且存在物品使用权暂时转移的一种新的经济模式。其本质就是整合线下的闲散物品或服务。对于供给方来说，通过在特定时间内转让物品的使用权或提供服务，来获得一定的经济回报；对于需求方而言，不直接拥有物品的所有权，而是通过租借等方式使用需要的物品或服务。在住宿、交通、教育及旅游等领域，新的共享模式不断涌现。单车共享、汽车共享、充电宝共享、房屋共享、车位共享、专家共享、社区额服务共享、导游共享以及移动互联网需求的 WiFi 共享都是共享经济的产物。其新模式层出不穷，在供给端整合线下资源，在需求端不断为用户提供更优质的体验。

思考： 根据以上启发，请试着罗列还有哪些可以开发的共享经济模式，大家一起来挖掘一下共享经济蓝海市场。

4）个体赋能

在电商 4.0 时代，真正出众的不再是巨无霸传统企业，而是每个微小的个体。每个人都有自己擅长的专业，当我们把一个个小个体赋予他们过去所无法获得的庞大资源时，就会产生巨大的个体创新。每个微小的创新都有可能引爆成为一个市场的新潮流。有别于传统电商的模式，电商 4.0 强调不占有、不侵略、不拥有。当一个品牌专注为自己的几百万小微经销商赋能，创造品牌的铁杆粉丝社群时，这个社群回馈到品牌的力量就是几百万人聚合的力量。三众思维（众筹、众包、众利）是贯穿整个电商 4.0 的顶层商业模型。

5）三众思维（众筹、众包、众利）

在电商 4.0 时代，所有商业模式都可以通过三众思维来重新塑造，时间可以众筹，智慧可以众筹，创意可以众筹，销售可以众筹。众筹的核心思想是通过化零为整，将每个参与者所付出的一点点投入，聚合成为一个巨大的整合资源。通过众筹思维，很多原本要花巨大资源完成的事情，可以通过拆分成巨大数量的个体来完成。众包是通过化整为零，将一个本来赋予一个人完成的任务，分包给几百万人去完成，进而降低企业的投入风险以及可轻易达成规模化效益。众利是通过利他心理，将 80% 的利益分出去。在传统思维里面，所有利益必须是我自己占 80%，劳动者占 20%。在电商 4.0 思维里，劳动者占 80%，资源拥有者占 20%，但是资源拥有者是从几百万的劳动者获取 20%，这个聚合的利益远远大于原本 80% 的独有利益。当一个品牌利用众利模式，将自己的利润共享出去后，就会产生巨大的品牌传播效应，最终获得庞大资源的 20% 收益。

思考： 试着列举三众思维（众筹、众包、众利）的一些典型现象。

案例分析

创客大学开辟电商 4.0 课程　强调用教育驱动诚信经济

创客孵化教育系统暨创客大学项目，即创客大学，由新华网联合国家权威机构、行业技术领先公司总体机构共同设计，由创客星工场运营。创客大学遵循"线下实训＋线上教学＋创业孵化"相结合的教学模式，培养全面发展的"互联网＋"创新型人才。创客大学项目通过众创、众包、众扶、众筹 4 种模式，着力为各省市提供人才本地孵化的解决方案，助力传统行业向互联网化转型。

新华网提出的电商4.0，是一种思维模式的转变，是一种回归到商业的本质。"电商4.0时代，我们在创客教育里只做一件事——诚信，通过电子商务4.0课程，培育'诚信'理念，通过教育驱动中国诚信经济建设。"

新华网创客大学项目运营长伍贞介绍，根据高校的人才培养定位和创业创新教育目标要求，创客大学项目教育课程体系将促进专业教育与创新创业教育有机融合，助力高校调整专业课程设置，挖掘和充实各类专业课程的创新创业教育资源。"电商4.0课程的特色在于，倡导去中心化、去平台化和共享经济，引导学生进行众创。"

启发思考：电子商务4.0的核心关键词给了你什么启发？

任务小结

本任务主要围绕电子商务发展展开学习，介绍了电商1.0、电商2.0、电商3.0、电商4.0的发展，以及对其主要特征进行了总结概括。同时较详细地讲述了电子商务4.0的内涵、模式和整个时代体现的核心关键词。

能力训练：实训案例

产业电商成下一个"风口"

2019年1月14日，网经社旗下电商智库电子商务研究中心发布了《2019年中国电商上市公司市值数据分析报告》等显示，截至2019年12月31日，国内共有电商上市公司达66家，电商上市公司总市值达6.45万亿元，平均市值977.61亿元。与2018年年底49家3.95万亿元总市值相比，增长63.31%。

其中电商上市公司市值在1 000亿元以上的有6家。网经社电子商务研究中心主任曹磊对华商报记者表示，对比上半年的千亿俱乐部，阿里巴巴仍遥遥领先，市值占比超六成；美团点评自2019年以来市值快速增长；京东、拼多多市值增幅明显。在领域分布上，28家零售电商上市公司总市值达52 060.17亿元，占比80.69%。2019年新上市的零售电商有7家。

网经社电子商务研究中心网络零售部主任莫岱青对华商报记者分析，零售电商中市值突出的还是头部企业。整体来看，零售电商占绝对主导地位，头部电商属于"高市值"领域，有4家千亿零售电商，市值处于百亿元以下的占比57.14%，最小市值不到10亿元，表现出头重脚轻的分化现象。随着"互联网+"升级，实现线上、线下融合，新零售业在推动消费中发挥出更大作用。

国内电商上市公司主要呈现出八大特征：一是整体电商规模不断扩大，百亿元以下规模数量占主导；二是上市电商集聚"北上杭"，三地总市值超九成；三是创最高电商上市年份，电商行业发展热潮持续；四是超七成电商赴海外上市，海外优势助力新创公司发展；五是零售电商"寡头效应"明显，两极分化现象明显；六是生活服务电商规模增长强劲，未来发展不容小觑；七是产业电商蓄势待发，成下一个"风口"；八是跨境电商规模未增，总市值下降，平均涨跌幅为负。

思考讨论：产业电商是哪个阶段逐渐形成的？

参 考 文 献

[1] 白东蕊. 电子商务基础[M]. 4版. 北京：人民邮电出版社，2020.
[2] 曹磊. 互联网+产业风口[M]. 北京：机械工业出版社，2015.
[3] 陈德人. 电子商务概论与案例分析[M]. 北京：人民邮电出版社，2017.
[4] 戴建中. 电子商务概论[M]. 3版. 北京：清华大学出版社，2016.
[5] 丁晖. 跨境电商多平台运营[M]. 北京：电子工业出版社，2015.
[6] 范鹏. 新零售：吹响第四次零售革命的号角[M]. 北京：电子工业出版社，2018.
[7] 冯英健. 网络营销基础与实践[M]. 5版. 北京：清华大学出版社，2016.
[8] 洪涛. 高级电子商务教程[M]. 北京：经济管理出版社，2017.
[9] 刘纪元，陈刚. 电子商务概论[M]. 北京：电子工业出版社，2011.
[10] 屈燕. 电子商务理论与实务[M]. 2版. 北京：人民邮电出版社，2017.
[11] 宋文官. 电子商务概论[M]. 3版. 北京：清华大学出版社，2012.
[12] 宋文官，姜何，华迎. 网络营销[M]. 北京：清华大学出版社，2009.
[13] 王中元. 电子商务概论与实训教程[M]. 北京：机械工业出版社，2018.
[14] 万守付. 电子商务基础[M]. 4版. 北京：人民邮电出版社，2015.
[15] 杨坚争. 电子商务典型案例评析[M]. 3版. 西安：西安电子科技大学出版社，2010.
[16] 杨泳波. 电子商务基础与应用[M]. 北京：人民邮电出版社，2017.
[17] 岳云康. 电子商务实训教程[M]. 大连：东北财经大学出版社，2008.